D1574815

Meurer · Topographia Geldriae

Veröffentlichungen des Historischen Vereins
für Geldern und Umgegend
80

Festbuch zur 750-Jahr-Feier der Stadt Geldern

TOPOGRAPHIA GELDRIAE

Ein Katalog der historischen Pläne und Ansichten
von Stadt und Festung Geldern

von

PETER H. MEURER

Geldern 1979

Gedruckt mit Unterstützung der Stadt Geldern
und des Landschaftsverbands Rheinland

Verlag des Historischen Vereins für Geldern und Umgegend
Issumer Tor 36 · 4170 Geldern 1

Redaktion, Gestaltung, Layout: Gregor Hövelmann
Lithographie: Repro-Technik GmbH, Geldern
Satz und Druck: Graphischer Betrieb L. N. Schaffrath, Geldern

ISBN 3-921760-05-4

INHALT

VORBEMERKUNG

Die historischen Pläne und Ansichten von Stadt und Festung sind eines der traditionsreichsten Themen der neueren Gelderner Geschichtsforschung. Bereits Friedrich NETTESHEIM (1818–1881) benutzte für sein 1863 erschienenes Standardwerk eine Reihe alter Abbildungen, auf deren Grundlage der Hauptmann VON RÜDIGER die ersten Rekonstruktionsversuche der Festung Geldern in ihren verschiedenen Entwicklungsstadien anstellen konnte. Nettesheim und dem Bürgermeister Joseph HALLEY (1799–1887) ist es zu verdanken, daß im heutigen Depositum Historischer Verein des Archivs des Kreises Kleve in Geldern neben einer Anzahl zum Teil sehr seltener Drucke auch einige handschriftliche Unika erhalten sind. Bezeichnend mag auch sein, daß schon im ersten Heft der Veröffentlichungen des Historischen Vereins für Geldern und Umgegend 1899 Jean REAL über die „Pläne und Ansichten der ehemaligen Festung Geldern" schrieb.
Die Folgezeit brachte von verschiedenen Seiten eine bis in die Gegenwart andauernde Sammeltätigkeit, als deren Ergebnis heute in öffentlichem und privatem Besitz stattliche Bestände vorhanden sind. Leider hat bei diesem Vorgehen das Schwergewicht eben nur auf dem bloßen Sammeln aus vorwiegend lokalhistorischem Interesse gelegen. Versuche zu einer wissenschaftlichen Wertung und Systematik gingen – und da ist Geldern durchaus kein Einzelfall – über geringe Ansätze nicht hinaus. So mußte die vorliegende Arbeit zwei Ziele haben.
Der erste Schritt bestand in einer Sichtung und Katalogisierung der vorhandenen Abbildungen. Die Grundlage bildete das in öffentlichen und privaten Sammlungen in Geldern zugängliche Material. Darüber hinaus wurden die wichtigsten europäischen Bibliotheken und Archive, die bekannterweise über bedeutende Plansammlungen verfügen, konsultiert und um ihre Mitarbeit gebeten. Dies mußte in den allermeisten Fällen auf schriftlichem Wege geschehen; die erhaltenen Auskünfte erscheinen jedoch genügend zuverlässig und erschöpfend. Weiterhin wurde eine Anzahl aus Fachbibliographien ermittelter Quellen- und Tafelwerke, in denen Abbildungen Gelderns vermutet werden konnten, mit Hilfe des bibliothekarischen Leihverkehrs eingesehen.

Zweite Absicht bei den Planungen zu diesem Buch war es, das originale Vorkommen bzw. den ursprünglichen Zusammenhang der Abbildungen – insbesondere der meist als Loseblätter vorhandenen Stiche – zu ermitteln. Nur so konnten Aussagen über den topographiegeschichtlichen Rahmen und damit über den Stellenwert der einzelnen Abbildungen gewonnen werden. Daß dies nicht in allen Fällen möglich war, liegt vor allem in den teilweise noch gravierenden Lücken in der Grundlagenforschung dieses Gebietes begründet. Hier in einige Probleme vertiefend einzusteigen, hätte den sinnvollen Rahmen dieses Buches vom Zeit- und Arbeitsaufwand her bei weitem überschritten. Hinzu kommt die Seltenheit von vollständigen Exemplaren verschiedener Tafelwerke des 17. und 18. Jahrhunderts; der gegenwärtige Boom alter Landkarten und Stadtansichten hat hier gründliche Arbeit geleistet und manchmal selbst vor Bibliotheksexemplaren nicht haltgemacht. Dennoch konnten alle wesentlichen Fragen zumindest in den Grundzügen geklärt werden. So mögen Teile dieser Untersuchungen am Beispiel Gelderns auch für andere Städte einige Forschungsansätze liefern. Es sei jedoch ausdrücklich betont, daß sämtliche Angaben zu Fragen wie Plattenübernahmen und Kopien einzig auf Geldern bezogen bzw. überprüft sind.
Die Annahme einer gewissen Wahrscheinlichkeit, daß nach einer über 100 Jahre langen Sammeltätigkeit alle Stiche und alle Varianten in den verschiedenen Gelderner Sammlungen vorhanden oder wenigstens bekannt seien, wurde schon in den ersten Arbeitswochen widerlegt. Ob dieser Mangel nach neunmonatigen intensiven Recherchen beseitigt werden konnte, muß offen bleiben. Ohne einigen Mut zum Risiko der Lücke hätte dieses Buch noch Jahre bis zur Fertigstellung gebraucht. Wenn man die für einen Einzelnen kaum zu übersehende Menge von Büchern geschichtlichen Inhalts betrachtet, die im Europa der „Kupferstichzeit" erschienen, so ist durchaus noch mit weiteren Neuentdeckungen zu rechnen. Insbesondere gilt die Annahme der Unvollständigkeit für den Bereich des ungedruckten Materials, das oft an den entlegensten Orten vergraben liegt.
Dennoch scheint es nun möglich, auf der Basis der historischen Pläne

und Ansichten einen annähernd geschlossenen Überblick über die Entwicklung von Stadt und Festung Geldern zu geben. Es sind einige neue, meist topographische Fakten aufgetaucht, die durchaus zu den vertiefenden Forschungen anregen, die nicht Sinn dieser Arbeit sein konnten; die Grundlagen hierzu sind bereits von Elisabeth EBE-JAHN gelegt worden. Mein Ziel war lediglich eine Bestandsaufnahme und, an einem konkreten Beispiel, ein Beitrag zur Geschichte der rheinischen Stadttopographie. Je mehr Ergänzungen das vorliegende Buch durch künftige Sammel- und Forschungstätigkeit benötigen wird, desto vollständiger ist dieses Ziel erreicht worden.

Abschließend bleibt denen zu danken, ohne deren Hilfe diese Arbeit nicht möglich gewesen wäre. Hier sei zunächst Herr Kreisoberarchivrat Gregor HÖVELMANN genannt, auf dessen Anregung der Forschungsauftrag zu diesem Thema letztlich zurückging. Weiterer Dank gehört den Herren Dr. Theo CAMP, Bernd LINSSEN und Hans STRATMANS für die Benutzung ihrer Privatsammlungen sowie Herrn MAES für die Mitarbeit in der Sammlung der Stadt Geldern. Bei ihnen allen fand ich das Engagement, von dem der wissenschaftliche Arbeiter manchmal träumt. Stellvertretend für die Mitarbeiter der verschiedenen in- und ausländischen Sammlungen sei gedankt Herrn Prof. Dr. L. VOET – Museum Plantin-Moretus Antwerpen, Herrn Konservator D. DE VRIES – Kollektion Bodel Nijenhuis der Universitätsbibliothek Leiden, Frau M. E. DEELEN – Stichting Atlas van Stolk des Historisch Museum Rotterdam, Herrn Dr. BELLOT – Staats- und Stadtbibliothek Augsburg sowie vor allem Mr. J. VAUGHAN – Map Library der British Library London. Eine ganz besondere Anerkennung schließlich gehört den Damen der Fernleihe der Stadtbibliothek Mönchengladbach für die Bearbeitung meiner manchmal recht ausgefallenen Literaturwünsche.

Heinsberg, im März 1979 Peter H. Meurer

AUFBAU UND DARSTELLUNGSFORM

Trotz der Gefahr einer gewissen Monotonie bot sich wegen der enormen Material- und Datenfülle als sinnvollste Darstellungsart die Katalogform an. In diesem Rahmen wurden die Abbildungen nach thematischen Aspekten zu Gruppen zusammengefaßt, denen jeweils eine knappe Einführung mit einigen historischen Umfeldinformationen vorangestellt wurde. Der Katalogisierung der einzelnen Abbildungen liegt das folgende, je nach Bedarf modifizierte Beschreibungsschema zugrunde:

Nr. — Innerhalb des ganzen Buches sind die Abbildungen durchlaufend numeriert. Eine Untergliederung mit Kleinbuchstaben wurde vorgenommen zur Erfassung der Varianten, d. h. wenn verschiedene Blätter zwar von der gleichen Platte abgezogen sind, sich aber in Details unterscheiden; hierzu zählen Paginierungen, zugefügte Schriftleisten oder Unterschiede der Rückseiten. Wurde eine Platte in der Zeichnung wesentlich verändert, erhielt die Abbildung eine eigene Katalognummer. Kommt eine Abbildung in mehreren Varianten vor, wurde der Numerierung im Bedarfsfalle ein Sammeltitel hinzugefügt.

GELDER — Titel wie auf dem Blatt angegeben. Als Titel gilt in der Regel die Beschriftung im oder unmittelbar neben dem Stich, die den Ortsnamen enthält.

Grundriß der Festungsanlagen — Kurzbeschreibung des Blattes mit Angaben über Orientierung, Paginierung und Rückseite. Zur Diktion:

Prospekt	=	Seitenansicht
Vogelschauplan	=	Grundriß mit Darstellung einzelner Details im Aufriß
Grundriß	=	Darstellung ohne irgendwelche Aufrißelemente.

Eventuell werden hier weitere Beschriftungen zitiert, sofern diese in der beigegebenen Abbildung nicht lesbar sind.

Kupferstich, ohne Signatur — Angaben über die Technik des Blattes. Alle Stiche sind auf Papier gedruckt. Kolorierungen wurden bei den Stichen nicht berücksichtigt. Die Signatur der Stecher bzw. der Verleger wurde zitiert, wie sie im Blatt angegeben ist.

Format — Gemessen wurde bei den gedruckten Abbildungen stets das Format der immer vorhandenen Stichbegrenzung. Bei außerhalb der eigentlichen Abbildung vorhandenen weiteren Beschriftungen wurde eine zweite Formatangabe hinzugefügt. Bei Manuskriptdarstellungen ist in der Regel das Blattformat angegeben. Bei den Zahlenangaben steht immer Höhe vor Breite. Maße, die größer als ca. 15 cm sind, wurden wegen der unterschiedlichen Papierkonstitution auf halbe Zentimeter gerundet.
Die Abbildungen haben die natürliche Größe der Vorlage, wenn das Seitenformat dieses Buches es erlaubt; größere Vorlagen sind in der Abbildung soweit verkleinert, wie nötig.

Maßstab — Zitiert wurde die Maßstabsangabe des Blattes. Die Umrechnung erfolgte auf der Grundlage eigener Messungen mit Hilfe einer modernen Grundkarte 1:2500.

Sammlung der Stadt Geldern — Fundortnachweis von Originalen, wobei die Gelderner Sammlungen bevorzugt zitiert wurden. Da hier die Katalogisierungsarbeiten noch nicht abgeschlossen sind, wurde auf die Angabe von Inventarnummern verzichtet. Sind Originale mehrfach vorhanden, wurde stets nur ein Fundort zitiert, wobei öffentliche vor privaten Sammlungen rangieren und das Archiv des Kreises Kleve in Geldern wegen der besseren Zugänglichkeit bevorzugt zitiert wurde.

Enthalten in

Nachweis der Bücher, in denen die Stiche ursprünglich enthalten waren. Da nicht alle Werke im Original eingesehen werden konnten, sind manche Angaben bibliographisch modernisiert. Auch wurden einige der oft ellenlangen Titel früher Werke gekürzt, sofern dies mit der bibliographischen Genauigkeit vereinbart war.

Der anschließende Kommentar bringt das Wesentliche zum topographie- und lokalhistorischen Umfeld der Abbildung. Eine unbedingt erschöpfende Darstellung ist nicht beabsichtigt und konnte zum Teil wegen fehlender Sekundärliteratur auch nicht geschehen. Zum vertiefenden Einstieg wurde die wichtigste Sekundärliteratur angegeben, wobei die leichte Zugänglichkeit besonders berücksichtigt wurde.

GRUNDLEGENDE BZW. MEHRFACH ZITIERTE LITERATUR

ADB — Allgemeine Deutsche Biographie. 56 Bände. Leipzig 1875 ff.

BACHMANN — F. BACHMANN: Die alten Städtebilder. Ein Verzeichnis der graphischen Ortsansichten von Schedel bis Merian. Leipzig 1939. Neudruck Stuttgart 1965.

BNB — Biographie Nationale de Belgique. 28 Bände. Brüssel 1866 ff. Dazu bisher 10 Ergänzungsbände.

BOELE — P. A. M. BOELE VAN HENSBROEK: Lodovico Guicciardini, Descrittione di tutti i Paesi Bassi. De oudste beschrijving der Nederlanden in hare verschillende uitgaven en vertalingen beschouwd. In: *Bijdragen en Mededeelingen van het Historisch Genootschap gevestigd te Utrecht* I, 1877, S. 199–287.

DENUCÉ — J. DENUCÉ: Oud-Nederlandsche kaartmakers in betrekking met Plantijn. 2 Bände. Amsterdam – Den Haag 1912 – 13. Neudruck Amsterdam 1964.

EBE-JAHN — E. EBE-JAHN: Geldern – eine niederrheinische Festung. Kevelaer 1966.

HENRICHS — L. HENRICHS: Das alte Geldern. Gesammelte Schriften zur Stadtgeschichte. Geldern 1971.

JÖCHER — CHR. G. JÖCHER: Allgemeines Gelehrten-Lexikon . . . 4 Bände und 7 Ergänzungsbände. Leipzig 1756 ff. Neudruck Hildesheim 1961.

KOEMAN — C. KOEMAN: Atlantes neerlandici. Bibliography of terrestrial, maritime and celestial atlasses and pilot books, published in the Netherlands up to 1880. 5 Bände. Amsterdam 1967–72.

MULLER — F. MULLER: Beredeneerde beschrijving van Nederlandsche historieplaten, zinneprenten en historische kaarten. 4 Teile. Amsterdam 1863–77.

NBG — Nouvelle Biographie Générale. 46 Bände. Paris 1857 ff. Neudruck Kopenhagen 1963 ff.

NETTESHEIM — F. NETTESHEIM: Geschichte der Stadt und des Amtes Geldern. 2. Auflage, Kevelaer 1963.

NNBW — Nieuw Nederlandsch Biografisch Woordenboek. 10 Bände. Leiden 1911 ff. Reprint Amsterdam 1974.

THIEME-BECKER — U. THIEME und F. BECKER: Allgemeines Lexikon der bildenden Künstler von der Antike bis zur Gegenwart. 37 Bände. Leipzig 1907 ff.

TIELE — P. A. TIELE: Nederlandsche bibliographie van land- en volkenkunde. Amsterdam 1884. Reprint Amsterdam 1966.

VAN'T HOFF — B. VAN'T HOFF: Bijdrage tot de dateering van de oudere Nederlandsche stadsplattegronden. In: *Nederlandsch Archievenblad* Jg. 49, 1941–43, S. 29–68 und 97–145.

VREDENBERG-ALINK J. J. VREDENBERG-ALINK: Kaarten van Gelderland en de Kwartieren (= *Werken uitgegeven door Gelre* Nr. 34). Arnheim 1975.

BENUTZTE ODER KONSULTIERTE SAMMLUNGEN UND INSTITUTIONEN

a) Auswärtige Sammlungen und Institutionen

Amsterdam	Rijksmuseum (Rijksprentenkabinet)
Antwerpen	Museum Plantin-Moretus
Augsburg	Staats- und Stadtbibliothek
Baarn	Stichting Menno van Coehoorn
Berlin	Geheimes Staatsarchiv Preußischer Kulturbesitz Staatsbibliothek Preußischer Kulturbesitz Staatliche Museen Preußischer Kulturbesitz (Gemäldegalerie, Kupferstichkabinett) Verwaltung der Staatlichen Schlösser und Gärten
Brünn	Universitätsbibliothek
Brüssel	Archives Générales du Royaume Bibliothèque Nationale Albert Ier
Chicago	Newberry Library
Den Haag	Algemeen Rijksarchief Koninklijke Bibliotheek
Dresden	Sächsische Landesbibliothek
Düsseldorf	Nordrhein-Westfälisches Hauptstaatsarchiv Universitätsbibliothek
Frankfurt	Stadt- und Universitätsbibliothek
Köln	Rheinisches Bildarchiv Stadt- und Universitätsbibliothek
Kopenhagen	Det Kongelige Bibliotek
Krefeld	Landschaftsmuseum des Niederrheins Burg Linn
Leiden	Universiteitsbibliotheek
London	The British Library
Maastricht	Rijksarchief in Limburg
Madrid	Archivo Historico Nacional Bibliotéca Nacional Museo del Palacio Servicio Historico Militar
Merseburg	Deutsches Zentralarchiv
München	Bayerisches Hauptstaatsarchiv Bayerische Staatsbibliothek
Nürnberg	Germanisches Nationalmuseum
Paris	Archives du Ministère des Affaires Étrangères Archives Nationales Bibliothèque Nationale Service Historique de l'Armée
Rotterdam	Historisch Museum (Stichting Atlas van Stolk)
Stockholm	Krigsarkivet
Washington	Library of Congress
Wien	Österreichische Nationalbibliothek Österreichisches Staatsarchiv
Wolfenbüttel	Herzog-August-Bibliothek

Nicht hier aufgeführt sind verschiedene deutsche Bibliotheken, von denen Bücher auf dem Wege der Fernleihe in der Stadtbibliothek Mönchengladbach eingesehen wurden.

b) Geldener Sammlungen

Archiv des Kreises Kleve in Geldern
Sammlung der Stadt Geldern
Sammlung Dr. Theo Camp, Issum–Sevelen
Sammlung Bernd Linssen, Geldern
Sammlung Hans Stratmans, Geldern

KAPITEL I

Frühe Manuskriptpläne

Wenn in dieser Gruppe mit insgesamt 7 Abbildungen 3 bzw. 4 Stadtpläne anzuführen sind, so ist Geldern damit im Vergleich mit den meisten übrigen rheinischen Klein- und Mittelstädten in einer ausgesprochen glücklichen Quellensituation. Zumindest für die Frühzeit der Stadttopographie gilt, daß handschriftliche Pläne fast in allen Fällen ungleich genauer sind als gedruckte Abbildungen. Begründet liegt dies darin, daß den auf Serienproduktion und Publikumswirksamkeit eingestellten Stechern die zeitlichen, organisatorischen und zum Teil auch fachlichen Möglichkeiten fehlten, um topographische Informationen genügender Genauigkeit und Aktualität zu sammeln und darzustellen. Der Anfertigung von Manuskriptplänen hingegen lag meistens ein konkreter verwaltungstechnischer Anlaß zugrunde, der eine möglichst absolute Detailtreue forderte.

Verantwortlich für diesen Umstand in der Quellenlage sind zwei Entwicklungen, die um die Mitte des 16. Jahrhunderts einsetzten. Einmal war es die Zugehörigkeit Gelderns zu den Niederlanden, die um diese Zeit zum Zentrum der europäischen Kartographie geworden waren. Seit 1543 unter spanisch-habsburgischer Herrschaft, geriet die Stadt unter Philipp II. (1556–1598) in jenen Strudel vielschichtiger Bewegungen, der den niederrheinischen Raum wie so oft in Kriegsereignisse hineinzog, die seine eigene Angelegenheiten häufig gar nicht betrafen. Trug sich Philipp ursprünglich noch mit dem Gedanken, seinen Machtbereich auf das rechte Rheinufer auszudehnen, so mußte er etwa ab 1565, als sich der Abfall der Niederlande von der spanischen Krone abzuzeichnen begann, auf die bloße Sicherung seiner Einflußsphäre bedacht sein. In diesem Rahmen sind zwei Aufträge zu sehen, die er an die führenden Kartographen seiner Zeit vergab. Ab 1558 arbeitete Jacob van Deventer an der Aufnahme aller befestigten Städte der damals noch spanischen Niederlande; 1568 wurde Christian Sgrothen mit der Herstellung eines Atlas betraut, dessen Kernstück zuverlässige Karten der niederländischen Provinzen waren. Bei beiden Werken ist aus der inhaltlichen Ausrichtung die militärisch-strategische Dominanz in ihrer Zweckbestimmung unverkennbar, entsprechend hoch ist ihre Zuverlässigkeit. Beide sind damit gleichzeitig wichtige Meilensteine in der Geschichte der Kartographie.

Zweite Ursache für die günstige Quellensituation war der beginnende Ausbau der mittelalterlichen Ringfeste Geldern zur neuzeitlichen Festung als Folge der Einführung der Feuerwaffen in die Belagerungstechnik. Ab ca. 1536 verstärkte man die Stadtmauer und die vorgelagerten Erdwerke mit ersten Rondellen und Ravelins. Diese Bautätigkeit vollzog sich in mehreren Etappen, die urkunden- und aktenmäßig nur bedingt nachweisbar sind und die außerdem durch spätere Neubauten restlos überlagert wurden. So sind die beiden Festungsrisse (Nr. 2 und 4) die Hauptquellen zur Rekonstruktion jenes frühen Übergangsstadiums von der Mauer- zur Bastionsbefestigung. Weit über Geldern hinaus sind sie dazu wichtige Bausteine für eine Geschichte des frühneuzeitlichen Festungsbaues im Rheinland.

Lit.: EBE-JAHN S. 65 ff; NETTESHEIM S. 129 ff.

1

Gelre

Vogelschauplan der Stadt und der weiteren Umgebung. An das Blatt angehängt ist eine Spezialskizze des engeren Stadtgebietes mit Einzeichnung der Festungsanlagen, der Hauptgebäude und des Straßennetzes. Norden oben.

Tusche und Wasserfarben auf Papier, ohne Signatur.

Format des ganzen Blattes ca. 36 × 40 cm.

Ohne Maßstabsangabe (ca. 1:8000).

Biblioteca Nacional, Madrid – Séccion-de Manuscritos Sign. Res. 200, Bd. III, Nr. 91.

Es gibt ein identisches Exemplar, das jedoch eine jüngere Kopie unbekannter Zeitstellung und Herkunft ist.

Rijksarchief in Limburg, Maastricht – Coll. Nr. 105.

Der Schöpfer dieses ältesten Stadtplanes von Geldern wurde kurz nach 1500 in oder in der Nähe von Deventer als Jacob Roelofsz geboren. Später nannte er sich nach seiner Heimatstadt Jacob van Deventer, als welcher er in die Literatur eingegangen ist. Er siedelte schon früh nach Mecheln über, wo er zuerst als Arzt, dann als Mathematiker und Kartograph tätig war; wahrscheinlich war er es, der 1523 in Löwen als *Jacobus lantmetere de Mechlina* immatrikuliert wurde. Etwa ab 1536 ist er als Kartograph im Dienst und Sold von Karl V. nachweisbar. Es entstand zunächst eine Reihe von Karten niederländischer Provinzen – darunter die berühmte Gelderlandkarte –, deren Qualität ihm schon zu Lebzeiten den Ruf als Vater der niederländischen Kartographie einbrachte. 1558 erhielt er von Philipp II. den Auftrag, Pläne bzw. Stadtumgebungskarten aller befestigten Städte des spanischen Machtbereiches in Belgien, Nordfrankreich, Westdeutschland und den Niederlanden anzufertigen. Dieser Auftrag beschäftigte Jacob van Deventer bis fast an sein Lebensende. Er starb im Mai 1575 in Köln, wohin er wohl aus religiösen Gründen geflohen war.

Wieviele Städte Deventer in diesem ersten Städteatlas der Topographiegeschichte aufgenommen hat, ist nicht mehr sicher nachzuweisen. Insgesamt sind Pläne von 228 verschiedenen Städten bekannt, die sich heute auf zwei Sammlungen verteilen. Zwei Bände – bezeichnet als Bd. II und Bd. III – mit 179 Plänen wurden 1575 vom Kölner Magistrat aus Deventers Nachlaß nach Brüssel gesandt, von wo sie nach Madrid weitergeleitet wurden. Eine Loseblattsammlung von 152 Plänen, die wahrscheinlich aus dem Nachlaß von Deventers Lebensgefährtin in Mecheln stammte, tauchte erst 1859 auf einer Auktion in Den Haag wieder auf und wurde auf mehrere Archive verstreut. Eine Anzahl von Städten ist in beiden Sammlungen enthalten, Geldern jedoch nur in Madrid.

Selbst im Vergleich mit modernen Karten fällt die hohe Zuverlässigkeit des Planes auf. Allein schon das Straßennetz stimmt bis in den letzten Wegeknick. Ebenso stimmt die Darstellung des Siedlungsbildes nach allem, was wir aus anderen Quellen zum Vergleich heranziehen können, bis in die Einzelheiten. In Verbindung mit einigen technischen Details – so den Punktierungen der Wegesignatur – ist aus dieser hohen Genauigkeit zu folgern, daß der Plan das Ergebnis trigonometrischer Meßarbeiten ist. So ist Geldern neben den von Deventer ebenfalls aufgenommenen Städten Straelen, Wachtendonk, Erkelenz, Herzogenrath, Lingen und Bitburg die einzige Stadt Westdeutschlands, für die eine vermessungstechnisch exakte Stadtumgebungskarte vorliegt, die noch den hochmittelalterlichen Zustand zeigt.

Aus dem Auftragsschreiben von 1558 und aus der Darstellungsart geht hervor, daß Deventers Arbeit aus strategischen Gründen erfolgte. In der Tat enthalten die Pläne alles, was die Führung eines spanischen Heeres in den unruhigen Niederlanden an Detailinformationen für eventuelle Operationen gegen die Städte benötigte.

Etwas schwer zu bestimmen ist allerdings die genaue Zeitstellung des Planes, zumal bekannt ist, daß sich Jacob van Deventer bereits lange vor 1558 mit stadttopographischen Arbeiten befaßt hat. Gezeigt wird der Befestigungszustand, wie er etwa ab 1536 bestand. Die hochgotische Mauerbefestigung ist noch Hauptelement der Fortifikation. Lediglich einige Rondelle sind aus den Ausbuchtungen des Wall- und Grabensystems zu erschließen.

Lit.: B. VAN'T HOFF: Jacob van Deventer. Keizerlijk-koninklijk geograaf. 's-Gravenhage 1953. – P. H. MEURER: Jacob van Deventer und der älteste Stadtplan von Geldern. In: Geldrischer Heimatkalender 1978, S. 102 ff. (dort weitere Literatur) – Zur Festung EBE-JAHN S. 65 ff. (Abb. 28).

Gelre.

Seite 17:
Ausschnitt aus dem Madrider Plan

Seite 19:
Die angehängte Spezialkarte in Madrid

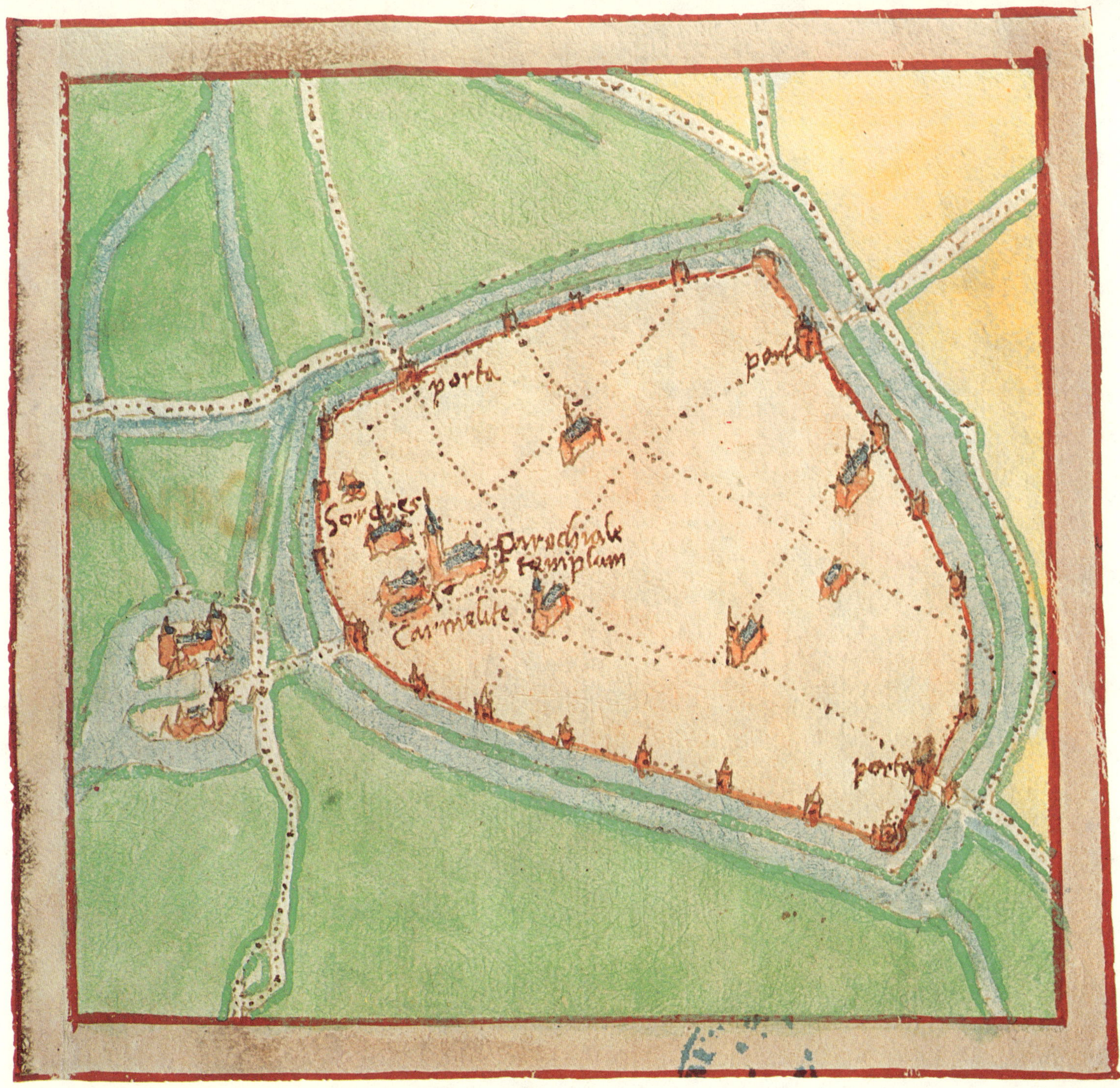
porta
porta
Sorores
Parochiale templum
Carmelite
porta

2

Vogelschauplan der Festungswerke mit Burg und zugehörigem Grabensystem. Nordosten oben.

Tusche und Wasserfarben auf Papier, ohne Signatur

Ca. 40 × 52,5 cm.

Maßstab: 3,3 cm = *50 pas communs* (ca. 1:2300).

Rijksarchief in Gelderland, Arnheim – Arch. Rekenkamer, Inv. Nr. 7084, kaart Nr. 184.

Der Plan ist weder datiert noch signiert, er trägt den nachgetragenen Vermerk *Ca. 1560.* Dargestellt ist die Verstärkung des mittelalterlichen Wallsystems mit mehreren kleinen Bastionen im sogenannten altitalienischen System. Unsicher ist allerdings, inwieweit es sich hier um eine Entwurfsskizze handelt.

Lit.: EBE-JAHN S. 72 ff. (Abb. 29)

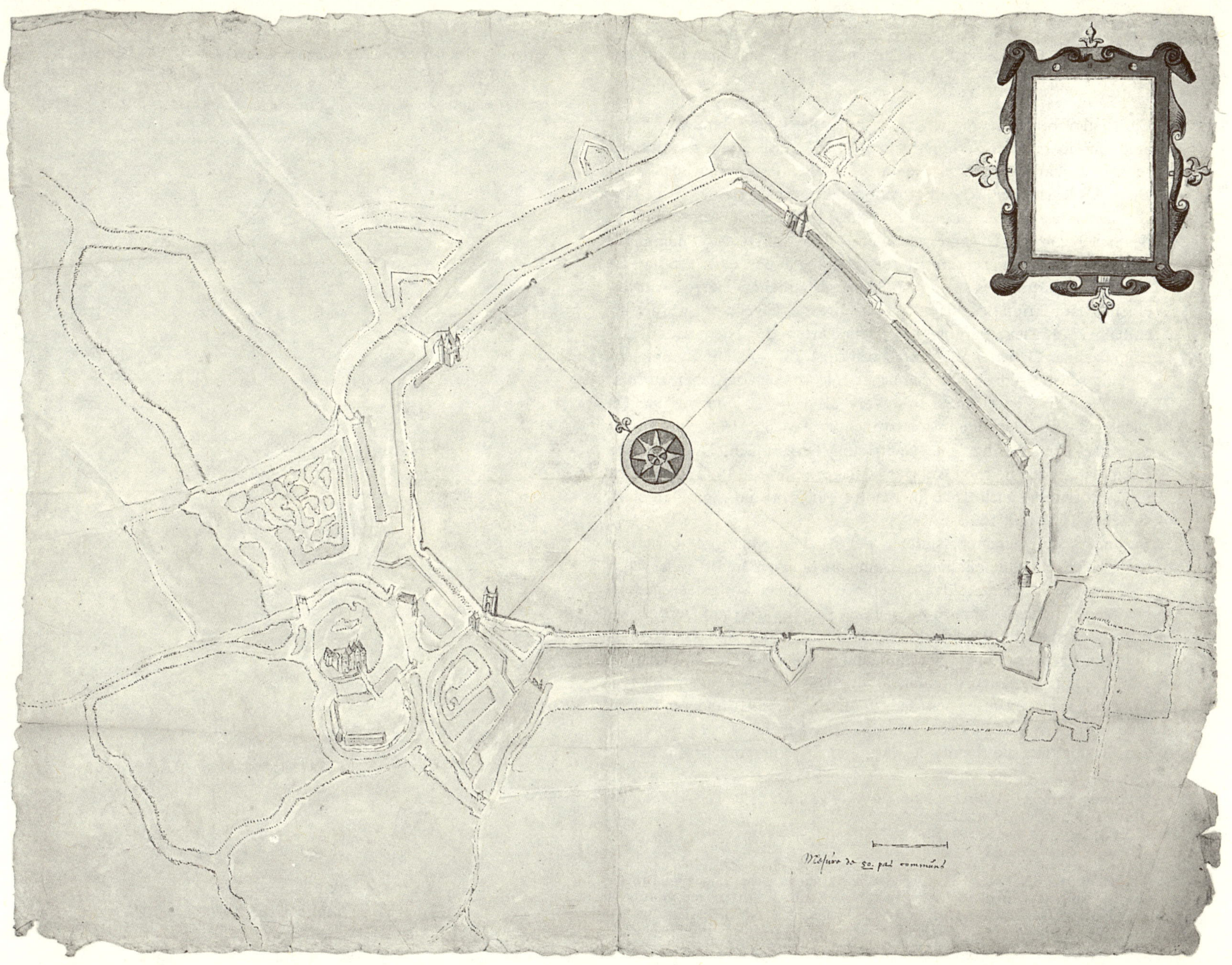
Mesure de 50. pas communs

3 Die beiden Darstellungen in den Manuskriptatlanten des Christian Sgrothen

Christian Sgrothen wurde um 1525 in Sonsbeck als Sohn des dortigen Stadtschreibers Peter Sgrothen geboren. 1548 erlangte er das Bürgerrecht in Kalkar, wo er bis zu seinem Tode mit Unterbrechungen ansässig blieb. Als Kartograph scheint er Autodidakt gewesen zu sein, Beziehungen zumindest zu Mercator in Duisburg sind jedoch wahrscheinlich. Ähnlich Jacob van Deventer stand er ab 1557 im Dienste Philipps II., für den er zunächst mehrere Einzelkarten schuf. Seit etwa 1568 arbeitete er im Auftrag des spanischen Generalstatthalters Herzog Alba an einem Manuskriptatlas, der 1573 in Brüssel abgeliefert wurde. Er enthält 38 Karten, darunter 24 Detailkarten der Niederlande und angrenzender Gebiete im Maßstab von ca. 1:230 000. Die Zusammenstellung scheint jedoch mit ziemlicher Eile vor sich gegangen zu sein, Sgrothen selbst bezeichnete das Werk als *volumen imperfectum.* Da auch eine Gutachterkommission beträchtliche Mängel feststellte, erhielt Sgrothen den Auftrag, eine Neufassung herzustellen. Dieses zweite Exemplar, in der gleichen Anlage wie das erste, wurde 1592 abgeliefert, traf jedoch erst nach 1600 in Madrid ein. Christian Sgrothen starb zwischen 1603 und 1608 in Kalkar.

Besonders die Gegenüberstellung der Städteabbildungen macht die unterschiedliche Qualität beider Exemplare deutlich. Im Brüsseler Atlas sind zwar auch schon Anklänge an die Wirklichkeit vorhanden, jedoch bewegen sich diese – ähnlich wie auf den Karten Jacob van Deventers – doch noch stark im Bereich des Signaturhaften. Die Madrider Neufassung hingegen zeigt echte Stadtminiaturen mit einer Grundrißähnlichkeit, die an spezielle Aufnahmearbeiten Sgrothens denken läßt. Im Vergleich sind die Karten des Madrider Exemplars allen anderen Karten jener Zeit weit voraus. Nicht nur von ihrer Schönheit her gehören sie zum Besten, was die rheinische Kartographie je hervorgebracht hat.

Biblioteca Nacional, Madrid – Vitrina 9 Nr. 1 (Karte JJ); Bibliothèque Royale, Brüssel – Ms 21596 (Karte 18)

Lit.: H. MORTENSEN und A. LANG: Die Karten deutscher Länder im Brüsseler Atlas des Christian s'Grooten (1573). 1 Textb., 1 Kartenband, Göttingen 1959. – B. VAN'T HOFF und S. J. FOCKEMA ANDREAE: Christian Sgrootens Kaarten van de Nederlanden. Leiden 1964. – R. KIRMSE: Christian Sgrothen aus Sonsbeck. Seiner hispanischen Majestät Geograph. In: Heimatkal. Kr. Moers 1967, S. 17 ff. – R. KIRMSE: Christian Sgrothen, seine Herkunft und seine Familie. In: Heimatkal. Kr. Moers 1971, S. 118 ff.

Seite 23:
Ausschnitt aus der Karte JJ im Madrider Atlas

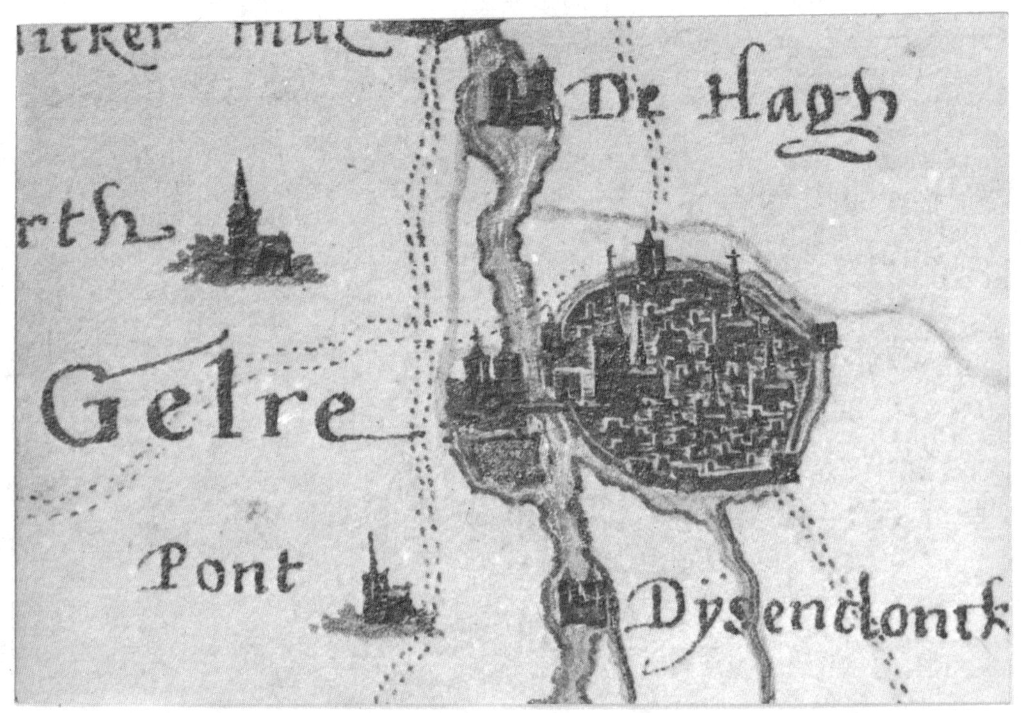
De Hagh
Gelre
Pont

Nach einem Vermerk von Friedrich Nettesheim auf einem Papierstreifen, der am Rande des Gelderner Exemplars angeklebt ist, besagt die Rechnung des Amtes Geldern vom Jahre 1584, daß dem *maeler* Frederick van der Brech vom Rentmeister Carl Catz 10 Pfund 8 Schillinge ausbezahlt worden seien. Für diese Summe habe er die Festungsanlagen der Stadt Geldern aufgenommen und zuerst auf Papier, dann auf Pergament gezeichnet.
Der Plan zeigt die Befestigung Gelderns im sogenannten neuitalienischen System. Auffälligste Weiterentwicklung im Vergleich mit Plan Nr. 2 ist die Anlage spitzwinkliger Bastionen und Ravelins zur Verstärkung des Walles. Auch die Burg wurde nun in die Neubefestigung einbezogen.

Lit.: EBE-JAHN S. 76 ff.

4 a

GELDER

Grundriß der Festungsanlagen von Stadt und Burg. Osten oben. In der Kartusche nähere Erläuterung:

Instruction der Fortification deser Charten natekommen.

Tot defension deser Stat Geller, umb gesterckt the wesen tegen deß fiandtz gewelt, zullen van noode wesen then allerwenigst die bolwercken op syne platze gelacht tho worden. Zulcx dat men kan bemercken in disse Charte, waer van men die groote Lengde, ende Breite, mitzgaders die Wyde der graven op den stock offte kleine voetmaete vel ende volkommelick vinden zall, sonder datmen dieselve wercken einichsins sal behooren te verkleinen.

Item die plaetzen geteckent met die Liter A sal eenen Wal wesen tot bescherminge, nit alleen van der watermuellen, maer omme die Stadt met het Castell in en ahn een the brenge, ende malckanderen the hulpe the khommen.

Die Liter B wyst ahn, welcker gestalt het Casteell ende den Neerhoff in goeder Defension ende flancquerong gemackt moet wesen, folgende die geele Linien.

Die Liter C wyst ahn het fatsoen des Bolwercks ende Wall in der harttoginnen Lustgarde, mitzgaders welcker gestalt den weg uut den Bosch die Schluysse Brugge ende poorte gemackt sal wesen, alles dienende tot goder Defensie so vor hem selven des Casteels als oock tot een Stryckwher der Langer Muyren gaende nha die Geldrische poorte.

Tusche und Wasserfarben auf Pergament, ohne Signatur.

Ca. 46 × 48 cm.

Maßstab: 13,2 cm = *1000 kleine voet maet omme alle platzen darna tho meten na zyn groote* (ca. 1:2400).

Archiv des Kreises Kleve in Geldern – Depositum Historischer Verein für Geldern und Umgegend, Karten Nr. 8.

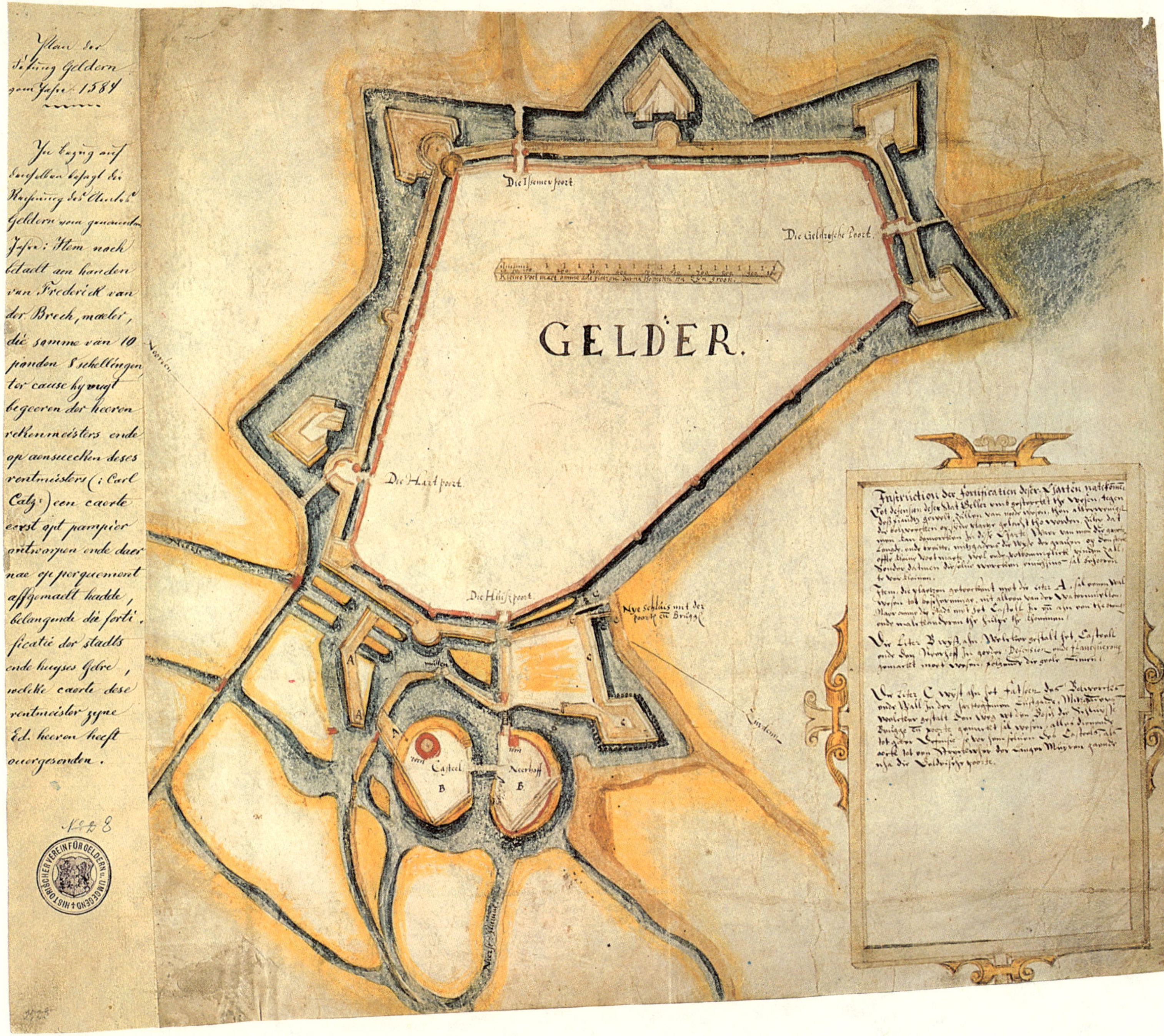

Plan der Festung Geldern vom Jahre 1584

In bezug auf denselben besagt die Rechnung des Amts Geldern vom genannten Jahre: Item noch betaalt aen handen van Frederick van der Brech, maeler, die somme van 10 ponden 8 schellingen ter cause hy uyt begeeren der heeren rekenmeisters ende op aensuecken deses rentmeisters (i Carl Catz) een caerte eerst opt pampier ontworpen ende daer nae op perguement affgemaelt hadde, belangende die fortificatie der stadts ende huyses Gelre, welcke caerte dese rentmeister syne Ed. heeren heeft overgesonden.

No 28

4 b

Tusche und Wasserfarben auf Papier, ohne Signatur. Text im Wortlaut geringfügig abweichend, leicht beschädigt.

Sonst wie unter 4 a beschrieben.

Rijksarchief in Gelderland, Arnheim – Plattegronden Nr. 20.

GELDER.
Die Issemerpoerte
Die Geldrische Poert
Die Hartpoort
Die Huispoort
Sluiss mit der Porten ende Bruggen
Castel

KAPITEL II

Die Stiche der Kölner Offizin Hogenberg und ihre Kopien

Daß Köln gegen Ende des 16. Jahrhunderts für etwa 40 Jahre zu einem Zentrum der deutschen Geographie und Kartographie wurde, geht vor allem auf die Aktivitäten verschiedener Kölner Buchhändler und Verleger jener Zeit zurück. Zu nennen ist hier an erster Stelle Arnold Mylius († 1604), der lange Jahre als Vertreter des Kölner Verlages Birckman in Antwerpen tätig war. Hier stand er in regen Beziehungen zur Offizin Plantijn, dem bedeutendsten frühen Kartenverlag, und damit auch zur flämischen Stecher- und Kartographenschule. Am fruchtbarsten war wohl das Zusammentreffen mit Abraham Ortelius (1527–1598), dem Schöpfer des ersten Atlas *Theatrum Orbis Terrarum* (1570 ff.). Ihn brachte er schon 1554 mit Gerhard Mercator (1512–1594) zusammen. Ab 1577 war Mylius in Köln ansässig als Schwiegersohn und Nachfolger des Verlegers Birckman.

Arnold Mylius scheint wegen dieser weitreichenden Kontakte einer der Hauptorientierungspunkte für die zahlreichen niederländischen Gelehrten und Künstler gewesen zu sein, die etwa ab 1570 ihre Heimat aus religiösen Gründen verlassen mußten und in Köln eine Zuflucht fanden. Als bedeutender Kartograph unter diesen Flüchtlingen wurde bereits Jacob van Deventer erwähnt (vgl. Nr. 1), im ganzen nachhaltiger für die rheinische Topographiegeschichte jedoch war die Tätigkeit der Familie Hogenberg.

Frans Hogenberg wurde vor 1539 in Mecheln als Sohn eines aus München stammenden Stechers geboren. Schon vor 1558 stand er in Beziehungen mit Abraham Ortelius, für den er später die Karten der ersten Theatrum-Ausgaben stach. Nach zeitweiligem Englandaufenthalt mit seinem Bruder Remigius, der unter anderem 1568 in Emmerich als Drucker tätig war, ist Frans Hogenberg ab ca. 1570 in Köln nachweisbar, wo er mit Unterbrechungen bis zu seinem Tode um 1590 ansässig blieb. Hier gründete er die bedeutendste frühe Stecherwerkstatt des Rheinlandes, die später von seinen Söhnen Johann und Abraham bis etwa 1655 weitergeführt wurde.

Die Offizin Hogenberg brachte im Laufe der Jahre eine wahre Flut von Stichen auf den Markt. Angefangen bei Porträts und Bibelillustrationen reichte die Bandbreite des Verlagsspektrums über historische Szenen und Serien bis hin zu den topographischen Arbeiten, in deren Zusammenhang der Name Hogenberg bis heute am meisten genannt wird. Dieser Ruhm gründet sich weniger auf der Qualität als vielmehr auf der Tatsache, daß Hogenberg der erste war, der annähernd verläßliche Städtebilder in großer Zahl und Auflage herstellte. Diese Popularität wiederum wird der Grund für die zahlreichen späteren Nachstiche gewesen sein, die sich am Beispiel der Geldern-Stiche bis um 1700 verfolgen lassen.

Lit.: DENUCÉ I, II.

5 Der Stich aus dem Braun-Hogenberg'schen Städtebuch

GELRE

Vogelschauplan mit Innenbebauung, Festungsanlagen und Burg, Nordosten oben. Links oben Stadtwappen, rechts oben leeres Wappenfeld. Links unten Kartusche mit lateinischem Text:

GELRIA Opp. universae eiusdem adpellationis Regioni nomen suppeditans.

Frei übersetzt: Die Stadt Geldern, die dem ganzen so genannten Land den Namen gibt.

Der Plan stellt das linke untere Viertel eines Viererblocks mit Arnheim, Venlo und Roermond dar.

Kupferstich, ohne Signatur.

Ca. 17 × 26,5 cm.

Ohne Maßstabsangabe (ca. 1:4000).

Das Städtebuch *Civitates Orbis Terrarum* – auch Kölner Kosmographie genannt – ist das stadttopographische Gegenstück zum Atlas des Abraham Ortelius. Die Idee ging wohl aus von dem Kölner Stiftsdechanten Georg Braun (ca. 1543–1622), realisierbar wurde sie jedoch erst durch sein Zusammentreffen mit dem topographieerfahrenen Stecher Frans Hogenberg.

Der erste Band erschien 1572 in Köln mit organisatorischer Unterstützung des Antwerpener Buchhändlers Philipp Galle. Abgeschlossen wurde das Gesamtwerk erst 1617 mit dem sechsten Band, von den vorangehenden Bänden erschienen zwischenzeitlich zahlreiche Neuauflagen. Der Text stammte vollständig von Georg Braun, in dessen Händen auch die Redaktion und die schwierige, mit umfangreicher Korrespondenz verbundene Materialbeschaffung lag. An den Stichen der ersten Bände – Geldern ist im dritten Band enthalten – wird Frans Hogenberg den Hauptanteil gehabt haben, jedoch waren am Gesamtwerk auch die ebenfalls aus Flandern stammenden Stecher Joeris Hoefnagel (1542–1609) und Simon Novellanus († ca. 1588) beteiligt.

Die Quellen für die Abbildungen waren mannigfacher Art. Wie für die Pläne der meisten anderen zu der Zeit niederländischen Städte ist auch für den Stich Gelderns der Manuskriptplan Jacob van Deventers (Nr. 1) als Vorlage nachweisbar. Daß Deventer nicht als Quelle genannt ist, kann damit begründet werden, daß er sein sicherlich zur Geheimhaltung bestimmtes Material illegal zur Verfügung gestellt hat. Dies konnte Hogenberg jedoch in keinem Falle zugeben, da er für den Vertrieb des Städtebuches in den Niederlanden das Privileg Philipps II. benötigte.

Bedingt durch das Kopieren nach Deventer war diese erste gedruckte Abbildung Gelderns bereits zur Zeit ihrer Erstveröffentlichung nicht mehr aktuell. Daß Hogenberg die Vorlage nicht mehr überprüft und seine Informationen nicht mehr auf den neuesten Stand gebracht hat, zeigt schon das Fehlen der Bastionen (vgl. Nr. 2). Aber auch darüber hinaus ist die Kopie insgesamt unzuverlässiger als das Original Deventers. Während sein Manuskriptplan richtig die noch vorhandenen und durch spätere Pläne (vgl. etwa Nr. 12) bestätigten Baulücken vermerkt, zeigt Hogenberg eine geschlossene Bebauung sämtlicher innerstädtischen Straßenfronten.

Der Stich liegt in mehreren Varianten vor, die sich in der Darstellung selbst jedoch nicht unterscheiden.

Lit.: R. A. SKELTON: Einführung zur Faksimileausgabe der Civitates Orbis Terrarum. Kassel – Basel 1965, – I. von KAMPTZ: Civitates Orbis Terrarum. Diss. phil. Köln 1953. – BACHMANN S. 7 ff. – DENUCÉ I, S. 261 ff. – KOEMAN I, S. 10 ff.

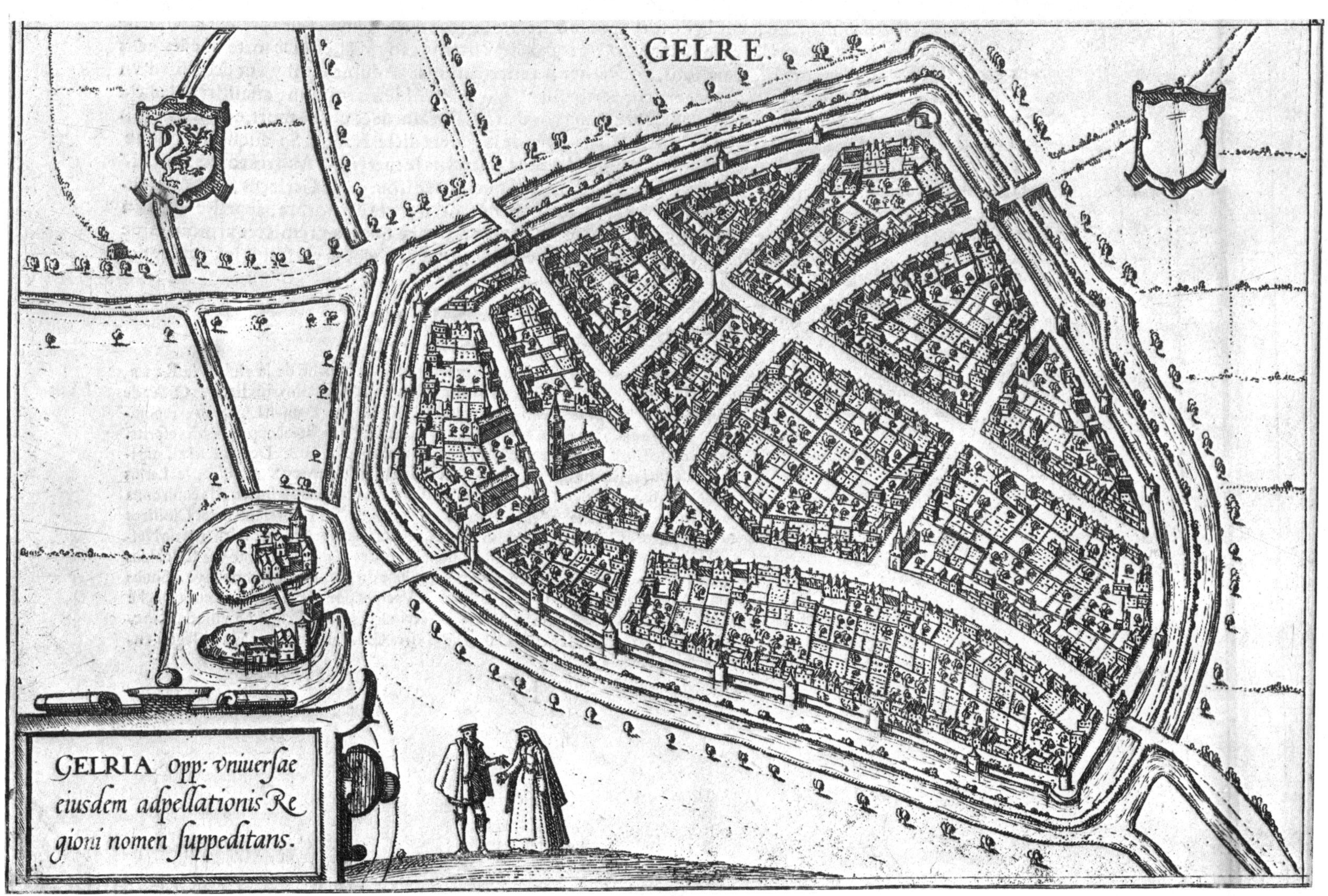
GELRE.
GELRIA opp: vniuersae
eiusdem adpellationis Re
gioni nomen suppeditans.

5 a

Rückseite einspaltiger lateinischer Text mit Beschreibung von Roermond und Paginierung *17*.

Sonst wie oben beschrieben.

Archiv des Kreises Kleve in Geldern – Karten und Pläne.

Enthalten in:

Urbium praecipuarum totius mundi Liber tertius. (Köln 1581).
Es ist dies der dritte Band des Städtebuches. Den Titel *Civitates Orbis Terrarum* trägt nur der erste Band.

Bis 1621 erschienen noch insgesamt sieben weitere Auflagen der lateinischen Ausgabe des dritten Bandes. Es gibt geringfügige Abweichungen in den Typen des rückseitigen Textes, denen wegen der Seltenheit der Bände und der schwierigen Identifizierung der einzelnen Auflagen hier nicht weiter nachgegangen ist.

5 b

Rückseite einspaltiger deutscher Text mit Beschreibung von Roermond und Paginierung *17*.

Sonst wie oben beschrieben.

Archiv des Kreises Kleve in Geldern – Karten und Pläne.

Enthalten in:

Contrefactur Und Beschreibung Von den Vornembsten Stetten der Welt. (Köln 1582).
Es ist dies der dritte Band der deutschen Ausgabe, von dem nur eine Auflage erschienen ist.

5 c

Rückseite einspaltiger französischer Text mit Beschreibung von Roermond und Paginierung *17*.

Sonst wie oben beschrieben.

Archiv des Kreises Kleve in Geldern – Karten und Pläne.

Enthalten in:

Urbium praecipuarum totius mundi Liber tertius. (Köln 1583).
Es ist dies der dritte Band der französischen Ausgabe, der mit lateinischem Titel und nur in einer Auflage erschienen ist.

5 d

Rückseite zweispaltiger lateinischer Text mit Beschreibung von Roermond und Paginierung *Cc*.

Sonst wie oben beschrieben.

In Gelderner Sammlungen ist kein Exemplar nachgewiesen. Konsultiert wurde die *Kollektion Bodel Nijenhuis (UB Leiden)*.

Enthalten in:

Theatrum Urbium celebriorum totius Belgii sive Germaniae Inferioris Pars Prior.

Urbium totius Belgii seu Germaniae Inferioris nobiliorum et illustriorum Tabulae antiquae et novae accuratissime elaboratae. A Amstelodami, apud Joannem Janssonium, MDCLVII.

Die Kupferplatten der *Civitates Orbis Terrarum* blieben bis ca. 1653 im Besitz von Abraham Hogenberg in Köln. Dann wurden sie an Jan Janssonius (1588–1664) verkauft, den Sohn des gleichnamigen Arnheimer Verlegers. Er war seit 1612 in Amsterdam ansässig als Schwiegersohn des Kartenverlegers und -stechers Jodocus Hondius (1563–1612), dessen Geschäft er mit seinem Schwager Jodocus Hondius II weiterführte und um mehrere Filialen in ganz Europa erweiterte. Bekannt wurde er vor allem durch die Herausgabe zahlreicher Atlanten, darunter der Weiterführung des Mercator-Atlas, die bereits Jodocus Hondius I begonnen hatte.
Wohl angespornt vom Erfolg des Blaeu'schen Städtebuches (vgl. Nr. 12) und unter dem Eindruck, daß der Verlag Blaeu einen Städteatlas der ganzen Welt plante, gab Jan Janssonius 1657 sein Städtebuch heraus. Es enthält in 6 Bänden mit 8 Teilen – der oben zitierte ist der erste – 500 Städtepläne. 327 dieser Pläne sind von den Platten des Braun-Hogenberg'schen Städtebuches abgezogen, auch die übrigen sind zusammengekauft.

Lit.: KOEMAN I, S. 11. – KOEMAN II, S. 189. – BACHMANN S. 9 ff. – VAN'T HOFF S. 122.

6 Der Stich aus den Antwerpener Guicciardini-Ausgaben

Gelria

Vogelschauplan mit Innenbebauung, Festungsanlagen und Burg, Nordosten oben. Links oben Stadtwappen, rechts oben leeres Wappenfeld. Links unten leere Kartusche. Rückseite leer.

Kupferstich, ohne Signatur.

Ca. 16,5 × 24 cm.

Ohne Maßstabsangabe (ca. 1:4000).

Lodovico Guicciardini (1521–1589) entstammte einer Florentiner Patrizierfamilie, er war jedoch seit ca. 1540 in Antwerpen ansässig. Im Dienste der Medici unternahm er zahlreiche Reisen als Kaufmann. In der Topographiegeschichte ist er bedeutend als Verfasser der ersten brauchbaren historisch-geographischen Landeskunde der Niederlande *Descrittione di tutti e Paesi Bassi.* Dieses Buch, entstanden vor allem als Frucht eigener Landeskenntnis, erschien erstmals 1567 in Antwerpen. Deutsche Ausgaben erschienen 1580 in Basel (mit Illustrationen aus der Kosmographie des Sebastian Münster, ohne Geldern) und 1582 in Frankfurt (ohne Illustrationen).

Der Antwerpener Verleger Christoph Plantijn (1520–1589) brachte insgesamt drei Guicciardini-Ausgaben heraus: 1581 und 1588 mit italienischem, 1582 mit französischem Text. Die Ansicht von Geldern ist nur in den Ausgaben von 1582 und 1588 enthalten. Bei nahezu allen Städteabbildungen handelt es sich um Kopien eines unbekannten Stechers nach den Stichen aus Hogenbergs *Civitates.* Unter Berücksichtigung der alten Beziehungen Plantijn–Hogenberg scheint es sicher, daß diese Kopien autorisiert waren.

Der auffälligste Unterschied des Geldern-Stiches im Vergleich mit dem Hogenberg'schen Original ist das Fehlen des Kartuschentextes. Besonderes Kennzeichen ist das oben abgebogene l im Ortsnamen Gelria.

Von diesem Stich, dessen Platte im Museum Plantin-Moretus in Antwerpen noch vorhanden ist, gibt es zwei Varianten.

Lit.: BOELE S. 199 ff. – BNB Bd. 8, Sp. 420 ff. – DENUCÉ I, S. 140 ff. – VAN'T HOFF S. 57 ff. – Schriftliche Mitteilung Museum Plantin-Moretus vom 22. 8. 1978.

6 a

Wie oben beschrieben.

Sammlung der Stadt Geldern.

Enthalten in einem Teil der Auflage von:

Description de touts les Pais-Bas, autrement appellez la Germanie inferieure ou Basse Allemagne, par Messire Louis Guicciardin Gentilhomme Florentin . . . A Anvers, de l'Imprimerie de Christophle Plantin MDLXXXII (1582),

Lit: BOELE Nr. VII – VAN'T HOFF S. 60.

6 b

Rechts unten die Paginierung *22.*

Sonst wie oben beschrieben.

Archiv des Kreises Kleve in Geldern – Karten und Pläne.

Enthalten in einem Teil der Auflage von:

Description des touts les Pais-Bas . . . (vgl. Nr. 6 a)

sowie in:

Descrittione di M. Lodovico Guicciardini, gentilhuomo fiorentino, di tutti i Paesi Bassi, altrimente detti Germania inferiore . . . In Anversa, Apresso Christophano Plantino, MDLXXXVIII (1588).

Lit: BOELE Nr. VIII. – VAN'T HOFF S. 61.

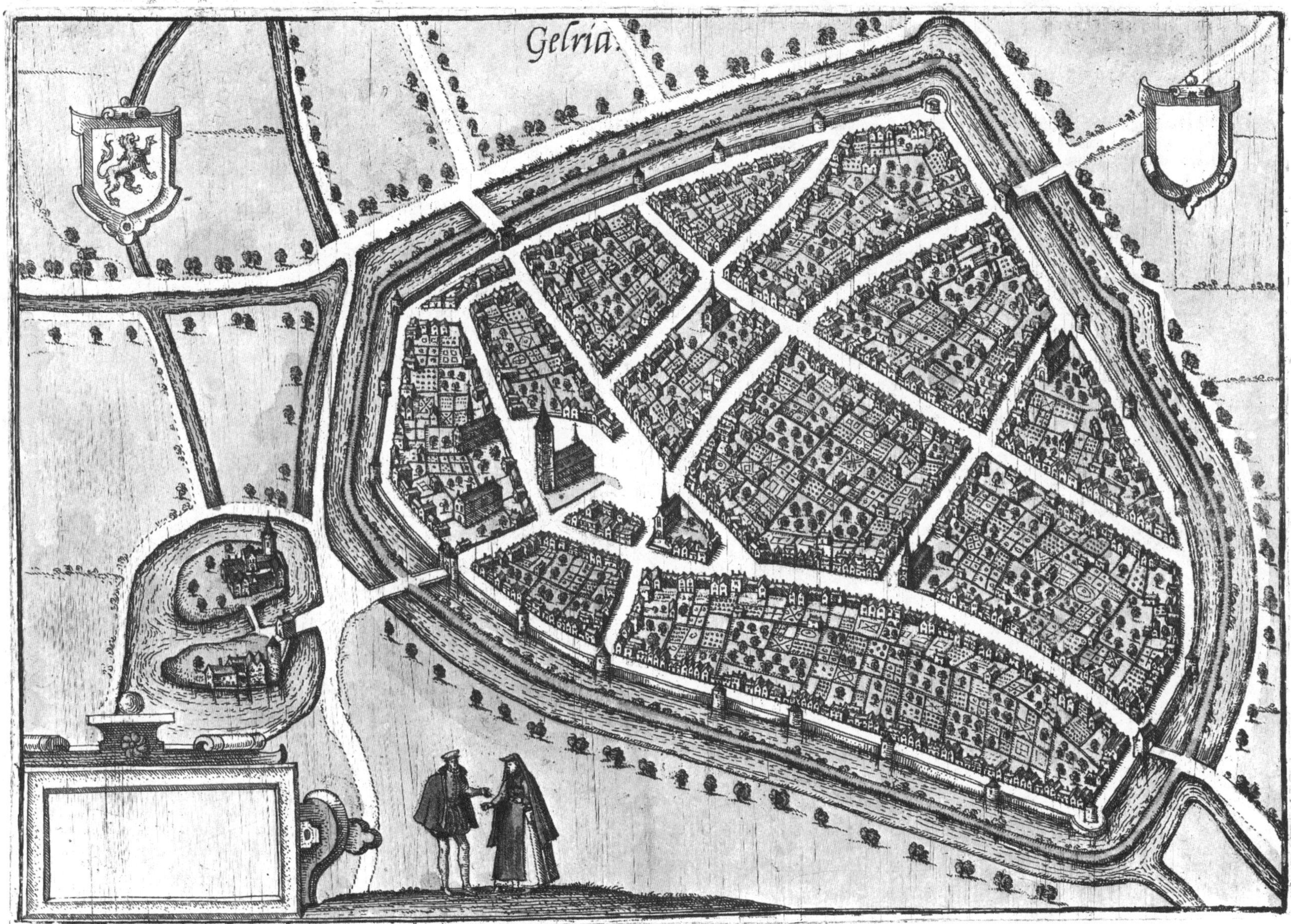
Gelria.

7 Der Stich aus den sog. „nordniederländischen“ Guicciardini-Ausgaben

Gelria

Vogelschauplan mit Innenbebauung, Festungsanlagen und Burg, Nordosten oben. Links oben Stadtwappen, rechts oben leeres Wappenfeld. Links unten leere Kartusche. Rückseite leer. .

Kupferstich, ohne Signatur.

Ca. 16 × 23,5 cm.

Ohne Maßstabsangabe (ca. 1:4000).

Die ab 1609 bei verschiedenen Verlegern herausgebrachten Ausgaben waren die ersten nach Guicciardinis Tod. Sie waren überarbeitet von Petrus Montanus (= Pieter van den Berghe, ca. 1560–1625), einem Schwager des Jodocus Hondius, der in Vlissingen und Amsterdam als Lateinlehrer lebte.
Die Abbildungen dieser Ausgaben entsprechen wiederum den Vorlagen der *Civitates,* wobei unklar ist, ob auch diese Kopie autorisiert war. Im Vergleich mit den Antwerpener Stichen sind die vorliegenden um einige Millimeter kleiner. Markantes Kennzeichen ist das oben gerade abschließende l im Ortsnamen Gelria.
Es sind zwei Varianten zu unterscheiden.

Lit.: NNBW Bd. 10, Sp. 645 f. – VAN'T HOFF S. 61 ff.

7 a

Wie oben beschrieben.

Archiv des Kreises Kleve in Geldern – Karten und Pläne.

Enthalten in:

Description de touts les Pays-Bas, autrement appeléz la Germanie inferieure ou Basse Allemagne par Messire Loys Guicciardin . . . A Amsterdam, Chez Corneille Nicolas, MDCIX (1609)

sowie in einer identischen Ausgabe mit der Verlagsadresse:

. . . A Calais, Chez Abraham Maire, l'an 1609.

sowie in:

Beschryvinghe van alle de Nederlanden, anderssins ghenoemt Neder-Duytslandt, door M. Lowijs Guicciardijn, Edelman van Florencen . . . Amsterdam, by Willem Jansz. 1612.

Es ist dies die erste Ausgabe mit niederländischem Text. Eine Faksimileausgabe mit Einführung von H. H. ZWANGER erschien Amsterdam 1968.

Lit.: BOELE Nr. IX, X und XI.

7 b

Rechts unten die Paginierung *26.*

Sonst wie oben beschrieben.

Sammlung der Stadt Geldern.

Enthalten in:

Omnium Belgii sive Inferioris Germaniae regionum descriptio . . . Amsterdam, Wilhelm Janssonius, 1613.

sowie in:

Description de touts les Pays-Bas, autrement appelléz la Germanie inferieure . . . Amsterdam, Johann Janssonius, 1625.

sowie in:

Lud. Guicciardini Belgium universum seu Omnium Inferioris Germaniae Regionum accurata Descriptio . . . Amsterdam, Johann Janssonius, 1646.

sowie in:

Belgium, dat ist Nederlandt ofte Beschrijvinge derselviger Provincien ende steden . . . Amsterdam, Johann Janssonius, 1648.

Lit.: BOELE Nr. XII, XVI, XX und XXI.

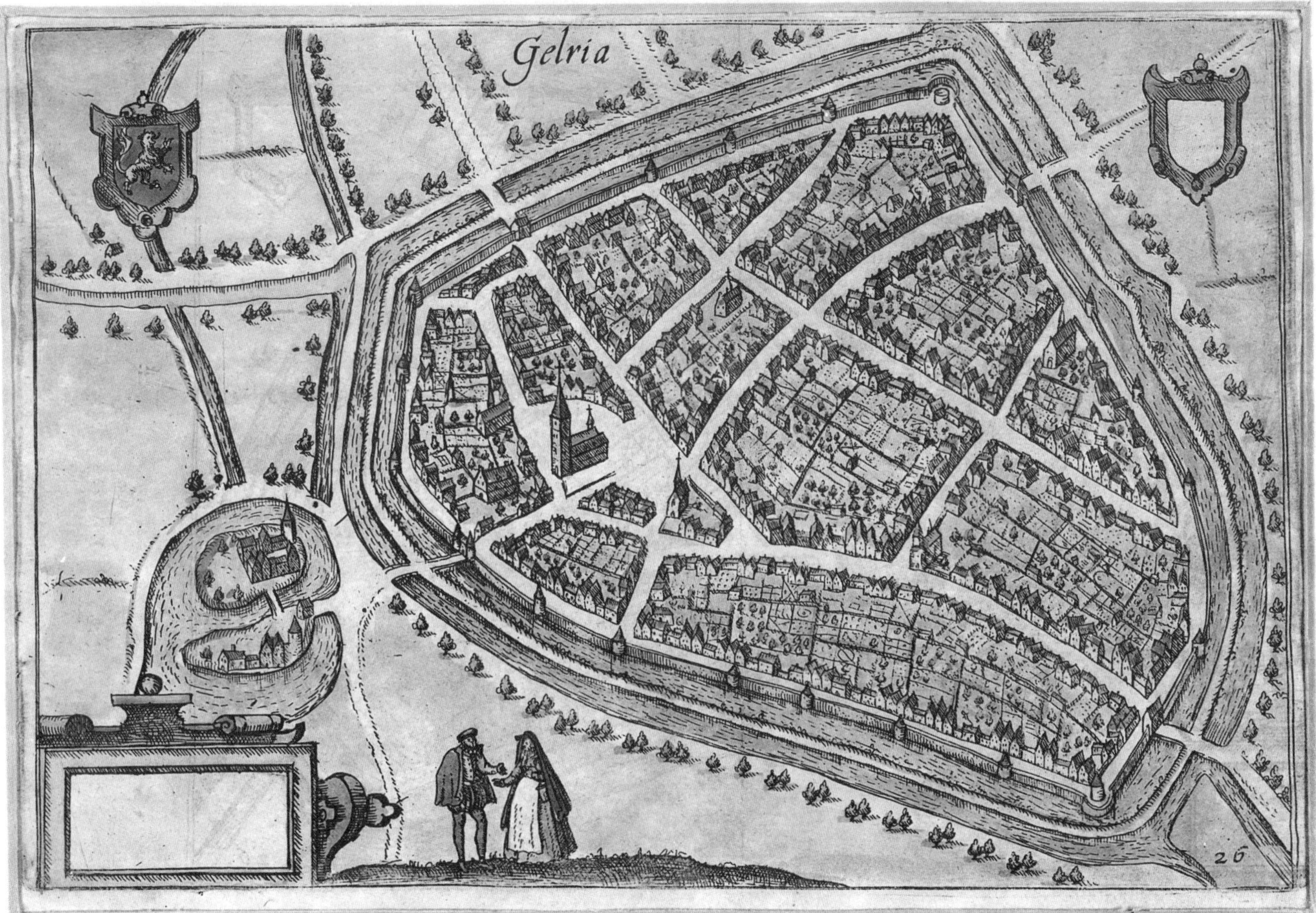
Gelria
26

8

la Ville de GUELDRE

Festungsgrundriß mit Lokalisierung der Kirchen und Darstellung der Burg im Aufriß. Norden oben. Links oben Stadtwappen. Rückseite leer.

Kupferstich, Signatur: *Harrewyn f*(ecit).

12,3 × 14 cm.

Ohne Maßstabsangabe (ca. 1:6500).

Sammlung Linssen.

Enthalten im dritten Band von:

Les Délices des Pais-Bas, ou Description générale de ses dix-sept provinces, de ses principales villes et de ses lieux les plus renommés. Brüssel 1697.

Diese populäre Beschreibung der Niederlande ist anonym erschienen. Als Verfasser gilt allgemein Jean-Baptist Christyn jun. (1635–1707), ein Brüsseler Jurist und Mitglied des Brabanter Staatsrates.
Die Signatur verweist auf Jacobus Harrewyn (ca. 1660–ca. 1735), den Begründer einer Brüsseler Kupferstecherfamilie.
Als Vorlage für diesen Stich diente der Plan Hogenbergs oder eine der Kopien, obwohl zu dieser Zeit schon wesentlich aktuellere Darstellungen Gelderns auf dem europäischen Büchermarkt vorhanden waren. Dies scheint der Stecher bzw. Redakteur jedoch kurz nach Erscheinen dieser ersten Auflage erfahren zu haben, in sämtlichen weiteren findet sich die überarbeitete Fassung (Nr. 9).

Lit.: THIEME-BECKER Bd. 16, S. 55 ff. – BNB Bd. 4, Sp. 109 f.

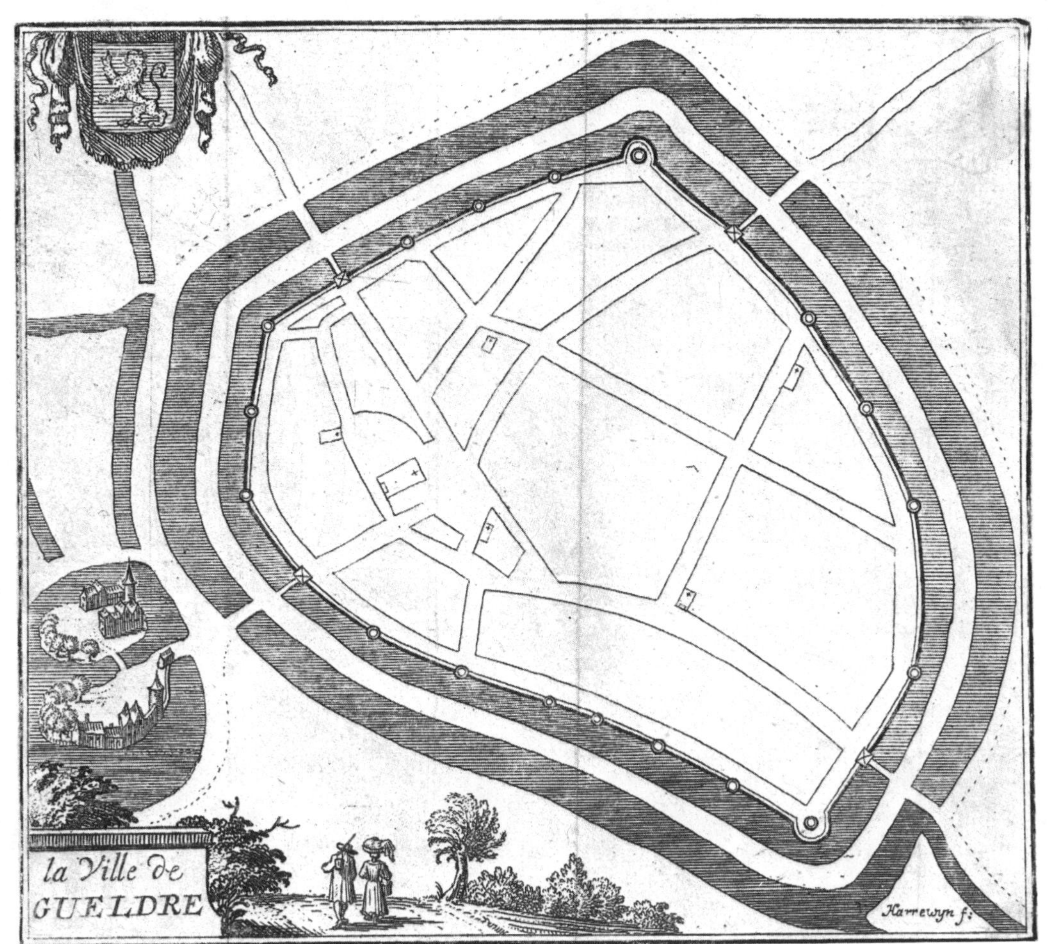
la Ville de
GUELDRE
Harrewyn f.

9

la Ville de GUELDRE

Festungsgrundriß mit Einzeichnung der Kirchen und der Burg im Aufriß und Lokalisierung der übrigen Hauptgebäude. Norden oben. Links oben Stadtwappen. Rückseite leer.

Kupferstich, Signatur: *Harrewyn f*(ecit).

12,3 × 14 cm.

Ohne Maßstabsangabe (ca. 1:6500).

Sammlung Stratmans.

Enthalten in:

Les Délices des Pais-Bas, contenant une Description generale des XVII provinces. Edition nouvelle . . . Brüssel, 1711.

Für dieses Blatt wurde die Platte von Nr. 8 ergänzt durch die ziemlich freie Einzeichnung von Bastionen und Hornwerken. Die in Nr. 8 nur einfach lokalisierten Kirchen wurden nun im Aufriß dargestellt. Dazu wurden weitere Hauptgebäude in schraffiertem Grundriß eingetragen. Weiterhin wurde das innerstädtische Wegenetz in ziemlich illusorischer Weise durch Eintragung zahlreicher Gassen verdichtet.

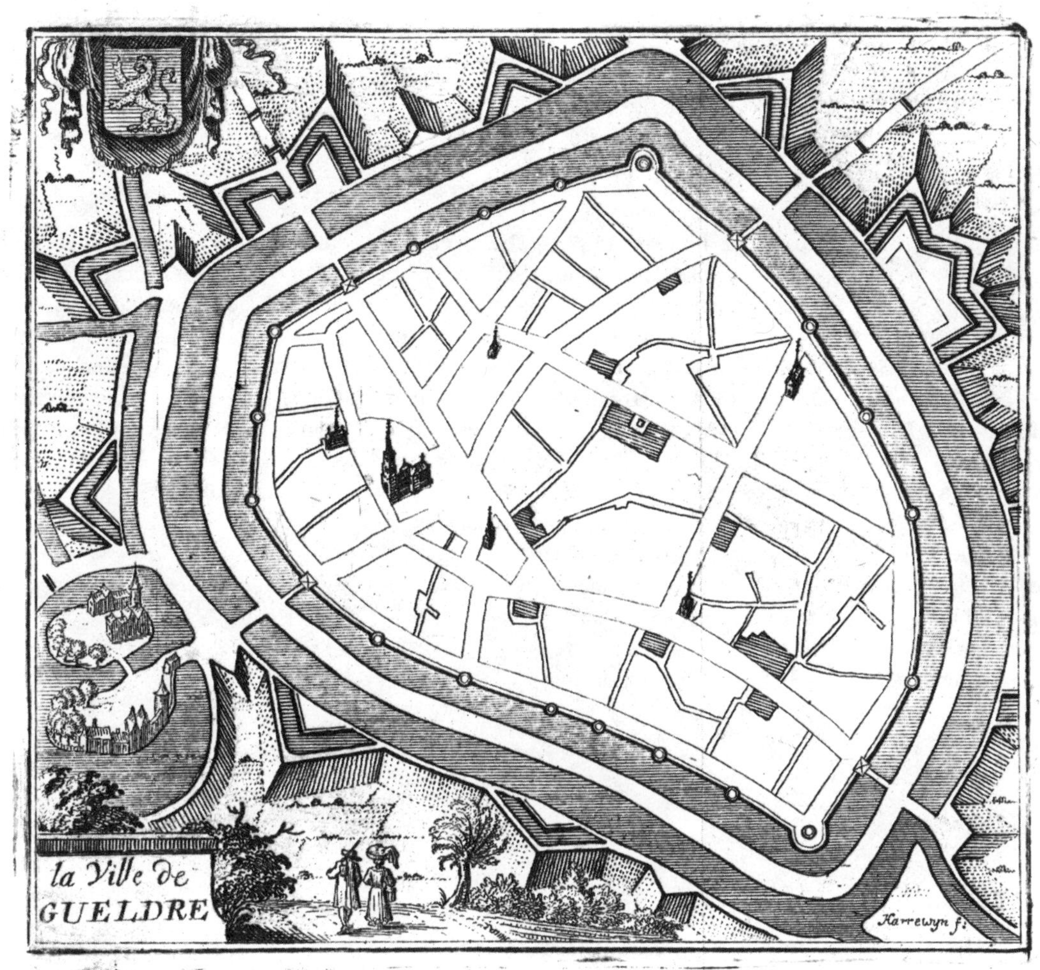
la Ville de
GUELDRE
Harrewyn f.

10

GELRE

Vogelschauplan aus Süden mit Darstellung des Einzuges der Spanier 1587 unter dem Obristen von Hautepenne.

Kupferstich, ohne Signatur.

Ca. 19 × 27,5 cm.

Dargestellt ist die Einnahme Gelderns durch spanische Truppen 1587. Wegen einer Ohrfeige, die er während eines Trinkgelages von dem Offizier der Generalstaaten Martin Schenk von Nideggen erhalten hatte, öffnete der Gouverneur Ariston Patton, ein Schotte in niederländischen Diensten, den Spaniern unter Oberst von Hautepenne in der Nacht vom 4. zum 5. Juli 1587 die Tore. Damit war das seit 1578 andauernde Intermezzo der niederländischen Herrschaft über Geldern wieder beendet.

Vom Festungsbau her ist diese Abbildung wesentlich aktueller als die vorangehenden. Sie zeigt den Rempart, einen verstärkenden Erdwall hinter der Stadtmauer, der gleichzeitig als Geschützstellung diente. Diese seit dem Ende des 15. Jahrhunderts angewandte Befestigungstechnik ist in Geldern seit 1584 belegt. Hier wie an anderen Orten hatte sie jedoch nicht lange Bestand und wurde bald vom Fortschritt überholt. Der Plan liegt in zwei Abarten vor, die sich im Stich aber nicht unterscheiden.

Lit.: NETTESHEIM S. 176 ff. – EBE-JAHN S. 81 ff.

10 a

Unter dem Stich vier vierzeilige Spalten Text mit Beschreibung des Ereignisses in deutschen Reimen und Plattennumerierung *107*. Rückseite leer.

Sonst wie oben beschrieben.

Format mit Text ca. 21 × 27,5 cm.

Sammlung der Stadt Geldern.

Diese Variante, die sicherlich die ursprüngliche ist, entstammt einer Sammlung, die als *Hogenbergs Geschichtsblätter* in die Literatur eingegangen ist. Wann Frans Hogenberg mit diesem Projekt, das in Flugblattform erschien, begonnen hat, ist unsicher. Die ersten Blätter datieren von ca. 1558, verstärkt wurden die Arbeiten jedoch erst in seiner Kölner Zeit. Später wurden die Einzelabbildungen zu Serien zusammengefaßt, der vorliegende Stich gehört zu einer Serie von 109 Blättern mit Ereignissen der Jahre 1577–1587. Insgesamt gehören zu dem Werk, das bis etwa 1631 von den Nachfolgern Hogenbergs fortgeführt wurde, ca. 470 Stiche.

Lit.: Frans Hogenberg. De 80-jarige oorlog in prenten. Mit einer Einleitung von L. VOET. Den Haag 1977. – BACHMANN S. 6. – MULLER Nr. 413.

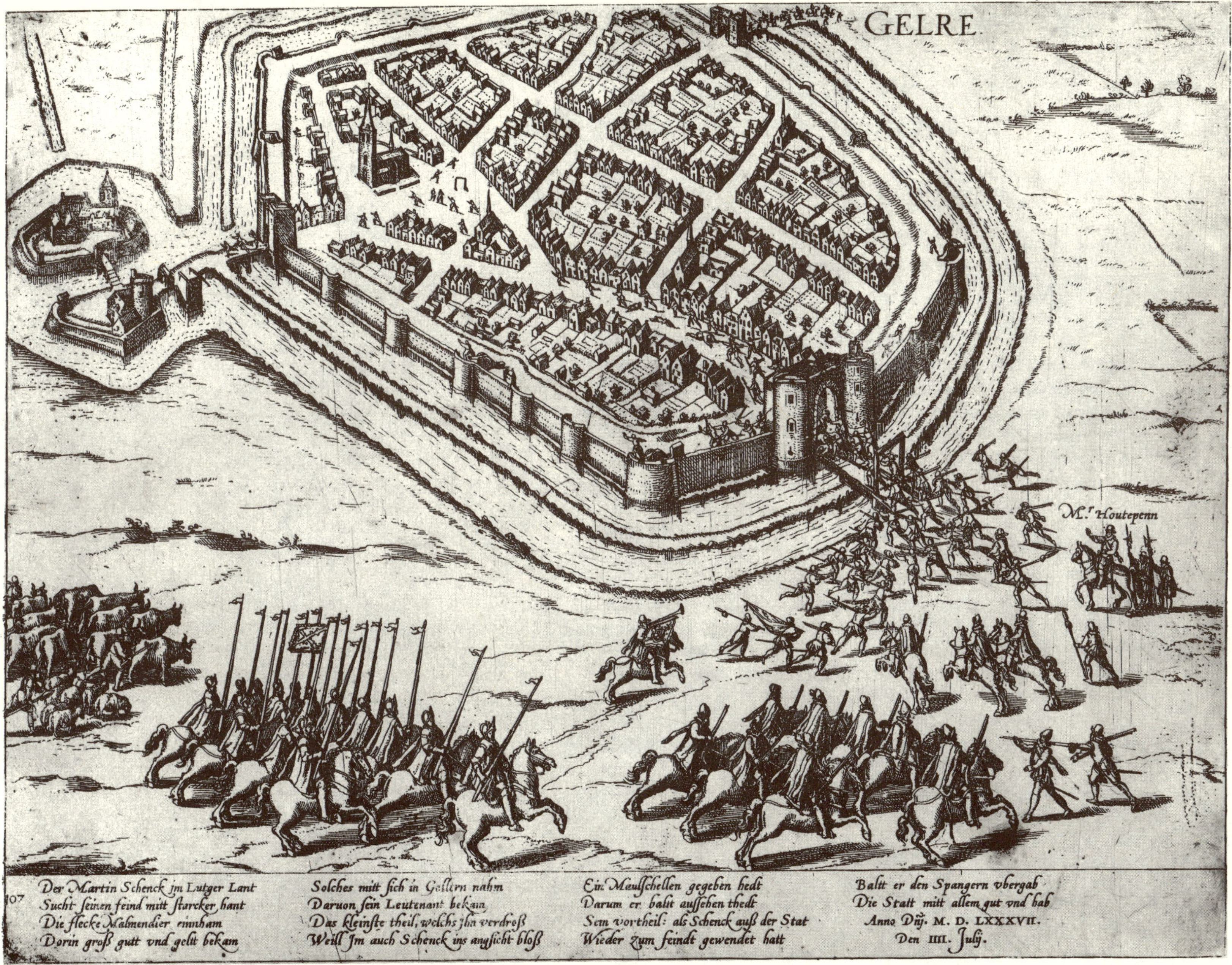
GELRE
M.r Houtepenn
Der Martin Schenck jm Lutger Lant
Sucht seinen feind mitt starcker hant
Die flecke Malmendier einnham
Dorin groß gutt vnd gelt bekam
Solches mitt sich in Gellern nahm
Daruon sein Leutenant bekam
Das kleinste theil, welchs jhn verdroß
Weill Jm auch Schenck ins angsicht bloß
Ein Maulschellen gegeben hedt
Darum er balt aussehen thedt
Sein vortheil: als Schenck auß der Stat
Wieder zum feindt gewendet hatt
Baltt er den Spangern vbergab
Die Statt mitt allem gut vnd hab
Anno Dnj. M. D. LXXXVII.
Den IIII. Julij.
107

10 b

Die untere Schriftleiste fehlt ganz oder teilweise. Rückseite je einspaltiger lateinischer Text im Rahmen mit Beschreibung der Ereignisse 1587, in den oberen Ecken Paginierungen *421–422*.

Sonst wie oben beschrieben.

Landschaftsmuseum des Niederrheins Burg Linn – Stich Nr. 555 K 6.

Enthalten in:

Novus Ad Hispaniae Et Hungariae Reges Ter Maximos. De Leone Belgico, eiusque Topographica atque Historica descriptione liber ... Francisci Hogenbergii bis centum et VIII figuris ornatus ... Michaele Aitsingero Austriaco Auctore ... Köln 1587.

Michael von Aitzing (auch Eitzinger, Aytzinger) entstammte einem österreichischen Adelsgeschlecht, sein Vater war Obersthofmeister von Kaiser Maximilian I. Er begann eine glänzende Karriere im diplomatischen Dienst und machte zahlreiche Reisen. Eine Verhaftung in Brüssel aus unbekannten Gründen setzte seiner Laufbahn um 1570 ein Ende. Seit 1581 war er mit Unterbrechungen in Köln ansässig, wo er vor allem mit Hogenberg in Verbindung stand. Er starb 1598 in Bonn.
Das literarische Werk Michael von Aitzings ist fast unübersehbar. Bekannt wurde er vor allem als Begründer der Relationes, der Vorläufer der Zeitungen. Sein bedeutendstes Werk ist *De Leone Belgico eiusque topographica atque historica descriptione.* Erstmals 1583 erschienen, erlebte diese historisch-geographische Beschreibung der Niederlande zahlreiche Neuauflagen. Sämtliche Illustrationen stammen aus der Offizin Hogenberg. Im übrigen wird die Zusammenarbeit auch dadurch unterstrichen, daß die Randnoten bei Aitzing die Nummern der Städtebilder in den *Civitates* von Braun-Hogenberg nennen.

Lit.: F. STIEVE: Über die ältesten halbjährigen Zeitungen oder Messrelationen und insbesondere über deren Begründer Freiherrn Michael von Aitzing. In: Abh. d. Hist. Kl. d. Kgl. Akad. d. Wissenschaften, Bd. 16, 1. Abt. S. 177–265. München 1881.

11

GELRE

Vogelschauplan aus Süden mit Darstellung des Einzuges der Spanier 1587 unter dem Obristen von Hautepenne. Unter dem Stich zwei zweizeilige Spalten Text mit lateinischer Beschreibung des Ereignisses, links daneben die Plattennumerierung *(191)*.

Kupferstich, ohne Signatur.

Ca. 12,5 × 15,5 cm (Größe der Platte mit Text ca. 13,5 × 16 cm).

Der Stich ist eine verkleinerte Kopie nach der Abbildung Hogenbergs, über den Stecher ist nichts bekannt. Es liegen insgesamt 5 Varianten vor.

11 a

Über dem Stich die Schriftleiste:

Onder Philips II. Gouvernerende Parma, ende den Grave van Licester.

Links neben dieser Kapitelüberschrift die Abbildungsnumerierung *(191)*, rechts die Foliierung *Fol. 549.* Unten rechts unter dem lateinischen Text die Kustode *Aaaa.* Rückseite niederländischer Text.

Sonst wie oben beschrieben.

Archiv des Kreises Kleve in Geldern – Karten und Pläne.

Enthalten in:
De Nassausche Oorloghen. Beschreven door Wilhelmium Baudartium van Deynse . . . Amsterdam, bei Michael Colijn, 1616.

Wilhelm Baudartius (Wilhelm Baudart van Deynse 1565–1640), ein gebürtiger Flame, ging zum Studium nach Canterbury, Gent und Leiden. Er war einer der führenden calvinistischen Prediger und Bibelexegeten der Niederlande. Neben den zahlreichen theologischen Schriften war sein populärstes Werk die vorliegende Beschreibung der niederländischen Sezessionskriege über den Zeitraum 1559–1614.

Lit.: NNBW Bd. 3, S. 71–73; MULLER Nr. 413.

11 b

Über dem Stich die Schriftleiste:

Soubs Philippe II. gouvernant Parme et le Comte de Licestre.

Links neben dieser Kapitelüberschrift die Abbildungsnumerierung *(191)*, rechts die Foliierung *103.* Unten rechts unter dem lateinischen Text die Kustode *O 2.* Rückseite französischer Text.

Sonst wie oben beschrieben.

Sammlung Stratmans.

Enthalten in:
Les guerres de Nassau. Descriptes par Guillaume Baudart de Deinse en Flandre . . . Amsterdam, bei Michael Colijn, 1616.

Es ist dies die französische Übersetzung der *Nassausche Oorloghen.*

11 c

Über dem Stich die Schriftleiste:

Sub Philippo Secundo, Gubernante Parma & Comite Licestro.

Links neben dieser Kapitelüberschrift die Abbildungsnumerierung *(191)*, rechts die Foliierung *91*. Unten rechts unter dem lateinischen Text die Kustode *M 2*. Rückseite lateinischer Text.

Sonst wie oben beschrieben.

Sammlung Stratmans.

Enthalten in:

Polemographia Auriaco-Belgico scriptore Wilhelmo Baudartio Deinsiano Flandro. Amsterdam, bei Michael Colijn, 1621–22.

Es ist dies die lateinische Übersetzung der *Nassausche Oorloghen.*

11 d

Über dem Stich die Schriftleiste:

Vervolgh der Nederlantsche Oorlogen.

Links neben dieser Kapitelüberschrift die Ordnungsjahreszahl *1587*, rechts die Foliierung *Fo. 95*. Rückseite zweispaltiger niederländischer Text.

Sonst wie oben beschrieben.

Archiv des Kreises Kleve in Geldern – Karten und Pläne.

Enthalten im dritten Band (1626) von:

Oorspronck, begin ende vervolgh der Nederlantsche Oorloghen ... beschreven door Pieter Bor Christiansz. Amsterdam, bei Michael Colijn, 1621–1634.

Pieter Christiansz. Bor (1559–1635) war ab 1578 in Haarlem als Notar tätig. Sein bedeutendstes Werk als Historiker war der *Oorspronck* ..., der erstmals 1595 bis 1601 in Utrecht erschien und die Zeit bis 1573 behandelte. Das Werk wurde so gut aufgenommen, daß er 1615 offiziell zum Geschichtsschreiber der Generalstaaten ernannt wurde, gleichzeitig mit seiner Bestallung zum Generalrentmeister von Nord-Holland.

Lit.: NNBW Bd. 6, Sp. 160–164.

11 e

Links unten zusätzliche Numerierung *215*. Rückseite Frauenporträt.

Sonst wie oben beschrieben.

Sammlung der Stadt Geldern.

Der ursprüngliche Zusammenhang des Stiches konnte bisher nicht ermittelt werden.

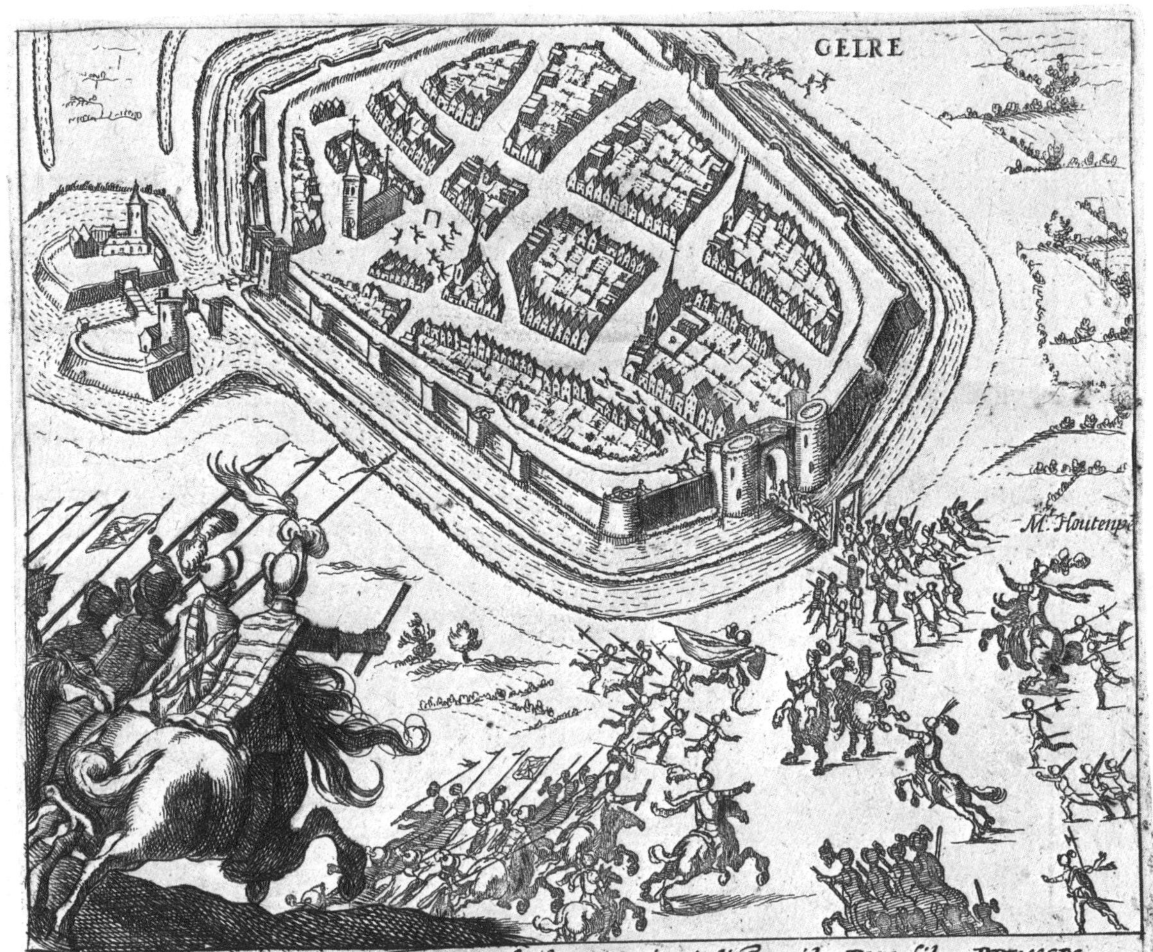

235 Persidiæ mihi testis erit pia GELRA nefandæ
191 PATTONICÆ, cujus fidissima tradidit hosti
Mœnia, vindictæ cupidus DUX, fidere PRINCEPS
His Ducibus posthac nunquam poterit peregrinis.

KAPITEL III

Gedruckte Pläne des Festungszustandes 1607–1667

Wie schon die Abbildungen Nr. 2 und 4 zeigten, begann man in Geldern bereits von etwa 1560 an mit der Anlage von Bastionen. Diese Arbeiten wurden bis weit ins 17. Jahrhundert hinein fortgesetzt, forciert durch die niederländischen Sezessionskriege und den 30jährigen Krieg mit allen ihren Neben- und Nachfolgeauseinandersetzungen. Im Endstadium dieser ersten Ausbauphase war die mittelalterliche Stadtmauer mit einem Kranz von 8 Bastionen verstärkt, die Tore waren durch Ravelins gesichert. Seit 1607 ist die Kontrescarpe nachweisbar, die Befestigung des äußeren Grabenrandes mit einer Futtermauer und weiteren Bastionen. Spätestens seit 1632 begann man in Geldern mit der Anlage von zwei Hornwerken. Diese Elemente des sogenannten niederländischen Befestigungssystems bestanden in weitläufigen Erdanlagen, um Kosten, Steine und vor allem Zeit zu sparen. In Geldern hatte diese Befestigungsart jedoch nicht lange Bestand; schon 1652 wurden die Hornwerke wieder geschleift.

Sämtliche Stiche, die die Festung Geldern in diesem ersten Ausbaustadium zeigen, lassen sich auf zwei Vorlagen zurückführen. Bei der Mehrzahl handelt es sich um Kopien des Stiches von Joan Blaeu (Nr. 12). Daß sie auch in Werken enthalten sind, deren Druckort Wien, Neapel oder Paris war, mag die Führungsrolle der niederländischen Kartographie bzw. Stadttopographie im Europa des 17. Jahrhunderts unterstreichen. Bei allem Detailreichtum war der Blaeu-Stich allerdings schon zur Zeit seiner Erstveröffentlichung 1649 seit Jahren überholt. Die Burg wird noch in völlig intaktem Baustand gezeigt, obwohl sie – seit 1581 mehr oder minder zerfallen – 1637 abgebrochen worden war. Auch die Torravelins und die Hornwerke fehlen. Den Endzustand dieser Bauepoche dokumentiert der Festungsgrundriß Merians (Nr. 20), der ziemlich genau das Aussehen der Festung Geldern um 1650 wiedergibt.

Lit.: NETTESHEIM S. 208 ff. – EBE-JAHN S. 83 ff.

12 Der Plan aus dem Städtebuch des Joan Blaeu

GELRE

Stadt- und Festungsplan aus der halben Vogelperspektive. In den oberen Ecken Wappen von Stadt und Herzogtum. Links unten leere Kartusche mit Waffendraperie und kriegshornblasendem Mars. Süden oben.

Kupferstich, ohne Signatur.

Ca. 41 × 51 cm.

Maßstab: 6,5 cm = *44 Roeden* (ca. 1:2500).

Willem Janszoon Blaeu (1571–1638) hatte in Dänemark bei dem berühmten Astronomen Tycho Brahe (1546–1601) die Grundlagen der Astronomie und des Globenmachens gelernt. Seit 1596 war er in Amsterdam als Globen-, Instrumenten- und Kartenhersteller sowie als Verleger tätig. Sein bedeutendstes Werk war der Seeatlas *Het Licht der Zeevart* von 1608. Ab 1633 war er Kartenmacher der Niederländischen Ostindischen Kompanie. In diesem Amt folgte ihm sein Sohn Dr. Joan Blaeu (1596–1673) nach. Unter ihm erreichte der Verlag Blaeu seine größte Blüte, vor allem mit dem bis zu 12 Bände umfassenden *Großen Atlas,* der sogenannten *Geographia Blaviana.*
Das niederländische Städtebuch war nach dem Großen Atlas das bedeutendste Werk des Blaeu'schen Verlages und erlangte in den Niederlanden eine hohe Popularität. Die Vorrede der ersten Auflage, der eine Reihe weiterer folgten, datiert von 1649. Das Städtebuch besteht in sämtlichen Auflagen aus zwei Bänden, von denen einer die Königlich-spanischen Niederlande, der andere die 17 Freien Provinzen behandelt. Der Verlag Blaeu gab ab 1663 auch ein italienisches Städtebuch heraus, das am Ende auf 5 Bände anwuchs. Der Plan eines Atlaswerkes mit den wichtigsten Städten der ganzen Welt kam nicht mehr zur Ausführung.
Zweifellos beruht dieser Plan Gelderns auf eigens angestellten topographischen Aufnahmen, folglich dürfte er recht zuverlässig sein. Die in der Einleitung zu diesem Kapitel angesprochene mindere Aktualität zur Zeit der Erstveröffentlichung in der Darstellung einiger Festungsdetails und der Burg dürfte durch das Datum dieser Aufnahmearbeiten bedingt sein. Gezeigt wird das Aussehen von Stadt und Festung etwa um 1630. Besonderen Wert erhält die Abbildung dadurch, daß hier erstmals auf einem Stich Details der Innenbebauung exakt wiedergegeben sind. Diese waren zwar schon auf dem Deventer-Plan (Nr. 1) und dem Hogenberg-Stich (Nr. 5) vorhanden, konnten dort wegen des weitaus kleineren Maßstabes aber nur weit oberflächlicher ausgeführt werden. Der Plan ist in drei Varianten vorhanden, die sich im Stich jedoch nicht unterscheiden.

Lit.: C. KOEMAN: Joan Blaeu and his Grand Atlas. Introduction to the Facsimile-edition of the Grand Atlas 1663. Amsterdam 1970. – W. NIJHOFF: De verschillende uitgaven van de stedenboeken van Joan Blaeu. In: Het Boek XXII, 1933–34, S. 33–49. – KOEMAN I, S. 295 ff.

12 a

Rückseite halbseitiger zweispaltiger Text mit lateinischer Beschreibung von *GELRA* und Ziervignette. Ohne Paginierung.

Sonst wie oben beschrieben.

In Gelderner Sammlungen ist kein Exemplar nachgewiesen. Konsultiert wurde die *Kollektion Bodel Nijenhuis (UB Leiden).*

Enthalten in:

Novum ac Magnum Theatrum Urbium Belgicae Liberae ac Foederatum. Ad praesentis temporis faciem expressum A Joanne Blaeu Amstelaedamensi.

In dieser ersten Auflage des Blaeu'schen Städtebuches ist Geldern zu den Städten der 17 Freien Provinzen gerechnet, Blaeu scheint die Entscheidungen des Westfälischen Friedens 1648 entweder nicht abgewartet oder zumindest nicht vollständig berücksichtigt zu haben. Erst in einer bald nach 1649 erschienenen zweiten Auflage steht Geldern im richtigen Zusammenhang.

Nun enthalten in:

Novum ac Magnum Theatrum Urbium Belgicae Regiae. Ad praesentis temporis faciem expressum A Joanne Blaeu Amstelaedamensi.

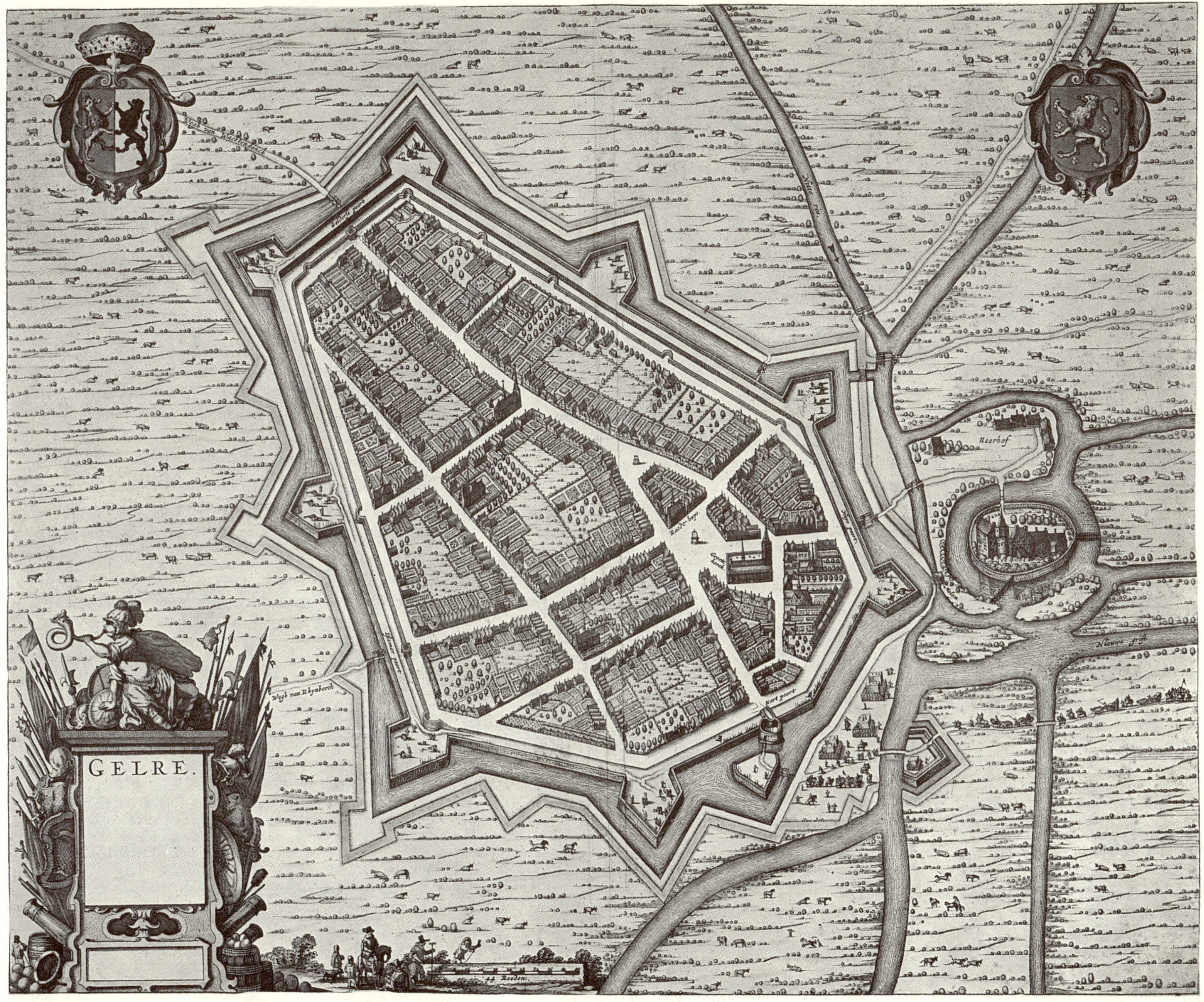
GELRE.
Neerhof
Nieuwe grift
Wegh van Rhynberch
44 Roeden

12 b

Rückseite halbseitiger zweispaltiger Text mit lateinischer Beschreibung von *GELRA* und Ziervignette. Darunter Paginierung *viij D.*

Sonst wie oben beschrieben.

Archiv des Kreises Kleve in Geldern – Karten und Pläne.

Enthalten in:

Novum ac Magnum Theatrum Urbium Belgicae Regiae. Ad praesentis temporis faciem expressum A Joanne Blaeu Amstelaedamensi.

Dieser dritten, nun paginierten Auflage folgten noch mehrere weitere Ausgaben, deren genaue Anzahl jedoch unbekannt ist.

12 c

Rückseite ganzseitiger zweispaltiger Text mit niederländischer Beschreibung von *GELDER.* Darunter die Paginierung *viij D.*

Sonst wie oben beschrieben.

Archiv des Kreises Kleve in Geldern – Karten und Pläne.

Enthalten in:

Tooneel der Steden van 's Konings Nederlanden met hare Beschrijvingen. Uitgegeven by Joan Blaeu.

Es ist dies die niederländische Ausgabe des Blaeu'schen Städtebuches, von der nur eine Auflage bekannt ist.

13

GELRE

Stadt- und Festungsplan aus der halben Vogelperspektive. In den oberen Ecken Wappen von Stadt und Herzogtum. Links unten Legende in Niederländisch mit 12 Bezugsziffern. Süden oben. Rückseite leer.

Der Plan stellt das rechte obere Viertel eines Viererblocks mit Nieuwstat, Straelen und Montfort dar.

Kupferstich, ohne Signatur.

12,2 × 17 cm.

Ohne Maßstabsangabe (ca. 1:7800)

Archiv des Kreises Kleve in Geldern – Karten und Pläne.

Enthalten in:

XIV Boeken van de Geldersse Geschiedenissen. Van't begin af vervolghd tot aen de afzweeringh des Konincx van Spanien . . . Door Arend van Slichtenhorst. T'Arnhem, by Iacob van Biesen . . . 1654 (es gibt auch Exemplare, die von 1653 datieren).

Über das Leben des Arend van Slichtenhorst (1616–1657) ist wenig bekannt. Nach einem Studium der Rechtswissenschaften in Leiden war er wohl als niederer Verwaltungsbeamter in seinem Heimatort Nijkerk bei Harderwijk tätig. Seine einzige bedeutende Leistung war die Überarbeitung der 1639 erschienenen *Historia Gelriae ad annum 1581 libri XIV* des Johann Isaac Pontanus. Im Gegensatz zu Pontanus enthält das vorliegende Buch auch Abbildungen der kleineren geldrischen Städte, in der Mehrzahl Kopien nach Blaeu (vgl. Nr. 12).
Als Stecher kann Nicolas van Geelkercken (ca. 1585–1656) angenommen werden. Er war seit 1628 in Arnheim ansässig und als Kartograph an der *Historia Gelrica,* der offiziellen geldrischen Geschichts- und Landesbeschreibung beteiligt. Seit 1630 war er *lantmeter van het Vorstendom Gelre ende Graeffschap Zutphen.*

Lit.: NNBW Bd. 5, Sp. 747. – VAN'T HOFF S. 137. – VREDENBERG-ALINK S. 41 ff. – P. J. MEIJ: Arend van Slichtenhorst en de Gelderse Geschiedschrijving. Als Beilage zum Reprint Arnheim 1967. – Nicolas van Geelkerkken. Een Gelders Kartograaf uit de zeventiende eeuw (Ausstellungskatalog). Zutphen 1972. – C. O. A. BARON SCHIMMELPENNINCK VAN DER OIJE: Merians gezicht op Elburg, van Slichtenhorsts Geldersse geschiedenissen. In: Gelders oudheidkundig contactbericht 73, 1977, S. 1 ff.

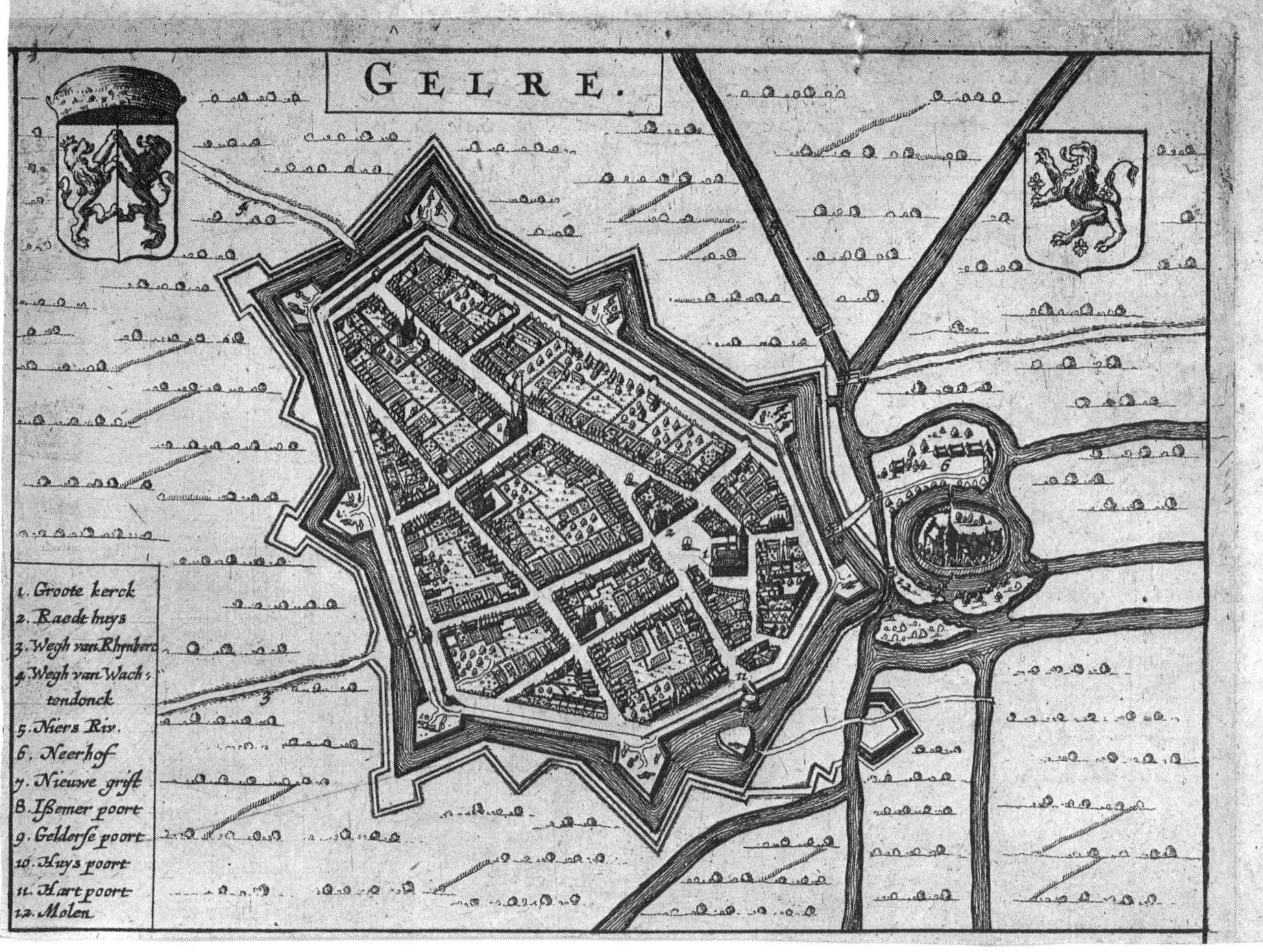
GELRE.
1. Groote kerck
2. Raedt huys
3. Wegh van Rhynberc
4. Wegh van Wach-
tendonck
5. Niers Riv.
6. Neerhof
7. Nieuwe grift
8. Ißemer poort
9. Gelderse poort
10. Huys poort
11. Hart poort
12. Molen

14

GELDRIA

Festungsplan aus der halben Vogelperspektive mit Einzeichnung von Burg und Kirchen im Aufriß. Rechts oben die Abbildungsnumerierung *47*. Süden oben. Rückseite leer.

Kupferstich, ohne Signatur.

Ca. 32 × 42 cm.

Ohne Maßstabsangabe (ca. 1:3500).

Sammlung der Stadt Geldern.

Enthalten in:

(Galeazzo Gualdo Priorato:) Schau-Platz deß Niderlands. Oder: Es sey die Beschreibung der siebenzehen Provincien desselben . . . Wien, 1673.

Ohne Veränderungen auch enthalten in der italienischen Ausgabe: Teatro del Belgico . . . Frankfurt, 1673.

Galeazzo Gualdo Priorato (1606–1673) entstammte einer altadeligen Familie aus Vicenza. Er wurde früh Soldat und stand im Dienste zahlreicher Kriegsherren. 1652 war er in Frankreich, wo er eine Biographie Mazarins schrieb. 1664 wurde er von Leopold I. zum Kaiserlichen Historiographen ernannt.
Die vorliegende Abbildung Gelderns ist eine ziemlich grobe Kopie eines unbekannten Gelegenheitsstechers nach dem Plan von Blaeu (Nr. 12).

Lit.: JÖCHER Bd. 2, Sp. 1230–1231.

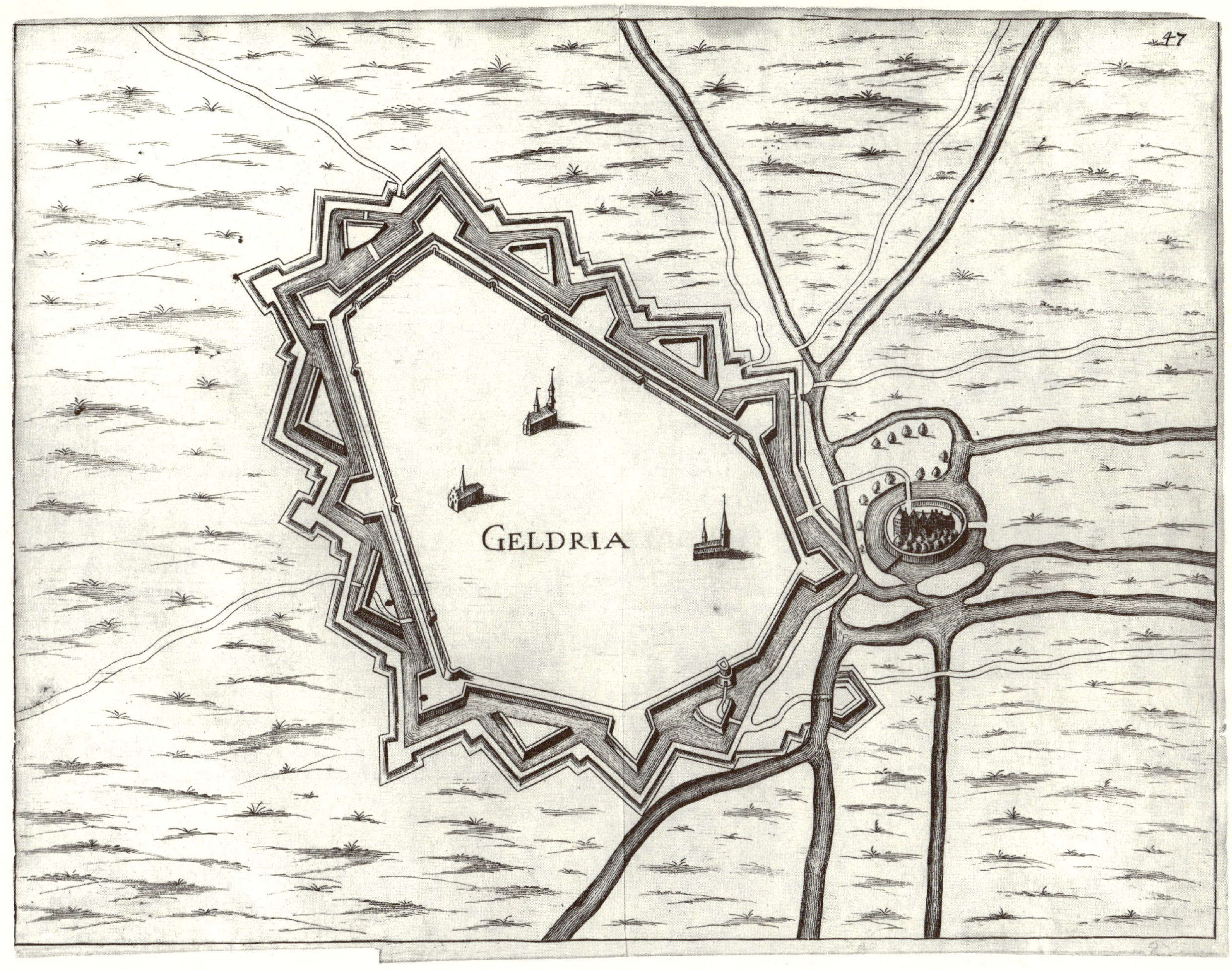
47
GELDRIA

15

Plan de la Ville de GUELDRE

Festungsgrundriß mit Einzeichnung des Straßennetzes und der Situation der Burg. Links unten drapierte Kartusche. Osten oben. Rückseite leer.

Kupferstich, Signatur: *RD f.* (?)

Ca. 11 × 15,5 cm.

Maßstab: 2,6 cm = *100 Toises* (ca. 1:8300).

Das Blatt ist eine um 90 Grad gedrehte Kopie nach Blaeu (Nr. 12). Die Stechersignatur konnte bisher nicht eindeutig zugeordnet werden. Es gibt mehrere Stecher, die mit diesem Monogramm signiert haben. Bei keinem ist jedoch eine gesicherte Zusammenarbeit mit Beaulieu nachweisbar.
Von diesem Stich sind zwei Verwendungen nachgewiesen.

15 a

Im Original auf dem Blatt unten, oben eine *Carte de la Haute Gueldre.*

Sonst wie oben beschrieben.

Sammlung der Stadt Geldern.

15 b

Umrahmt mit einer Ornamentleiste.

Sonst wie oben beschrieben.

Sammlung Camp.

Sébastien de Beaulieu, Seigneur de Pontault († 1674), war unter Ludwig XIV. von Frankreich *premier ingenieur du roi.* Zumindest in Frankreich ist er als der Begründer der Militärtopographie anzusehen. Als sein Hauptwerk gilt der sog. *Grand Beaulieu,* herausgegeben 1676–94 von seinen Erben als *Les glorieuses conquêtes de Louis le Grand* mit Belagerungsszenen der Jahre 1643–92. Zu seinen Lebzeiten erschien eine Serie *Les plans et profils . . . ,* in der jeder Band Karten und Pläne einer bestimmten Region enthielt. Der Titel des Geldern-Bandes lautet:

> Les plans et profiles des principales villes et lieux considerables du Duche de Gueldre. Avec la carte generale et les particulieres de chaque gouvernes. A Paris, par le Chevalier de Beaulieu avec privilege.

Es gibt auch Exemplare mit der Verlagsadresse:

> A Paris, chez le Sr. de Beaurin Geogr. avec Privilege.

In diesem Rahmen dürften beide Varianten zuzuordnen sein. Leider konnten selbst mit Hilfe der Nationalbibliothek in Paris keine genauen Angaben erhalten werden.

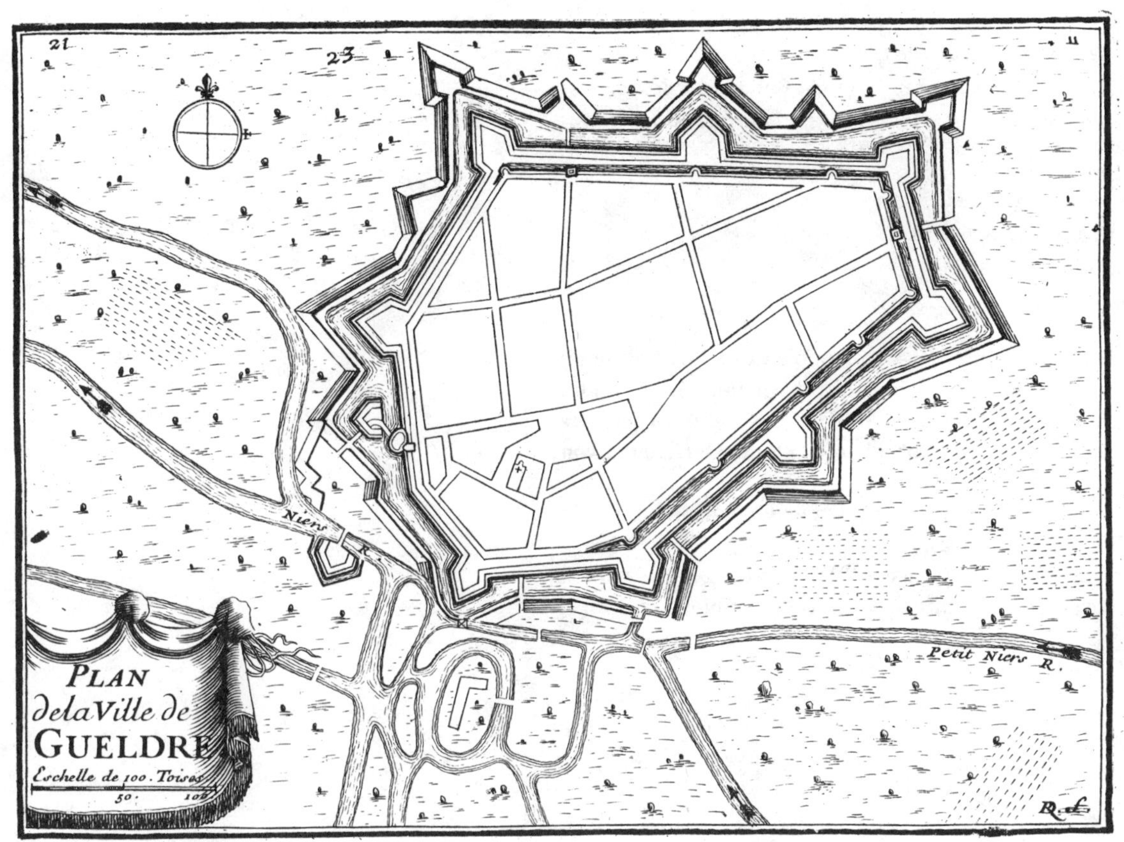

21
23
Niers
Petit Niers R.
PLAN
de la Ville de
GUELDRE
Eschelle de 100. Toises
50. 100

16

GELDER

Festungsgrundriß. Westen oben. Rückseite leer.

Im Zweierblock mit Roermond Teil eines Blattes mit Festungsgrundrissen:

> *D'Fortresse der tien Spaansche Provintien of Belgii Regii. t'Amsterdam nieuwelyks uytgegeven door Cornelis Danckerts op de Nieuwendyk in den Atlas met Prievelegie.*

Kupferstich, keine nochmalige Signatur.

Format des Geldernstiches 9,2 × 6,6 cm.

Ohne Maßstabsangabe (ca. 1:15 000).

Sammlung Linssen.

Das Blatt ist enthalten in mehreren Atlanten, die Cornelius Danckerts III (1664–1717) nach 1696 herausgab. Die Amsterdamer Stecher- und Verlegerfamilie Danckerts zählte zu den führenden Kartenverlegern des 17. Jahrhunderts und machte sich vor allem durch die Herstellung von Wandkarten einen Namen.
Die vorliegende Geldernabbildung ist eine um 90 Grad gedrehte Kopie des Planes von Blaeu (vgl. Nr. 12).
Die Platte scheint im übrigen im frühen 18. Jahrhundert zerteilt worden zu sein. Der Stich liegt auch als Einzelabdruck vor (Sammlung Linssen).

Lit.: KOEMAN II, S. 88 ff.

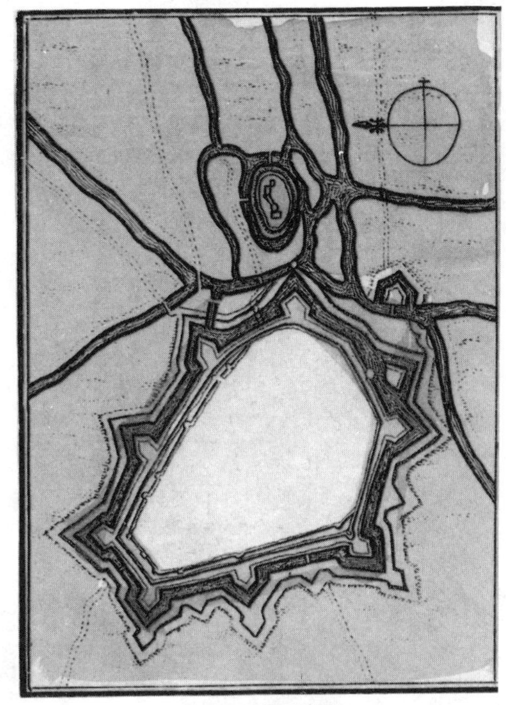

GELDER

17

GELDER

Festungsgrundriß. Westen oben. Rückseite leer.

Kupferstich, ohne Signatur.

8,7 × 6,3 cm.

Ohne Maßstabsangabe (ca. 1:15 000).

Das Blatt ist eine um 90 Grad gedrehte Kopie des Stiches von Blaeu (Nr. 12), als unmittelbare Vorlage ist der Danckerts-Stich (Nr. 16) anzusehen. Wichtigster Unterschied ist neben der unterschiedlichen Stellung der Ortsbezeichnung die Wiedereinfügung des Landeswappens. Es sind bisher zwei Verwendungen bekannt, die sich im Stich selbst jedoch unmittelbar nicht unterscheiden.

17 a

Linker oberer Teil eines Fünferblocks mit Roermond, Breisach, Rheinberg und Limburg.

Sonst wie oben beschrieben.

Format des Blockes: ca. 17 × 24,5 cm.

Sammlung Stratmans.

Der ursprüngliche Zusammenhang dieses Blockes konnte bisher nicht ermittelt werden.

17 b

Druck als Einzelabbildung, jedoch auf einem Blatt mit Stevensweert, Roermond und Lüttich.

Sonst wie oben beschrieben.

Einzeldruck Sammlung Stratmans. – Ein Exemplar des ganzen Blattes konnte in Gelderner Sammlungen nicht ermittelt werden. Konsultiert wurde die Sammlung *Atlas van Stolk (Historisch Museum Rotterdam) – Van Stolk Nr. 3659 (XXXIV, 172).*

Enthalten in:

Kleyne en Beknopte Atlas of Toneel des Oorlogs in Europa, begrypende meer als twee Hondert en Dertig accurate Kaarten en Plans of Afbeeldingen der Vernaamste Stercke Vestingen in Duitschland, Vrankrijk, Spanjen, Portugal, Groot-Britannjen, Polen, Zweeden, Deenemarken, Moscovien, de XVII Nederlandsche Provincien, Italien en Savoye. Amsterdam, D. Weege, 1753.

Bei diesem in der bisherigen Literatur weitgehend übersehenen Kriegsatlas handelt es sich um eines jener zahlreichen Beispiele einer Schriftengattung, die im unruhigen 18. Jahrhundert weitverbreitet war und die uns im folgenden noch mehrmals begegnen wird. Zur Befriedigung des Informationsbedarfes über die zahllosen Kriegsschauplätze wurde ohne Anspruch auf irgendwelche Originalität Material aus den verschiedensten Quellen zu neuen Büchern zusammengestellt.

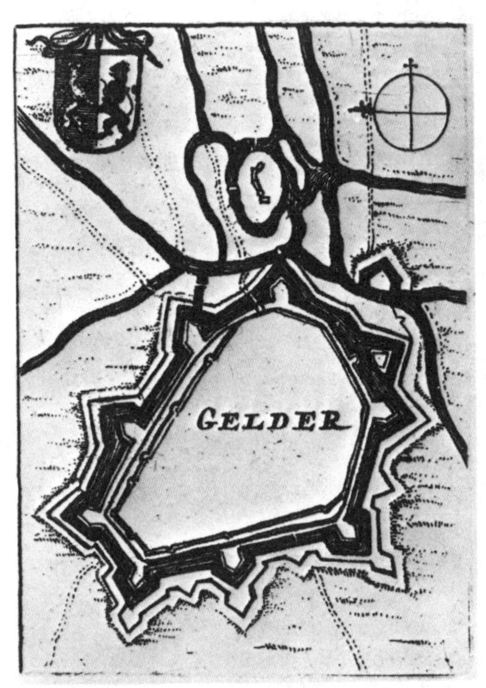
GELDER

18

GELDRIA

Festungsgrundriß mit Markierung von Burg und Kirchen. Süden oben. Rückseite leer.

Der Grundriß stellt den linken unteren Teil eines Dreierblocks dar, der rechts unten die Festung *Bievoort* zeigt. Der obere Teil wird eingenommen von einem ovalen Prospekt aus Südwesten von *GELDRIA,* flankiert links von einem leeren Wappenfeld, rechts vom Gelderner Landeswappen. Rechts oben die Plattennummer *94.*

Kupferstich, ohne Signatur.

Format des ganzen Blattes ca. 12,5 × 17,5 cm (Grundriß 7,8 × 8,4 cm, Prospekt ca. 4 × 8,5 cm).

Ohne Maßstabsangabe (ca. 1:10 000).

Sammlung der Stadt Geldern.

Enthalten in:

Teatro della guerra, diviso in XXXXVIII parti, in cui sono esattemente delineati e . . . descritti fin l'anno MDCC i regni, le provincie, le citta . . . i porti e gli altri luoghi principali dell'Europa, Asia, Africa e dell'una e altra America, pubblicato . . . del P. Coronelli . . . Napoli 1706.

P. Vincenzo Maria Coronelli (1650–1718) war Mönch und seit 1702 General des Minoritenordens. Er gilt als der führende italienische Geograph des 17. Jahrhunderts. Er lebte zeitweise in Paris, wo er für Ludwig XIV. als Globenmacher tätig war. Nach seiner Rückkehr in seine Heimatstadt Venedig beschäftigte er sich intensiv mit geographischen Arbeiten, die ihm das Amt eines *Cosmographus publicus* der Republik Venedig einbrachten. Er war ein sehr fruchtbarer Autor historischer und geographischer Werke. Seine bedeutendste Leistung aber war die Gründung der *Accademia degli Argonauti* 1680 in Venedig, der ersten geographischen Gesellschaft der Welt.

Der vorliegende Grundriß ist eine ziemlich grobe Kopie eines unbekannten Stechers nach Blaeu (Nr. 12). Der Prospekt geht auf Kaerius (Nr. 36) zurück, unmittelbare Vorlage dürfte die Ansicht auf dem Kartenrand bei Hondius-Janssonius (Nr. 37) oder Visscher (Nr. 39) gewesen sein.

Lit.: THIEME-BECKER Bd. 7, S. 449. – E. ARMAO: Vincenzo Coronelli. Florenz 1944.

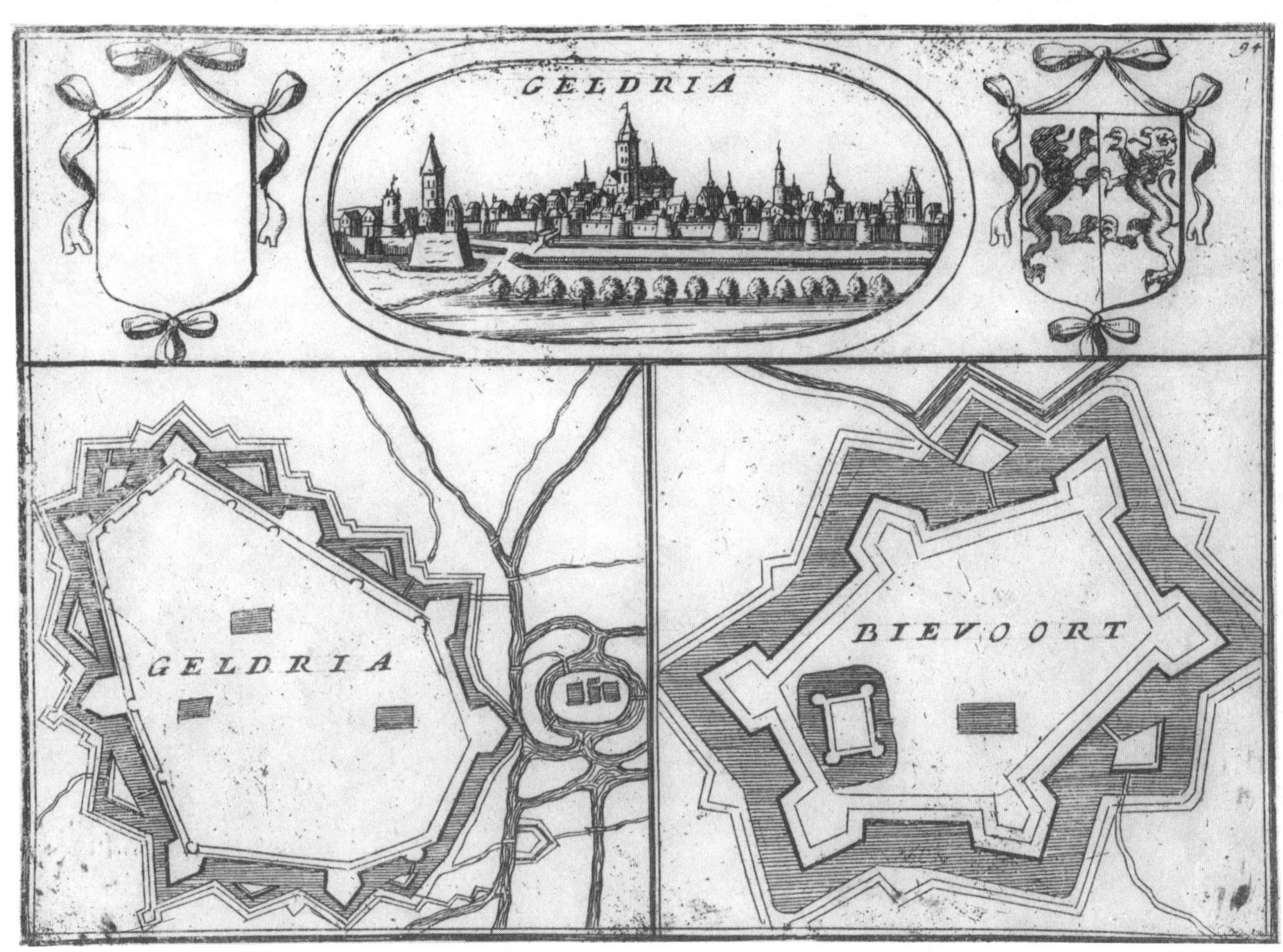
94
GELDRIA
GELDRIA
BIEVOORT

19

GELDER

Festungsgrundriß. Westen oben. In der linken oberen Ecke die Abbildungsnumerierung *P. 29.* Rückseite leer.
Der Plan stellt den linken oberen Teil eines Dreierblocks dar mit links unten einem Festungsplan Bonns und rechts einer Niederrheinkarte.

Kupferstich, ohne Signatur.

8,4 × 4,8 cm (Format des Blockes: ca. 17,5 × 10 cm).

Maßstab: 1 cm = *600 Feet* (ca. 1:15 000).

Sammlung Stratmans.

Enthalten in:

The theatre of the present war in the Netherlands and upon the Rhine . . . London 1746

Bei diesem Buch handelt es sich um eine Beschreibung des Kriegsschauplatzes und der Landesbefestigung der genannten Gebiete. Sie dient gleichzeitig als Aufhänger für eine *Introduction to the Art of Fortification.*

Als Vorlage für die Geldern-Abbildung diente dem anonymen Gelegenheitsstecher der Danckerts-Stich (Nr. 16) nach Blaeu (Nr. 12).

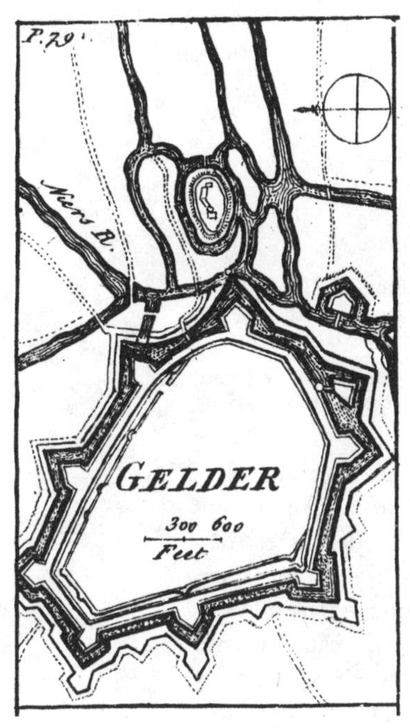
P. 79.
Niers R.
GELDER
300 600
Feet

20

GELDEREN

Grundriß der Festungsanlagen. Links oben Legende mit zehn Bezugsziffern. Nordosten oben. Rückseite leer. Vgl. auch Nr. 40.

Kupferstich, ohne Signatur.

Ca. 17,8 × 26,1 cm.

Maßstab 5,2 cm = *Scala von 50 Ruthen* (ca. 1:5000).

Archiv des Kreises Kleve in Geldern – Karten und Pläne.

Erstmals enthalten in:

> M. Z. Topographia Circuli Burgundici Oder Beschreibung und Eigentliche Abbildung der Vornehmsten Oerther in dem Hochlöblichen Burgund- und Niederländischen Crayße. Franckfurt, bey Caspar Merian, MDCLIIII.
>
> Dieser Ausgabe von 1654 folgten weitere, im Stich unveränderte Auflagen 1659 und 1680 sowie zwei undatierte. Eine Faksimileausgabe erschien Kassel–Basel 1961.

Matthäus Merian (1593–1650) wurde als Sohn eines Sägemüllers in Basel geboren. Nach einer Kupferstecherlehre in Zürich ging er auf Wanderschaft und kam unter anderem auch in die Niederlande. 1617 heiratete er die Tochter des Verlegers Theodor de Bry, der vor allem durch die Herausgabe illustrierter Reisebeschreibungen bekannt ist. Seinen Verlag übernahm Merian 1627 in Frankfurt und baute ihn mit der Stecherwerkstatt zu einem umfangreichen Unternehmen aus. Es entstand ein umfangreiches Oeuvre mit Stichserien (Totentanz), Porträts und historische Darstellungen. Als Frucht der Zusammenarbeit Merians mit dem Ulmer Rektor Martin Zeiller (1589–1661) entstand die Reihe der Topographien, die mit ihrer Beschränkung auf einen relativ begrenzten Raum innerhalb eines Bandes namengebend für eine ganze Schriftengattung wurden. Als erster Band erschien 1642 die *Topographia Helveticae,* wozu Merian ausnahmsweise auch die Texte lieferte. Nach seinem Tode wurde die Reihe mit dem Text von Martin Zeiller fortgesetzt und wuchs auf 31 Bände und zahlreiche Auflagen an.

Der Anteil von Matthäus Merian an den Stichen ist unsicher. Viele dürften Werkstattarbeiten sein, zu denen Merian allenfalls die Entwürfe lieferte. Dies gilt auch für den vorliegenden Stich. Als Stecher ist denkbar der Meriansohn Caspar (geb. 1627), der nach dem Tode seines Vaters Verlag und Werkstatt weiterführte.

Lit.: ADB Bd. 21, S. 122 ff. – THIEME-BECKER Bd. 24, S. 413 ff. – BACHMANN S. 23 ff. – C. SCHUCHHARD: Die Zeiller-Merianschen Topographien. In: Zentralblatt für das Bibliothekswesen XIII. Jg., Heft 5–6, 1896, S. 193–232. – Zu Martin Zeiller vgl. ADB Bd. 44, S. 782 ff.

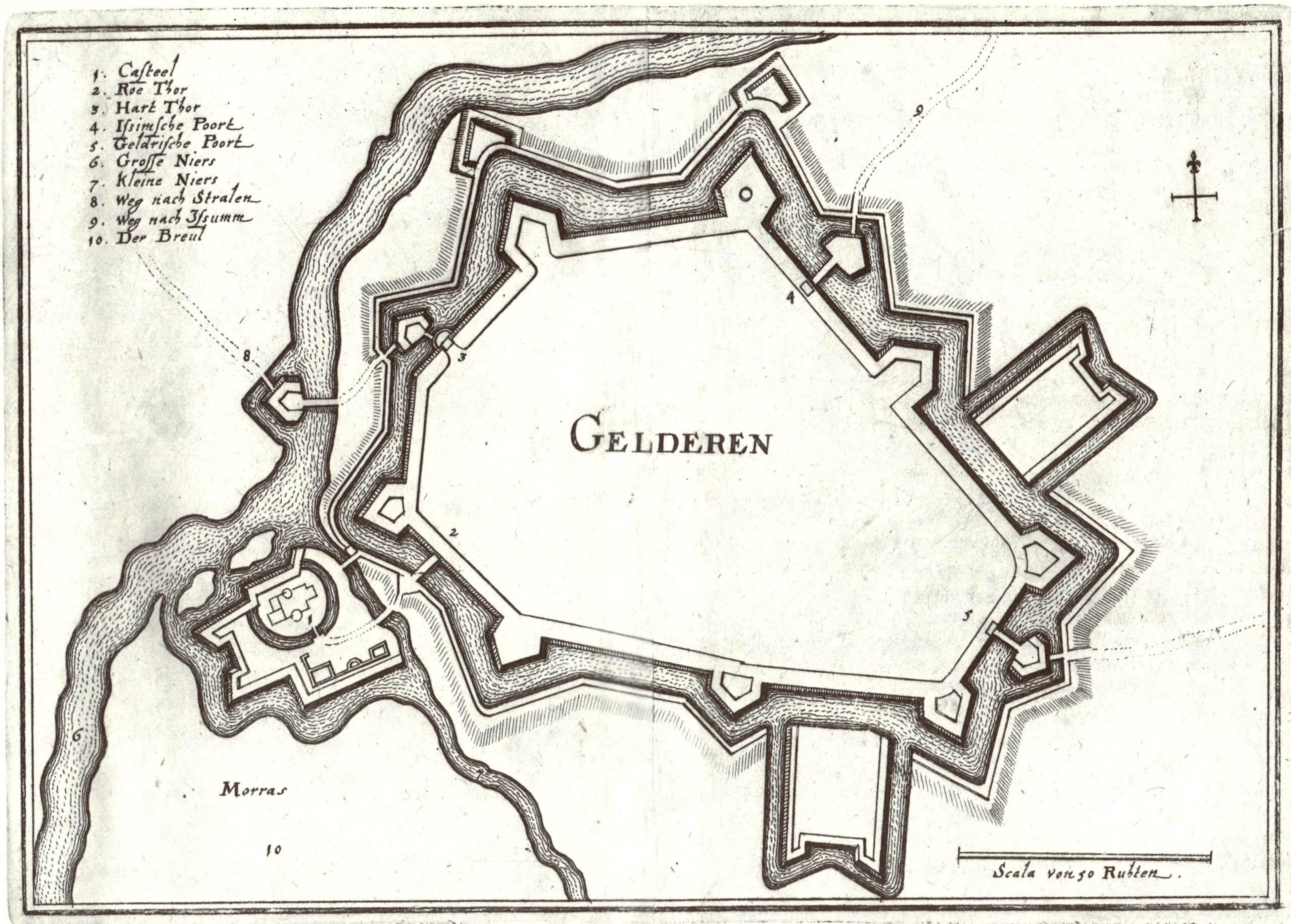
1. Casteel
2. Roe Thor
3. Hart Thor
4. Issimsche Poort
5. Geldrische Poort
6. Grosse Niers
7. Kleine Niers
8. Weg nach Stralen
9. Weg nach Issumm
10. Der Breul
Gelderen
Morras
Scala von 50 Ruhten

21

GELDER

Grundriß der Festungsanlagen. Nordosten oben. Rückseite leer.

Der Plan stellt das linke obere Viertel eines Viererblocks dar mit Rheinberg, Moers und Zitadelle Jülich.

Kupferstich, ohne Signatur.

9 × 13,5 cm.

Maßstab: 2,3 cm = *50 Ruthen* (ca. 1:11 000).

Sammlung der Stadt Geldern.

Enthalten in:

Quotidiani Martis Labores cum specialibus tabellis a N. Person editi. Mainz ca. 1692.

sowie in:

Cursus Rheni Hodiernus. Adjacentes Martis specialibus tabellis Labores repraesentans. Mainz, N. Person, nach 1692.

Nicolaus Person († 1710) wurde als Sohn eines französischen Offiziers in Longwy geboren. Seit 1668 ist er in Mainz nachweisbar, wo er am kurfürstlichen Hof als Geometer und Ingenieur tätig war. Daneben betrieb er einen Verlag und eine Kupferstecherwerkstatt. Seine kartographischen Arbeiten, von denen vor allem ein Atlas des Mainzer Erzstiftes (ca. 1680) zu nennen ist, gehören zum Besten, was die deutsche Kartographie des ausgehenden 17. Jahrhunderts hervorgebracht hat. Seine architektur- und festungstheoretischen Werke hingegen sind weit weniger originell und wertvoll, in den meisten Fällen ist die Vorlage unschwer erkennbar. Dies gilt auch für den vorliegenden Stich, eine ziemlich grobe Kopie nach Merian (Nr. 20).

Lit.: Nicolaus Person: Novum Architecturae Speculum. Faksimileausgabe mit Beiträgen von F. ARENS, E. GECK und R. SCHNEIDER (= Beiträge zur Geschichte der Stadt Mainz Bd. 23). Mainz 1977. – H. HÄUSER: Zum kartographischen Werk des Mainzer Kupferstechers und Ingenieurs Nikolaus Person. In: Festschrift für Josef Benzing. Wiesbaden 1964. S. 170 ff.

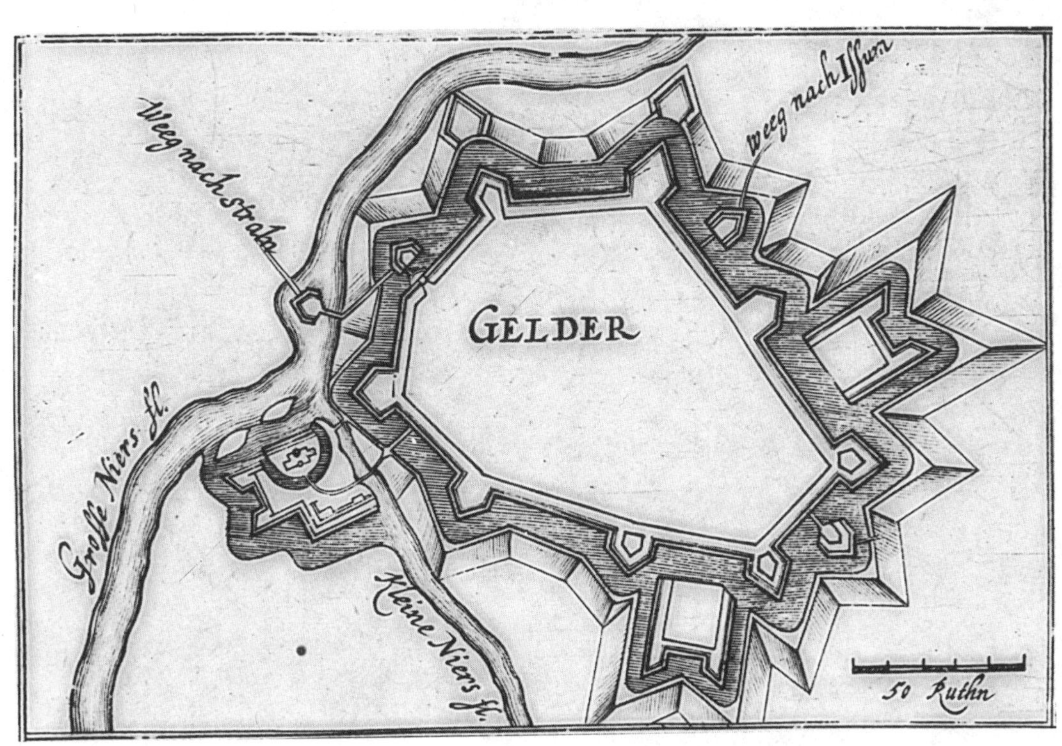
Weeg nach stralen
weeg nach Issum
GELDER
Grosse Niers fl.
Kleine Niers fl.
50 Ruthn

KAPITEL IV

Gedruckte Pläne des Festungszustandes nach 1667

Im Rahmen des spanisch-französischen Erbfolgekrieges ging man in Geldern ab 1667 erneut an die Modernisierung der Festungsanlagen. Orientiert an den Theorien französischer und niederländischer Festungsingenieure, zog sich der Ausbau des äußeren Befestigungsringes bis 1701 hin. Den acht Bastionen wurde westlich des Harttores eine neunte hinzugefügt. Zum Schutz der Kurtinen (= Mauerteile zwischen den Bastionen) wurde das Netz der Ravelins im Graben verengt und auf neun vermehrt. Die wichtigste Veränderung aber war der Ausbau der Kontrescarpe, des äußeren Grabens, zu einem dritten Verteidigungsring mit einem umfangreichen System von Bastionen und gedeckten Wegen.
In diesem Zustand verblieb die Festung Geldern im wesentlichen bis zur Schleifung 1764. Überlegungen zum Weiterausbau mit einem vierten Befestigungsring ab 1727 gingen über unbedeutende Ansätze nicht hinaus.
Auch in diesem Abschnitt ist ein Plan Blaeus die früheste Abbildung und gleichzeitig Vorlage für alle späteren Stiche. Da die topographischen Veränderungen Gelderns in dieser Zeit relativ schnell vor sich gingen und danach stagnierten, ist die Aktualität dieser Kopien gleichbleibend hoch. Zudem erschienen sie alle in einer relativ kurzen Zeitspanne um 1700.

Lit.: NETTESHEIM S. 208 ff. – EBE-JAHN S. 91 ff.

22

GELRE

Stadt- und Festungsplan aus der halben Vogelperspektive. Südwesten oben. In den oberen Ecken Wappen von Stadt und Herzogtum. Links unten Kartusche mit Waffendraperie und kriegshornblasendem Mars, darin Legende in Französisch mit 12 Bezugsbuchstaben und Verlagsadresse. Rückseite leer.

Kupferstich, Signatur s. u.

Ca. 41 × 51 cm.

Maßstab: 6,7 cm = *7000 vierges* (ca. 1 : 3000).

Dieses Blatt ist die aktualisierte Fassung des Stiches von Blaeu (Nr. 12). Von diesem sind sämtliche Details des Stadtinnenraumes übernommen. Völlig neu bearbeitet hingegen wurde die Darstellung der Festungswerke, die wegen des Fehlens einer bekannten Vorlage zumindest vorläufig als echte topographische Pionierarbeit anzusehen ist.
Der Stich liegt in zwei Varianten vor, die sich jedoch lediglich in der Verlagsadresse unterscheiden.

22 a

Im kleineren Kartuschenfeld die Verlagsadresse: *A Amsterdam, Chez Iean Blaeu.*

Sonst wie oben beschrieben.

Sammlung der Stadt Geldern.

Enthalten in:

Theatrum ichnographicum omnium urbium et praecipuorum oppidorum Belgicarum XVII Provinciarum peraccurate delineatum.
Perfecte aftekeningen der steden van de XVII Nederlandsche Provincien in platte gronden.
Le theatre des plans de toutes les villes qui sont situéez dans les XVII Provinces du Pays-Bas parfaictement desseignéez.
t'Amsterdam, by Frederick de Witt . . . (1698)

Eine zweite, im wesentlichen identische Auflage erschien um 1700.

Das Blatt trägt zwar die Verlagsadresse von Joan Blaeu, jedoch ist nicht bekannt, ob und in welchem Zusammenhang es auch von ihm vertrieben worden ist. Da es nicht in den Ausgaben des Blaeu'schen Städtebuches der Niederlande vorkommt, wäre allenfalls an einen Separatdruck zu denken.
1674 wurde ein Großteil der Platten des Verlages Blaeu öffentlich versteigert. Die vorliegende wie auch zahlreiche andere Platten mit Städtebildern erwarb der Amsterdamer Kartenstecher und -verleger Frederick de Wit (1630–1706), der seit etwa 1670 als Atlantenherausgeber nachweisbar ist. Weiterhin zählte zu seinem Verlagsprogramm auch ein niederländisches Städtebuch auf der Basis der Platten Blaeus und der Platten des Braun-Hogenberg'schen Städtebuches, die de Wit 1694 von den Erben Janssonius erworben hatte (vgl. Nr. 5 d). Etwa um die gleiche Zeit brachte de Wit auch ein europäisches Städtebuch heraus, in dem Geldern jedoch nicht enthalten ist.
Während in der ersten Auflage des niederländischen Städtebuches durchweg die alten Signaturen beibehalten wurden, ersetzte sie de Wit in der zweiten durch seine eigene Verlagsadresse. Bei dem Stich Gelderns ist dies allerdings nicht geschehen.

Lit.: W. NIJHOFF: Het Stedeboek van F. de Wit. In: Het Boek XXIII, 1935–36, S. 353 ff. – KOEMAN III, S. 191 ff.

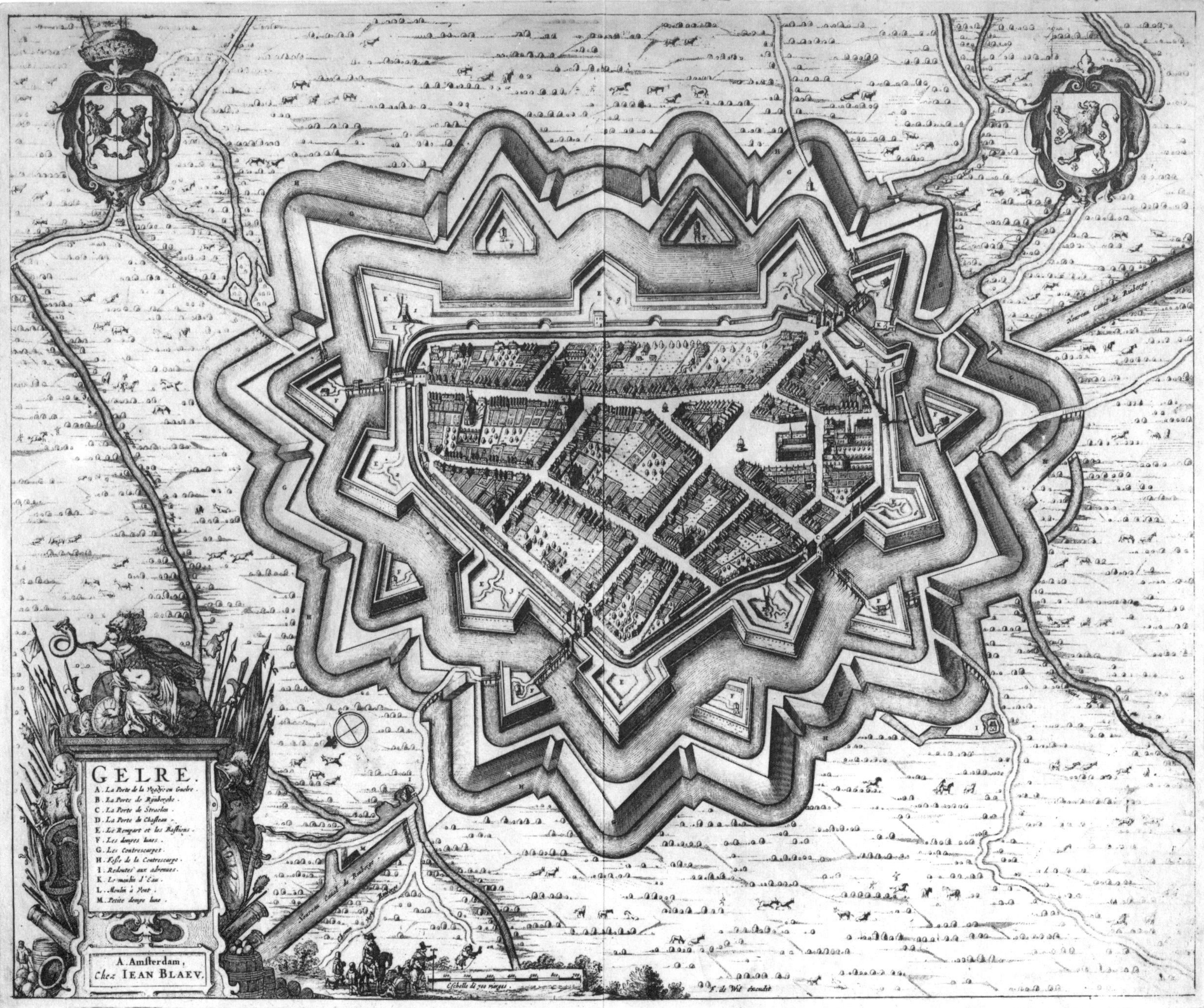
GELRE.
A. La Porte de la Venlo en Guelre.
B. La Porte de Rynberghe.
C. La Porte de Straelen.
D. La Porte du Chasteau.
E. Le Rempart et les Bastions.
F. Les demyes lunes.
G. Les Contrescarpes.
H. Fosse de la Contrescarpe.
I. Redoutes aux advenues.
K. Le moulin d'Eau.
L. Moulin à Vent.
M. Petite demye lune.
A. Amsterdam,
Chez IEAN BLAEV.
Eschelle de 700 verges.
Nouveau Canal de Rinberge

22 b

Im kleineren Kartuschenfeld die Verlagsadresse: *A Amsterdam, Chez Covens et Mortier.*

Sonst wie oben beschrieben.

Archiv des Kreises Kleve in Geldern – Karten und Pläne.

Die Amsterdamer Firma Covens und Mortier entstand 1721, als der Verleger Johannes Covens (1697–1774) die Tochter des Verlegers Pieter Mortier (1661–1711) heiratete und mit seinem Schwager Cornelis Mortier (1699–1783) einen gemeinsamen Verlag gründete. Als eines der ersten Produkte des jungen Unternehmens erschien um 1725 eine Neuauflage des *Atlas Major* von Frederick de Wit. Wann die Platten an die Firma übergegangen sind, ist unbekannt, möglicherweise wurden sie bereits von Pieter Mortier erworben. Gleiches gilt für die Platten des Städtebuches von de Wit.
Ein Verlagskatalog von 1737 nennt den Titel *Les principales Villes de tout le Monde en Plans et Profils,* wenig später ist die Rede von einem *Atlas of Groot Stedenboek van Europa bestaande in 439 steden of plans.* Merkwürdig ist jedoch, daß in der letztgenannten Liste zugleich der Einzelverkaufspreis der Pläne genannt ist. So ist unsicher, ob das Werk überhaupt in geschlossener Form vertrieben worden ist. Jedenfalls konnte bisher weder ein vollständiges Exemplar nachgewiesen noch eine exakte bibliographische Titelangabe ermittelt werden.

Lit.: KOEMAN II, S. 45 ff. – VAN'T HOFF S. 123.

23

GELDER, eertijds d Hoofdstad . . .

GUELDRE, autrefois Ve. Capitale . . .

Grundriß von Stadt und Festung. Südwesten oben. Links unten Legende in Niederländisch mit 8 Bezugsziffern. Rückseite frei. In der oberen Schriftleiste Blattitel mit zweisprachigem Text:

> *Gelder, eertijds de Hoofdstad van heel Gelderland, gaf de naam aan dat land. Legt 3 ¾ uuren N. O. van Venloo tussen de moerassen. Is 1587 door de Prins van Parma voor Spanje met listen sijnes Bevelhebbers toelaating veroverd, 1605 van Prins Maurits te vergeefs aangerand, en behoording nog aan Spanje.*
>
> *Gueldre, autrefois Ville Capitale, quel elle a donné le nom; située sur le Niers a 3 lieues et ¾ au N. E. de Venlo. Elle est environnée de marais. L'an 1587 le Prince de Parma la prit par finesse pour l'Espagne. 1605 le Prince Maurice la tenta envain, et depuis (non obstants plusieurs autres assauts) elle est demeurée aux Espagnols.*
>
> (Frei übersetzt: Geldern, einst die Hauptstadt des Landes, dem es den Namen gab. Es liegt 3 ¾ Meilen nordöstlich von Venlo zwischen Sümpfen. 1587 wurde es durch den Prinzen von Parma mit List seines Befehlshabers für Spanien erobert. 1605 wurde es von Prinz Maurits vergeblich belagert und gehört – trotz einiger weiterer Belagerungen – immer noch zu Spanien.)

Kupferstich, Verlagsadresse: *Tot Amsterdam, by Carel Allard op den Dam met privilegie.*

Ca. 23 × 27 cm.

Maßstabangabe: 3,5 cm = *800 Virgae – Roeden (ca. 1 : 7000).*

Die Stecher- und Verlegerfamilie Allard ist seit 1684 in Amsterdam nachweisbar. Nach dem Tode seines Vaters Hugo 1691 übernahm Carel Allard (1648–1708) die Firma, Nachfolger wurden die Söhne Abraham (1673–ca. 1730) und Hugo (geb. 1683). Der Verlag gab eine große Zahl von Atlanten und Ansichtenwerken heraus, die sich jedoch insgesamt kaum durch Originalität auszeichnen. Dies belegt auch das vorliegende Blatt, eine Kopie des Blaeu-Stiches (Nr. 22).
Der Stich liegt in zwei Varianten vor. In beiden Fällen wurde je ein Werk zitiert, in dem das Vorkommen nachgewiesen ist. Weitere Verwendungen sind wahrscheinlich, konnten jedoch nicht komplett zusammengestellt werden.

Lit.: KOEMAN, I, S. 31 ff. – NNBW Bd. 1 Sp. 79.

23 a

Wie oben beschrieben.

Sammlung Stratmans.

Enthalten in:
: Les principales forteresses et villes d'Europe, de la France, d'Hollande, d'Italie, de Savoye, d'Allemagne et des Pais Bas par Abraham Allard. Leiden 1695.

23 b

Unter der Schriftleiste in der Abbildung hinzugefügt: *1703 aan de Kon. v. Pruissen overgaan* bzw. *En 1703 prise par le Roy de Prusse.*

Sonst wie oben beschrieben.

Archiv des Kreises Kleve in Geldern – Karten und Pläne.

Enthalten in:

> Les principales forteresses et villes fortes d'Espagne, de France, d'Italie, de Savoie, d'Allemagne et des Pais-Bas . . .
> Naaukeurige Afbeeldingen der voornaamste sterke Steden en Vestingen in Spanjen, Vrankrijk, Italien, Savoyen, Duytsland en Nederlanden . . .
> In Koper gesneden van Carel Allard en andere.
> Leiden, Pieter van de Aa, ca. 1715.

Pieter van der Aa (1659–1733), der Sohn eines aus Holstein eingewanderten Steinschneiders, war nach einer Buchhändlerlehre ab 1682 in Leiden als Verleger tätig. Seine Spezialität waren umfangreiche historisch-geographische Werke sowie Atlanten. Seine größte Leistung war die Herausgabe der *Galerie agreable du monde* in 66 Bänden. Diese Erdbeschreibung mit über 3000 Bildern, Karten und Plänen, die in nur 100 Exemplaren aufgelegt wurde, ist das umfangreichste Kupferstichwerk aller Zeiten.

Von den Abbildungen her besitzen die Produkte des Verlages keinerlei Originalität. Pieter van der Aa kann mit einigem Recht als einer der größten Kompilatoren aller Zeiten bezeichnet werden. Er kaufte die Plattensammlungen mehrerer großen Verlage auf und brachte sie – wie auch das vorliegende Werk – neu heraus. Allerdings hat man sich beim Blatt Geldern zumindest die Mühe gemacht, den Text durch einen Nachtrag auf den neuesten Stand zu bringen.

Lit.: KOEMAN I, S. 1 ff. – TIELE S. 5.

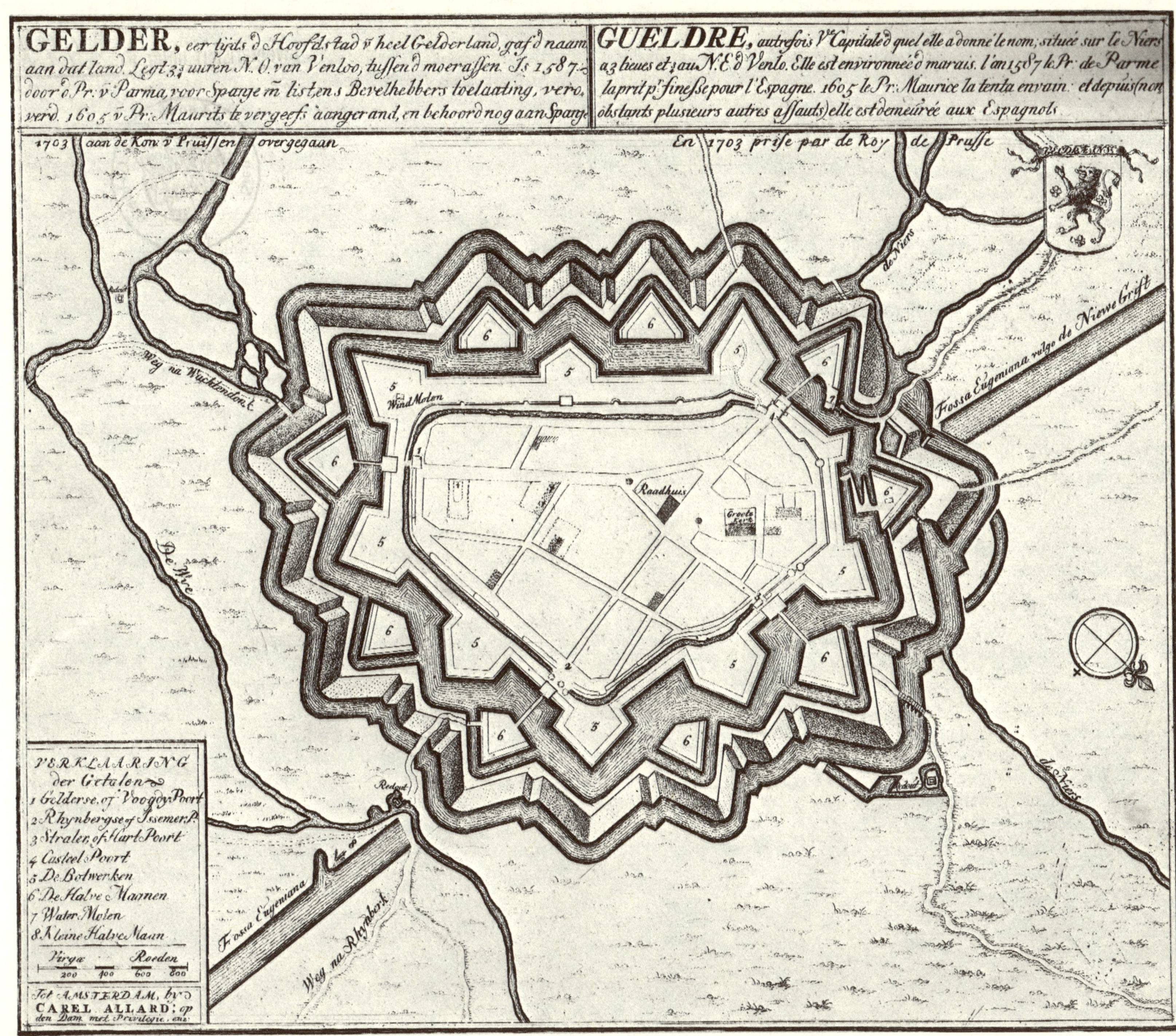
GELDER, eer tijds d Hoofdstad v heel Gelderland, gaf d naam
aan dat land. Legt 3¾ uuren N. O. van Venloo, tussen d moerassen. Is 1587.
door d Pr: v Parma, voor Spanje m list, en s Bevelhebbers toelaating, vero.
verd. 1605 v Pr: Maurits te vergeefs aangerand, en behoord nog aan Spanje
1703 aan de Kon: v Pruissen overgegaan
GUELDRE, autrefois l' Capitale d quel elle a donné le nom; situeé sur le Niers
a 3 lieues et ¾ au N. E. d Venlo. Elle est environnée d marais. l'an 1587 le Pr: de Parme
la prit p. finesse pour l'Espagne. 1605 le Pr: Maurice la tenta envain: et depuis (non
obstants plusieurs autres assauts) elle est demeurée aux Espagnols
En 1703 prise par de Roy de Prusse
Wind Molen
Raadhuis
Groote Kerk
Weg na Wachtendonk
De Niers
Fossa Eugeniana vulgo de Niewe Grift
Redout
Fossa Eugeniana
Weg na Rhynberk
VERKLAARING der Getalen
1 Gelderse, of Voogdy Poort
2 Rhynbergse of Issemer P.
3 Straler, of Hart Poort
4 Casteel Poort
5 De Bolwerken
6 De Halve Maanen
7 Water Molen
8 Kleine Halve Maan
Virgæ Roeden
200 400 600 800
Tot AMSTERDAM, by CAREL ALLARD; op den Dam met Privilegie, enz.

24

La ville de GUELDRE

Festungsgrundriß. Südwesten oben. Rückseite frei.

Kupferstich, ohne Signatur.

Ca. 23,5 × 34,5 cm.

Maßstab: 4,7 cm = *800 Roeden* (ca. 1 : 7000).

Auch für diesen Stich kann der Plan von Blaeu (Nr. 22) als Vorlage angesehen werden. Es sind zwei Varianten bekannt.

24 a

Rechts unten die Ordnungszahl *33 Ki* (?).

Sonst wie oben beschrieben.

Sammlung der Stadt Geldern.

Enthalten in:

Le Théâtre de la guerre, ou Représentation des principales villes du Pais-Bas catholique, avec leurs fortifications . . . le tout recueilli par les soins du Sr. de Fer . . . Paris 1696.

Nicolas de Fer (1646–1720) war einer der bedeutendsten Festungsingenieure und Geographen Frankreichs. Er gab zahlreiche Atlanten und Einzelkarten heraus, ein wissenschaftshistorischer Meilenstein ist seine *Introduction à la géographie* von 1708. Das zitierte Werk gehört zu einer Serie, deren weitere Bände in Stichen die Festungsstädte der Freien Niederlande, Deutschlands und der Rheinländer behandeln. Auch gab de Fer mehrere Sammelbände mit den wichtigsten Festungsstädten Europas heraus.

Lit.: NBG Bd. 17, Sp. 351.

24 b

Die unter 24 a genannte Ordnungszahl ist getilgt.

Sonst wie oben beschrieben.

In Gelderner Sammlungen ist kein Exemplar nachgewiesen. Konsultiert wurde die *Kollektion Bodel Nijenhuis (UB Leiden).*

Wahrscheinlich enthalten in:

Nicolas de Fer: Les forces de l'Europe, Asie, Afrique et Amerique, ou description des principales villes avec leurs forteresses. Leiden, Pieter van der Aa, 1726.

Ein komplettes Exemplar dieses Werkes konnte bisher nicht eingesehen werden, die Identifizierung ist jedoch wahrscheinlich. Ähnlich wie in Nr. 23 b begegnet uns Pieter van der Aa auch hier als Spezialist für Neuauflagen gängiger Werke mit den alten Platten. Sie dürfte er in diesem Falle von dem Verleger Pieter Mortier (vgl. Nr. 22 b) erworben haben, der das Werk – ohne den Plan Gelderns – um 1702 in Amsterdam unter dem Titel *Les forces d'Europe, Asie, Afrique et Amerique ou description des principales villes avec leurs fortifications* . . . wiederaufgelegt hatte.

Lit.: KOEMAN III, S. 17. – MULLER NR. 3034 b.

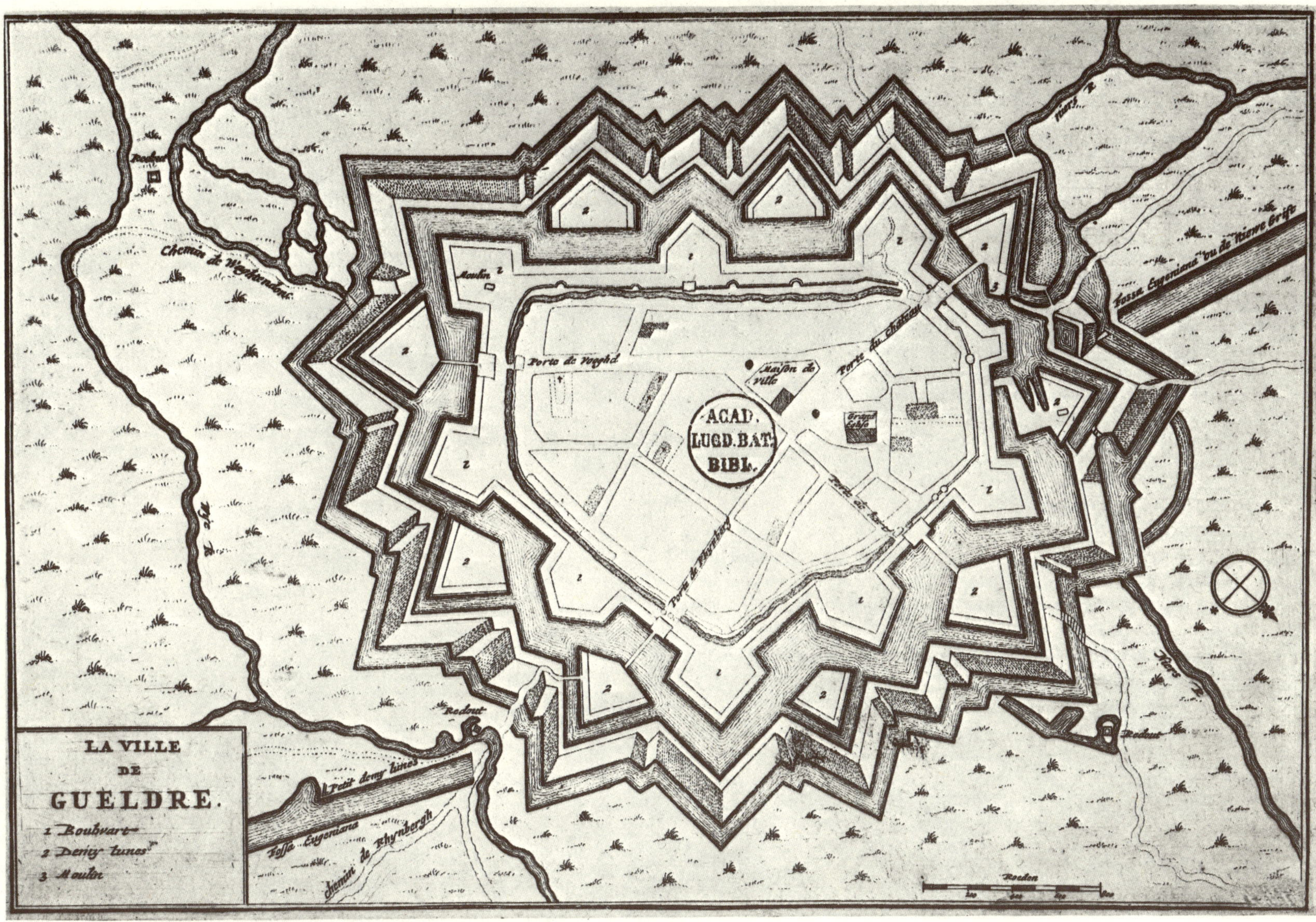
LA VILLE
DE
GUELDRE.
1 Boulvart
2 Demy lunes
3 Moulin
Porte de Wegh
Maison de ville
Porte du Chateau
Porte de Rhynbergh
Fossa Eugeniana
Chemin de Rhynbergh
Redout
Roeden
ACAD. LUGD.BAT. BIBL.

25

GUELDRE

Reichlich idealisierter Grundriß. Enthalten in der linken unteren Ecke einer Karte der Niederlande, die am Rande 17 Städtebilder enthält: *Carte generale des 17 provinces des Pais-Bas avec leurs capitales.* Rückseite leer.

Kupferstich, als Stecher nennt die Kartusche der Karte P. de la Feuille.

Format des Geldernplanes: 2,8 × 4 cm.

Maßstab um 1 : 20 000.

Sammlung Stratmans.

Erstmals enthalten in:

The military tablettes, containing a choice of maps for the use of officers and travellers . . . Amsterdam, Daniel de La Feuille, 1707.

Gleichzeitig erschien die französische Ausgabe:

Les Tablettes Guerrieres, Ou Cartes choisies Pour Commodite des Officiers et des Voyageurs . . .

Insgesamt erschienen noch weitere 8 französische Ausgaben und 2 niederländische.

Der Goldschmied Daniel de la Feuille († 1709) stammte aus Sedan und wurde 1683 Bürger von Amsterdam. Ab 1691 war er als Kunsthändler und Kartenstecher tätig. Der Verlag erreichte seine Blütezeit unter dem Sohn Paul (1688–1727). Neben dem genannten Atlas von europäischen Kriegsschauplätzen war ein *Atlas Portatif* (mehrere Auflagen 1702) das wichtigste Verlagsprodukt.
Während andere Städte in recht guten Ansichten gezeigt sind, ist der Geldern-Plan völlig wertlos.

Lit.: KOEMAN II, S. 243 ff.

GUELDRE

26

GUELDRES Bombardé en May 1757

Grundriß der Festungsanlagen. Links Legende in Französisch mit 27 Bezugsziffern. Osten oben. Rückseite frei.

Kupferstich, ohne Signatur. Als Verlagsadresse: *Chez le Rouge Rue des grands Augustins.*

Format mit Legende ca. 32 × 47,5 cm.

Maßstab: 4,5 cm = *100 Toises* (ca. 1:4300).

Archiv des Kreises Kleve in Geldern – Karten und Pläne.

Das originale Vorkommen des Stiches konnte bisher nicht ermittelt werden.

Die Verlagsadresse weist auf den Pariser Verleger, Ingenieur und Geographen Le Rouge hin, über den sonst wenig bekannt ist. Er gab unter dem Titel *Le parfait aide de camp* eine Reihe von Tafelwerken heraus, die Kriegsschauplätze um die Mitte des 18. Jahrhunderts zeigen. Eine genaue Zuordnung des vorliegenden Stiches in einen bestimmten Band ist bisher nicht gelungen, da die Originalwerke nicht beschafft werden konnten.

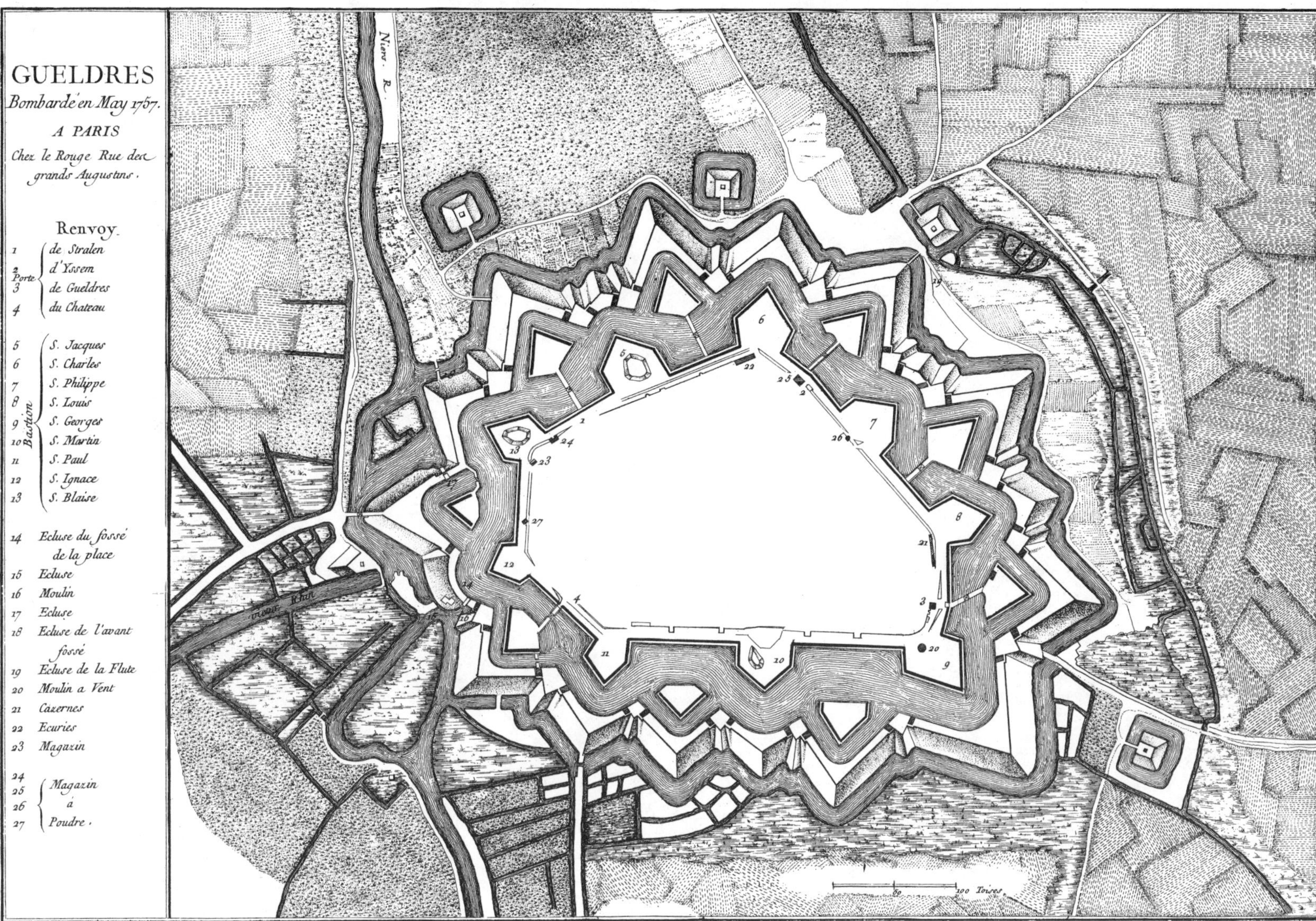
GUELDRES
Bombardé en May 1757.
A PARIS
Chez le Rouge Rue des grands Augustins.
Renvoy.
Porte
1 de Stralen
2 d'Yssem
3 de Gueldres
4 du Chateau
Bastion
5 S. Jacques
6 S. Charles
7 S. Philippe
8 S. Louis
9 S. Georges
10 S. Martin
11 S. Paul
12 S. Ignace
13 S. Blaise
14 Ecluse du fossé de la place
15 Ecluse
16 Moulin
17 Ecluse
18 Ecluse de l'avant fossé
19 Ecluse de la Flute
20 Moulin a Vent
21 Cazernes
22 Ecuries
23 Magazin
24 25 26 27 Magazin à Poudre.
Niers R.
100 Toises

KAPITEL V

Manuskriptpläne des 17. und 18. Jahrhunderts

Schon in der Einleitung zu Kapitel I wurde gesagt, daß Manuskriptpläne in der Regel zuverlässiger sind als die gedruckten Pläne. Weiterhin ist bei den bisherigen Betrachtungen deutlich geworden, daß sich sämtliche Stiche auf wenige Vorlagen reduzieren lassen. Absolute Aktualität ist also im Grunde von keiner einzigen gedruckten Darstellung zu erwarten. Zudem handelt es sich hier – abgesehen von den Blaeu-Stichen Nr. 12 und 22 – meist um reine Festungspläne. So ist insgesamt der Aussagewert des vorliegenden gedruckten Materials von Thema und Arbeitstechnik her begrenzt.

Glücklicherweise sind nun auch aus dem 17. und 18. Jahrhundert mehrere Manuskriptpläne von Stadt und Festung Geldern erhalten, die der bisherigen Forschung weitgehend unbekannt geblieben sind. Nur sie aber können mit ihrer exakten Maßstäblichkeit, ihrer hohen Aktualität und ihren zum Teil sehr detaillierten Legenden die Grundlagen für weitere topographische Studien über das Geldern ihrer Zeit bilden. Zu nennen ist hier vor allem der fast katastermäßige Grundriß Nr. 32, der gleichzeitig auch als Beispiel für die verschlungenen Wege dienen kann, auf denen die handschriftlichen Pläne erhalten geblieben sind. Sein Vorhandensein im Stockholmer Kriegsarchiv ist damit zu erklären, daß Schweden zur Sicherung des im 17. und 18. Jahrhundert expandierten Ostseereiches in den neuerworbenen Gebieten eine Reihe von Festungen bzw. Festungsstädten anlegte. Mangels städte- und festungsbaulicher Traditionen im eigenen Lande mußte dabei auf mitteleuropäische Vorbilder zurückgegriffen werden. Im Rahmen dieser Beschaffung von Informationen und Erfahrungen kam eine große Zahl handschriftlicher Festungspläne in die Sammlungen, die heute die Planabteilung des Stockholmer Kriegsarchivs bilden.

27

Guelder

Grundriß der Festungsanlagen. Nordosten oben. Neben dem Ortsnamen die Paginierung *111. Rückseite leer.*

Tusche und Wasserfarben auf Papier, ohne Signatur.

Ca. 28 × 23 cm.

Maßstabsangabe 6,8 cm = *60 verges* (ca. 1 : 4800).

Det Kongelige Bibliotek, København – Handskriftafdelingen, Handschrift Thott 285, Nr. 111.

Beim Manuskript Thott 285 der Königlichen Bibliothek in Kopenhagen handelt es sich um einen Band *Plan von allerhande Stätte und Forten . . .*, der in ungefährer alphabetischer Folge 301 Festungspläne enthält. Er kam mit der Manuskriptensammlung des Grafen Otto Thott 1785 in die Bibliothek, über den Vorbesitzer ist nichts bekannt. So ist auch eine genaue Datierung des Planes schwierig, was jedoch insofern unbedeutend ist, als es sich bei dieser Sammlung kaum um eigenständige Arbeiten handelt. Der Geldern-Plan ist eine exakte Kopie des Merianplanes (vgl. Nr. 20)

Lit.: Schriftliche Mitteilungen von Herrn Dr. Tue Gad, Königliche Bibliothek Kopenhagen.

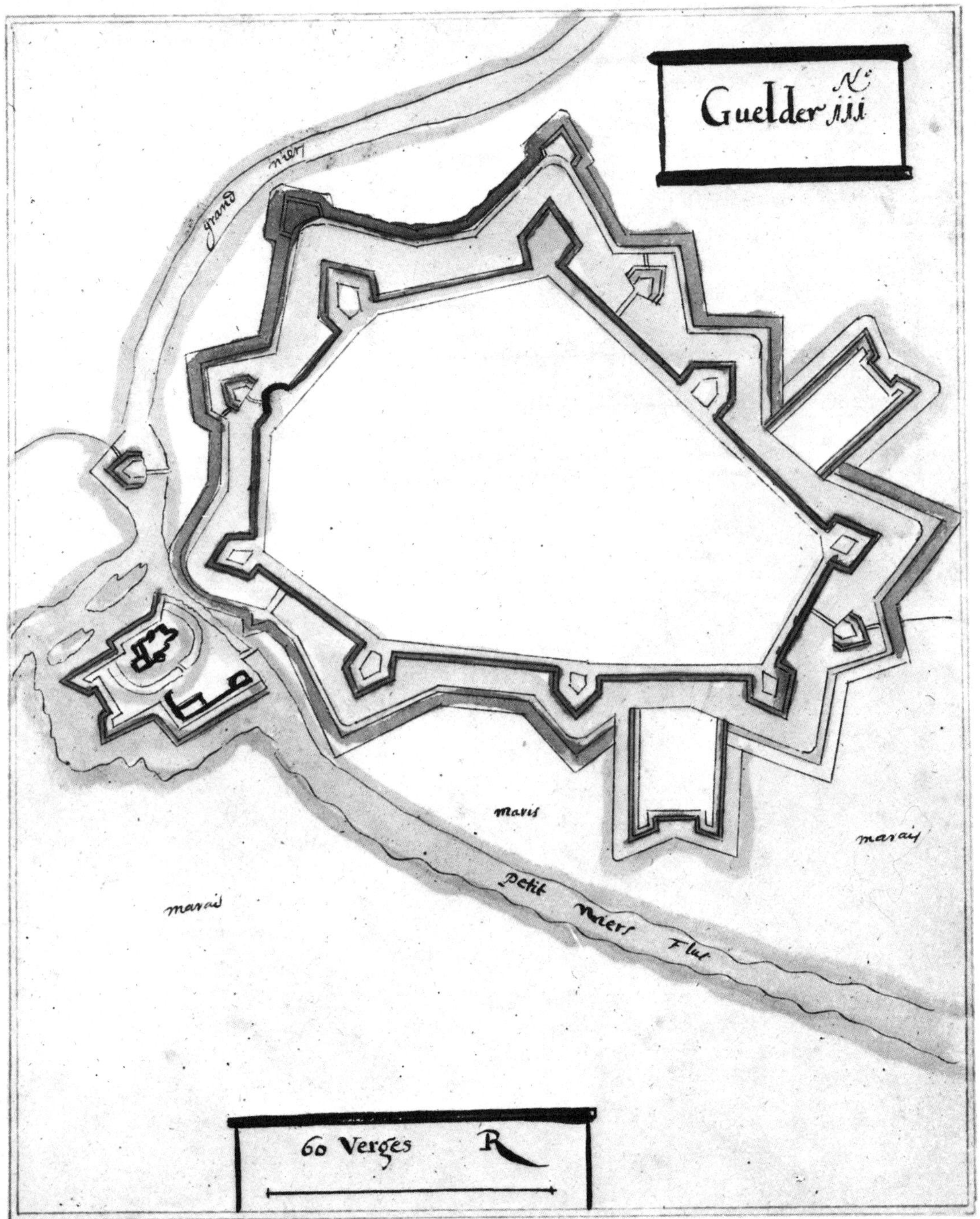
Guelder N° iii
grand rier
maris
marais
petit niers Flus
marais
60 Verges

28

Gueldre

Grundriß von Stadt und Festung mit Einzeichnung der Hauptgebäude. Südwesten oben. Rechts neben dem Plan Legende in Französisch mit 16 Bezugsbuchstaben. Rückseite leer.

Tinte und Wasserfarben auf Papier, ohne Signatur.

Ca. 32 × 52 cm.

Maßstab: 5,5 cm = *100 verges Rhinl.* (ca. 1 : 5500)

Krigsarkivet Stockholm – Bestand SFP Belgien, Geldern Nr. 3 (die Nummern Geldern 1 und 2 sind nicht besetzt).

Eine Vorlage für diesen Plan ist nicht klar erkennbar. Die Legende, die in dieser Form auf keinem Stich vorkommt, lautet in deutscher Übersetzung:

A Rheinberger Tor
B Vogteitor
C Schloßtor
D Harttor
E Rathaus (im Plan nicht markiert)
F Große Kirche (im Plan nicht markiert)
G Bastion Geldern
H Bastion der Faschinen
I Schloß-Bastion
K Bastion Straelen
L Bastion Steen
M Issumer Bastion
N Issumer Bastion
O Bastion Geldern
P Halbmond (gemeint ist der Ravelin vor dem Geldertor, die anderen Torravelins sind nicht markiert)
Q Zweite Schloß-Bastion

Wegen verschiedener Unsicherheiten in der Ortsbezeichnung fällt es schwer zu entscheiden, ob der Verfasser des Planes Geldern aus eigener Anschauung kannte. Mit einiger Mühe wäre es um die Mitte des 18. Jahrhunderts möglich gewesen, den Plan aus dem vorliegenden Abbildungsmaterial zu konstruieren.

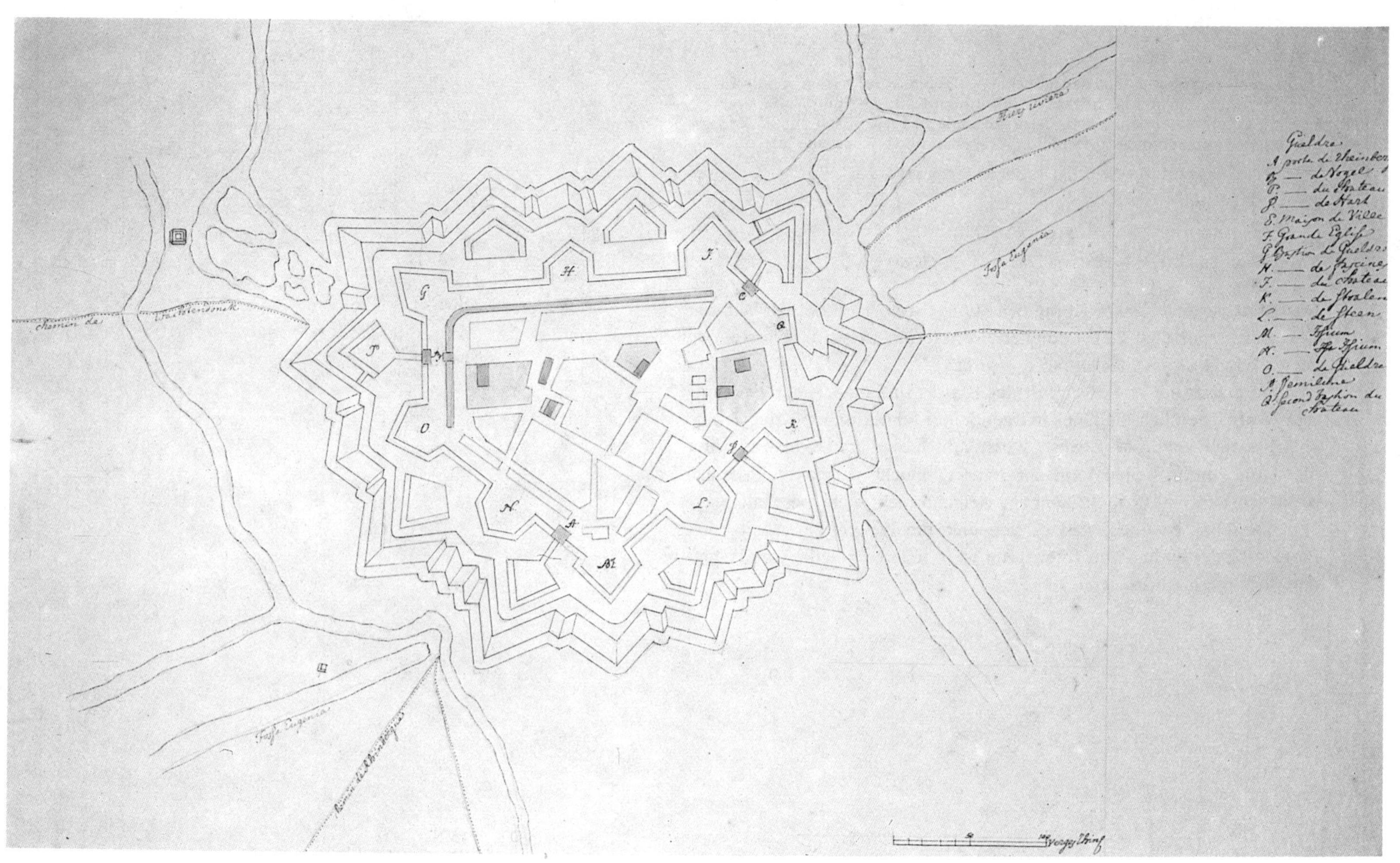
Gueldre
E. Maison de Ville
F. Grande Eglise

29

GELRE

Stadt- und Festungsplan aus der halben Vogelperspektive. In den oberen Ecken Wappen von Stadt und Herzogtum. Links unten Kartusche mit Waffendraperie und kriegshornblasendem Mars, darin Legende in Französisch mit 12 Bezugsbuchstaben und leerem Adressenfeld. Südwesten oben. Rückseite leer.

Tusche und Wasserfarben auf Papier, ohne Signatur.

Ca. 41 × 51 cm.

Maßstab: 6,7 cm = *700 vierges* (ca. 1 : 3000).

Krigsarkivet Stockholm – Bestand SFP Belgien, Geldern Nr. 4.

Das Blatt ist eine exakte Kopie des Stiches von Blaeu bei De Wit und Covens-Mortier (Nr. 22). Lediglich im Stadtinnern ist die Darstellung der Gebäude durch Flächenfarbe ersetzt.
Genaue Datierung und Herkunft des Blattes sind nicht mehr zu ermitteln. Wahrscheinlich diente es in irgendeiner schwedischen Kriegsschule als Unterrichtsmaterial. Etwas unverständlich ist aber, daß man sich hier die Mühe einer Kopie gemacht hat. Vielleicht wurde die Vorlage mehrfach benötigt, konnte aber im Original nicht mehr beschafft werden. Denkbar ist auch, daß es sich hier um die Übungsarbeit eines Pionier-Kadetten handelt. Interessant ist in jedem Falle die Unterschlagung der Verlagsadresse.

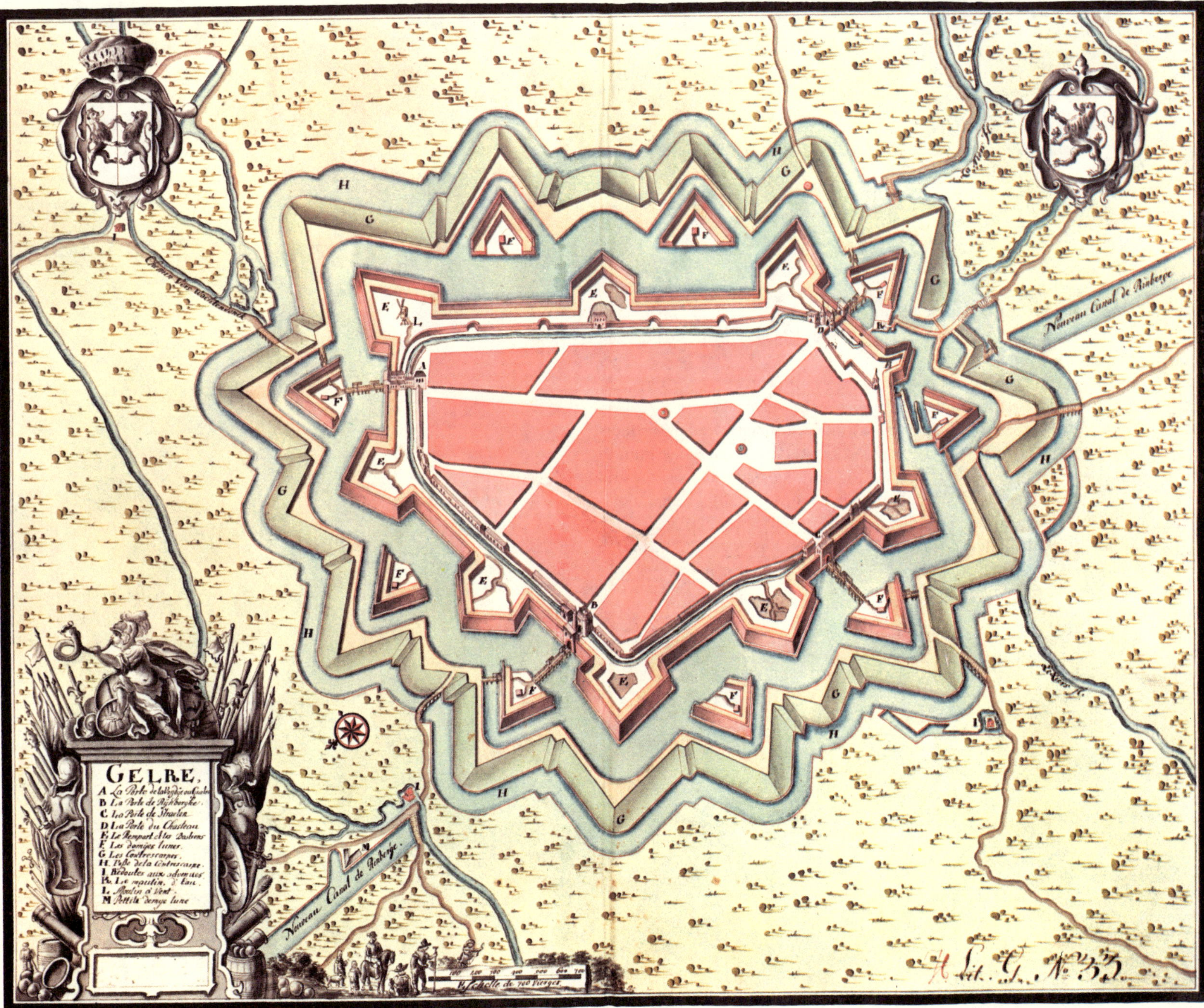

GELRE,
A La Porte de la Vygdije ou Guelre
B La Porte de Rynberghe
C La Porte de Straelen
D La Porte du Chasteau
E Le Rempart et les Bastions
F Les demyes lunes
G Les Contrescarpes
H Fosse de la Contrescarpe
I Redoutes aux advenües
K Le moulin d'eau
L Moulin à vent
M Pettite demye lune
Nouveau Canal de Rinberge
Nouveau Canal de Rinberge
Eschelle de 700 Verges
H. Lit. G. N° 35

30

PLAN DE GUELDRE

Grundriß von Stadt und Festung. Nordwesten oben. Rechts unten Legende in Französisch mit 16 Bezugsbuchstaben. Rückseite leer.

Tusche und Wasserfarben auf Papier, ohne Signatur.

Ca. 54 × 36,5 cm.

Maßstabsangabe: 3,7 cm = *100 Verges* (ca. 1 : 5700).

Sächsische Landesbibliothek Dresden – Mscr. Dresd. 30m, Bd. 1, Bl. 147.

Die Sammlung, zu der dieser Plan gehört, wurde angelegt von Johann Georg Maximilian von Fürstenhoff (1686–1753), einem unehelichen Sohn des sächsischen Kurfürsten Johann Georg. Er trat in das Ingenieurkorps der sächsischen Armee ein, wo er es bis zum Generalleutnant brachte. Frucht seiner zahlreichen Reisen und Feldzüge war vor allem die vorliegende Sammlung von selbstgezeichneten Festungsplänen. Nach seinem Tode wurde diese wunderbare Kollektion aufgesplittert. 500 Pläne erwarb Friedrich II. von Preußen – sie befinden sich heute in der Deutschen Staatsbibliothek in Westberlin –, während der bisher kaum beachtete Rest in Dresden verblieb.
Gerade der Plan Gelderns macht allerdings deutlich, daß Fürstenhoff in der Hauptsache nach gedruckten Vorlagen gearbeitet hat. Die Kopie nach dem Allard-Stich (Nr. 23) ist unverkennbar.

Lit.: Neue Deutsche Biographie Bd. 5, 1961, S. 699 f. – M. HANKE: Geschichte der amtlichen Kartographie Brandenburg-Preußens bis zum Ausgang der Friderizianischen Zeit. Bearb. von H. DEGNER. Stuttgart 1935. Hier S. 209 ff.

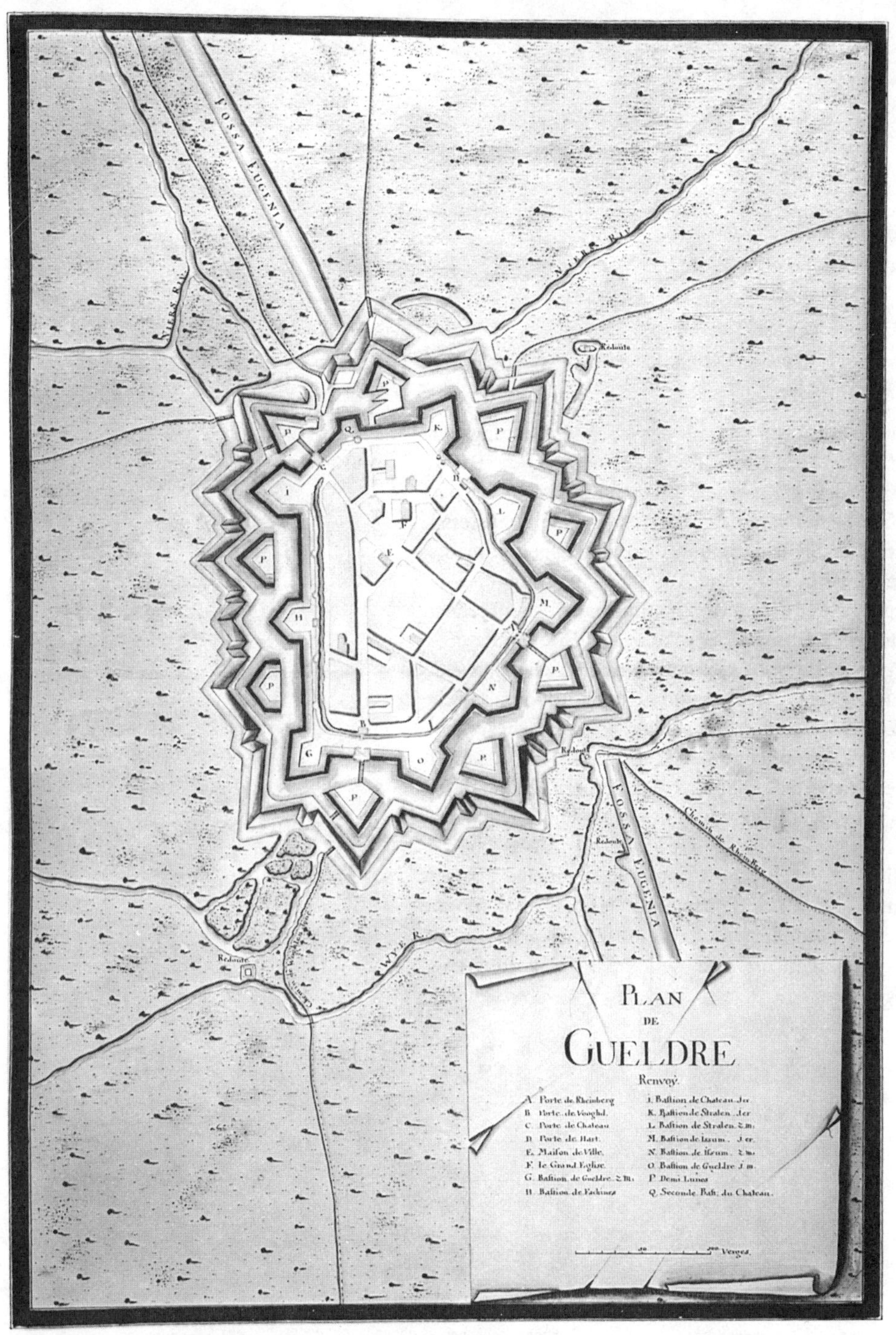
FOSSA EUGENIA
Redoute
Chemin de Rheinberg
WYE R.
PLAN
DE
GUELDRE
Renvoÿ.
A. Porte de Rheinberg
B. Porte de Vooghd.
C. Porte de Chateau
D. Porte de Hart.
E. Maison de Ville.
F. le Grand Eglise.
G. Bastion de Gueldre. 2.m.
H. Bastion de Fachines
I. Bastion de Chateau. 1er.
K. Bastion de Stralen. 1er
L. Bastion de Stralen. 2.m.
M. Bastion de Issum. 1er.
N. Bastion de Issum. 2.m.
O. Bastion de Gueldre. 1.m.
P. Demi Lunes
Q. Seconde Bast. du Chateau.
Verges.

31

Plan de la ville de Gueldre *avec la Carte de ses Environs*

Festungsgrundriß mit Stadtumgebungskarte. Südwesten oben. Rückseite leer. Rechts Legende in Französisch mit 36 Bezugsziffern.

Tusche und Wasserfarben auf Papier, ohne Signatur.

Ca. 54 × 74 cm

Maßstabsangabe: 4 cm = *150 Toises* (ca. 1:6500).

Rijksprentenkabinet Amsterdam – Signatur: FM (= Sammlung Frederick Muller) 3036, Teil B, Nr. 6.

Das Blatt gehört zu einer vierteiligen Sammlung von ca. 75 Festungsplänen, die zwischen 1705 und 1714 von dem Ingenieur S. de Ry de Champdoré gezeichnet wurden. Er war gebürtiger Franzose und arbeitete in jener Zeit als Kriegsgefangener in niederländischen Diensten.

Aus festungstopographischer Sicht enthalten Plan und Legende nichts, was nicht durch andere Pläne in größerem Maßstab – vor allem Nr. 32 und 33 – zum Teil weitaus besser belegt ist. Unschätzbar wertvoll jedoch ist die Anlage des Blattes als Stadtumgebungskarte und Bodennutzungskarte. Im Umkreis von ca. 1500 m ist vermessungstechnisch exakt jede Parzelle mit ihrer Nutzung und darüber hinaus jede topographische Besonderheit wie Einzelgebäude, Feldwege oder Wasserabzugsgräben eingetragen. Damit ist der Plan notwendig die Ausgangsbasis für sämtliche agrargeschichtlichen Arbeiten über das Gelderner Gebiet, deren Umfang und Thematik im Augenblick kaum in vollem Umfang abzusehen sind.

Topographiegeschichtlich ist das Blatt die späte, aber einzige Fortsetzung des Deventerplanes (Nr. 1). Unmittelbarer Hintergrund für die Anfertigung einer solchen detaillierten Stadtumgebungskarte dürften auch hier strategische Planungen für eine eventuelle Belagerung bzw. Rückeroberung gewesen sein.

Lit.: MULLER Nr. 3036.

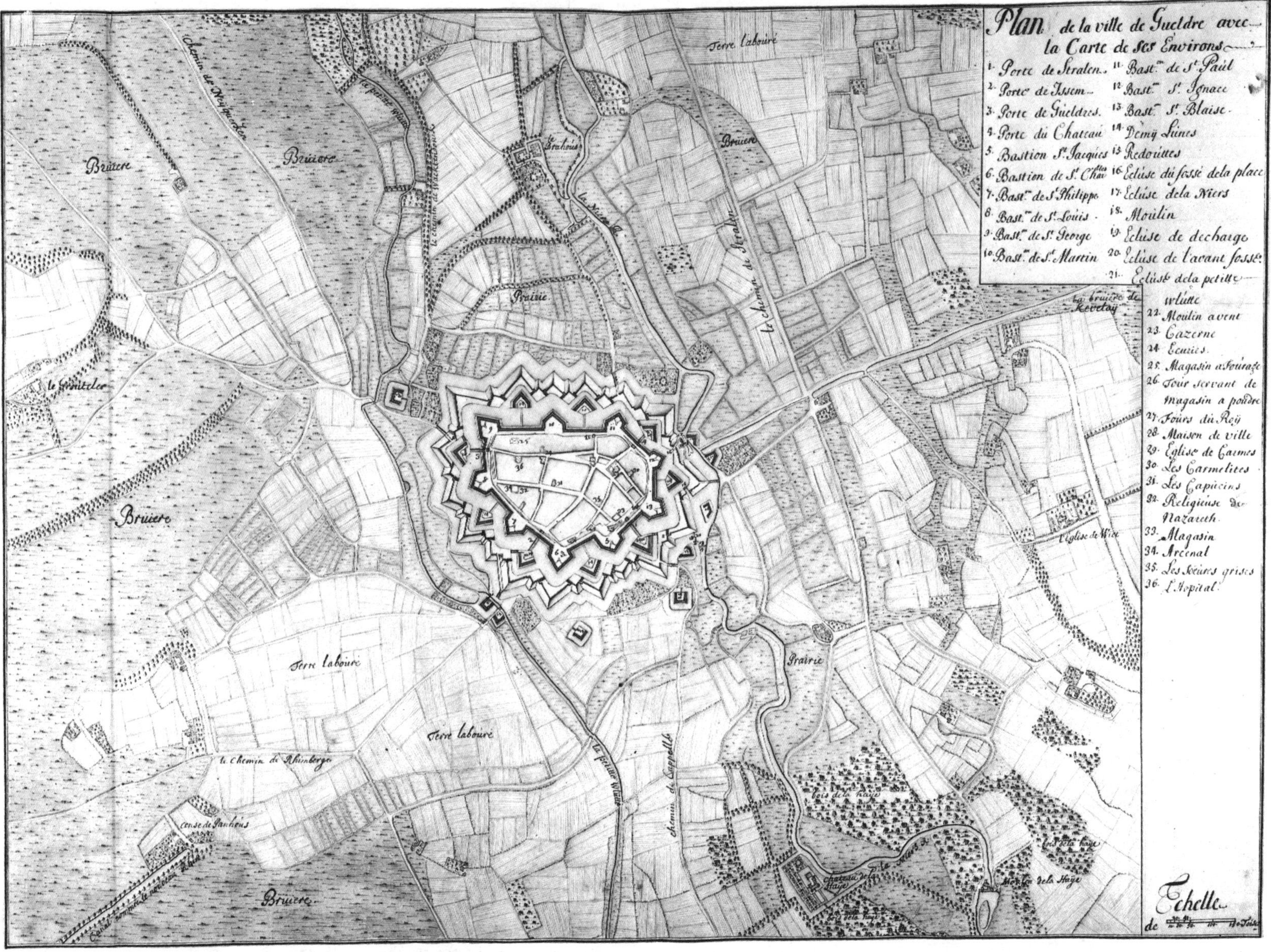
Plan de la ville de Gueldre avec la Carte de ses Environs
1. Porte de Straten
2. Porte de Issem
3. Porte de Gueldres.
4. Porte du Chateau
5. Bastion St. Jacques
6. Bastion de St. Charles
7. Bast.on de St. Philippe
8. Bast.on de St. Louis
9. Bast.on de St. George
10. Bast.on de St. Martin
11. Bast.on de St. Paul
12. Bast.on St. Ignace
13. Bast.on St. Blaise
14. Demy Lunes
15. Redouttes
16. Ecluse du fossé dela place
17. Ecluse dela Niers
18. Moulin
19. Ecluse de decharge
20. Ecluse de l'avant fosse
21. Ecluse dela petitte wlutte
22. Moulin a vent
23. Cazerne
24. Ecuries.
25. Magasin a fourage
26. Tour servant de magasin a poudre
27. Fours du Roy
28. Maison de ville
29. Eglise de Carmes
30. Les Carmelites
31. Les Capucins
32. Religieuse de Nazareth
33. Magasin
34. Arcenal
35. Les Sœurs grises
36. L'Hopital
Bruiere
Terre labouré
Prairie
le Chemin de Straelen
La bruiere de Kevelay
le Chemin de Rhinberge
Cense de Janhous
Chemin de Cappelle
Bois de la haye
Chateau de la haye
Eglise de Wie
Echelle

32

Plan de la Ville de Gueldre comme elle était après le Bombardement

Grundriß von Stadt und Festung in katasterähnlicher Manier. Auf einem angeklebten Blatt Legende in Französisch mit 54 Bezugsziffern (dort auch Kartentitel). Osten oben. Rückseite frei.

Tusche und Wasserfarben auf Papier, ohne Signatur.

Format des Planes ca. 49 × 72 cm.

Maßstab: 7,1 cm = *40 R.R.* (ca. 1 : 2150).

Krigsarkivet Stockholm – Bestand SFP Belgien, Geldern Nr. 5.

Selbst bei aller Sachlichkeit fällt es schwer, bei diesem Plan nicht ein wenig ins Schwärmen zu geraten. Es ist dies der mit Abstand beste Plan von Stadt und Festung Geldern vor der Schleifung 1764. Der besondere Wert liegt in der Darstellung des Stadtgebietes mit Einzeichnung der einzelnen Grundstücksparzellen und ihrer Nutzung. Leider wissen wir nichts über Herkunft und Verfasser des Planes. Sicher ist jedoch, daß er von jemandem angefertigt worden ist, der bald nach der Beschießung und Eroberung 1703 in Geldern war und dort längere Zeit ungehindert topographische Messungen vornehmen konnte. Alle weiteren Überlegungen wären Spekulation, da ein auch nur annähernd vergleichbarer Plan bisher nicht bekannt geworden ist.

Die außergewöhnlich reichhaltige und manchmal etwas schwer lesbare Legende lautet in deutscher Übersetzung:

1 Bastion links vom Geldertor.
2 Bastion rechts vom Geldertor oder Windmühlenbastion.
3 Bastion der Faschinen oder Bastion zwischen der Windmühlenbastion und der Bastion links vom Schloßtor.
4 Bastion links vom Schloßtor.
5 Bastion rechts vom Schloßtor oder Kleine Bastion.
6 Bastion links vom Straelener Tor.
7 Bastion rechts vom Straelener Tor.
8 Kasernen-Bastion.
9 Bastion Nazareth.
10 Geldertor.
11 Schloßtor.
12 Harttor oder Straelener Tor.
13 Issumer Tor.
14 Redoute vor dem Geldertor.
15 Redoute an der Fleuth, welche eine Schleuse und einen gemauerten Damm schützt.
16 Kleine Anlage oder Waffenplatz, den die Feinde während der Blockade angelegt haben zum Schutz eines Erdwalles, der die Umgebung überfluten sollte.
17 Redoute zwischen dem Straelener und dem Issumer Tor.
18 Hecken-Redoute.
19 Anlage der Feinde während der Blockade, um einen Erdwall zu schützen, der zur Überschwemmung des Geländes in Richtung der Batterien von Veert diente.
20 Schloß-Redoute oder Redoute nahe des Kanals.
21 Große Niers-Schleuse mit einer kleinen Anlage, welche die Feinde zu deren Schutz angelegt hatten.
22 Schleuse, um das Wasser in den großen Graben eintreten zu lassen.
23 Schleuse, um das Wasser aus dem großen Graben austreten zu lassen.
24 Wassermühle.
25 Damm, der das Wasser des großen Grabens zurückhält.
26 Alter Wall mit Schleuse, um den vorderen Graben trockenzulegen bzw. zu fluten.
27 Bunker oder Kasematte des Herrn de Bettis, gewölbt aus Zementstein.
28 Ebenfalls aus Zementsteinen gewölbter Bunker, der für das Hospital bestimmt war und wo sich während der Beschießung die „commisaires de guerre" aufhielten.
29 Bunker, wo Schießpulver gelagert war.
30 Ein anderer Bunker, wo Schießpulver gelagert war.
31 Bunker, den die Bürger angelegt hatten, um sich vor den Geschossen in Sicherheit zu bringen.
32 Windmühle, deren in Richtung der Batterien von Hartefeld gelegene Seite ganz zerstört ist.
33 Roßmühle, zerstört bis auf die Grundmauern.
34 Karmeliterkirche (= Pfarrkirche), die ganz niedergebrannt ist. Von ihr steht nur noch die Hälfte der Mauern mit dem Turm, in dessen Spitze die Glocken geschmolzen sind.
35 Karmeliterkonvent, dessen einer Teil zerstört und dessen anderer

Teil durch die Bomben und Kanonenkugeln beschädigt ist.

36 Kirche und Konvent der Kapuziner, verbrannt und zerstört, so daß nur noch ein Teil der Mauern steht.

37 Kirche und Hospital, die durch Bomben und Kanonenkugeln beschädigt sind. Es ist dies die Kirche, wo die Reformierten den Gottesdienst halten.

38 Kirche und Kloster der Augustiner, genannt Nazareth, nur wenig beschädigt.

39 Kapelle und Konvent Hüls, bis auf einige Mauerteile zerstört.

40 Kirche und Kloster der Karmelitessen oder Beginen, wovon ein Teil zerstört, der andere beschädigt ist.

41 Rathaus, dessen rückwärtiger Teil ganz zerstört ist und von dem nichts mehr steht als die (Front-)Mauer und ein Teil der Seitenmauern.

42 Haus, in dem Herr de Bettis wohnte und wo gegenwärtig der Herr Kommandant wohnt. Es ist kaum zerstört.

43 Haus, in dem der Brigadier Botzam wohnte. Dessen Rückwand ist zerstört.

44 Haus, in dem der „commisaire de guerre“ wohnte, es ist etwas beschädigt.

45 Großer Turm, der ehemals ein Stadttor war und der als Pulvermagazin dient.

46 Turm, der ausgebessert wurde, um ein Pulvermagazin einzurichten.

47 Kasernentrakt, der durch die Kanonen beschädigt wurde.

48 Zerstörte Pferdeställe.

49 Neues Getreidemagazin, nur wenig beschädigt.

50 Stelle, wo das Arsenal war, genannt das alte Magazin. Es ist zerstört bis auf die Grundmauern.

51 Die Nummer ist nicht aufgeführt.

52 Stelle, wo das Hospital war, das bis auf die Grundmauern zerstört ist.

53 Stelle, wo die nun zerstörten Backöfen und die Bäckerei waren.

54 Stelle, wo das nun verbrannte Heumagazin war.

33

. . . *Plan de Gueldren 1758*

Grundriß von Stadt und Festungsanlagen mit der näheren Umgebung. Die Hauptgebäude sind eingezeichnet mit dem Firstverlauf. Links *Legende du Plan de Gueldren 1758* in Französisch mit 95 Bezugsziffern. Nordosten oben. Rückseite frei.

Tusche und Wasserfarben auf Papier, ohne Signatur.

Format mit Legende ca. 48 × 74 cm.

Maßstab: 5,4 cm = *100* ?, wohl Ruthen (ca. 1:3570).

Sammlung Stratmans.

Das Blatt ist erst in jüngster Zeit im Antiquariatshandel aufgetaucht. Über verschiedene Auktionen lassen sich seine Spuren nach Frankreich zurückverfolgen. So ist anzunehmen, daß es sich bei dem bisher unbekannten Schöpfer um einen Ingenieuroffizier der französischen Besatzungsarmee handelt, der bald nach 1757 die Gelegenheit zu detaillierten Vermessungsarbeiten in Geldern hatte.
In seiner ganzen Anlage ist der vorliegende Plan die ideale Ergänzung bzw. Fortsetzung des Stockholmer Grundrisses (Nr. 32) von 1703. Das Stadtinnere ist nur unwesentlich verändert, bei der Befestigung ist die Anlage einer weiteren äußeren Bastion im Südosten festzustellen. Besonderen Wert gewinnt der Plan jedoch vor allem durch die bis in die Parzellierung exakte Wiedergabe des stadtnahen Gebietes.
Bei der nachfolgend übersetzt wiedergegebenen Legende fällt neben der enormen Reichhaltigkeit die Benennung der Bastionen nach Heiligen auf, wozu sich die einzige Parallele auf dem Stich bei Le Rouge (Nr. 26) findet. Diese Art der Nomenklatur ist also lediglich auf die französische Zeit beschränkt gewesen.

1 Bastion St. George.
2 Bastion St. Martin.
3 Bastion St. Paul.
4 Bastion St. Ignace.
5 Bastion St. Blaise.
6 Bastion St. Jacques.
7 Bastion St. Charles.
8 Bastion St. Philippe.
9 Bastion St. Louis.
10, 11, 12 } Halbmonde mit Pulvermagazinen.
13 Pulvermagazin auf Bastion Nr. 5.
14 Pulvermagazin auf Bastion Nr. 6.
15 A Walkmühle / B Getreidemühle } an der Niers.
16 Eintritt des Nierswassers in den inneren Graben (*fosse du corps de place*).
17 Austritt des Nierswassers aus dem genannten Graben.
18 Schleuse am Eintritt des Nierswassers in den äußeren Graben (*l'avant fosse*).
19 Schleuse am Austritt des Nierswassers aus dem vorderen Graben.
20 Wehr an Fleuth und Ley auf der Kehle von Halbmond Nr. 41.
21 Steinerne Windmühle auf der Kehle von Bastion 1.
22 Straelener Tor
23 Issumer Tor.
24 Gelder-Tor.
25, 26, 27, 28, 29, 30 } Halbmonde.
31 Redoute nahe der Fleuth auf der rechten Seite des Weges vom Gelder-Tor.
32 Halbmond unterhalb der Walkmühle Nr. 15 A.
33 Halbmond, der die Schleuse Nr. 19 deckt.
34 Halbmond rechts der Brücke Nr. 54.
35 Halbmond auf dem Wall der ehemaligen Pfaffenmütze (*bonnet de prestre*, gemeint ist das Hornwerk).
36, 37 } Spitzen des genannten ehemaligen Hornwerkes.
38 Zerstörte Anlage.
39 Gedeckter Weg der *Contregarde* (Graben vor der äußeren Bastion).
40 *Contregarde* des Halbmondes Nr. 41.

41 Halbmond, der die Schleuse Nr. 20 deckt.
42 Gedeckter Weg des Werkes Nr. 43.
43 Festungswerk.
44 Weg nach Issum.
45 Balkenbrücke über die Fleuth.
46 Arm der oberen Fleuth, der gegenüber Bastion Nr. 1 in den äußeren Graben fließt.
47 Weg nach Brauershof (*Chateau de Brauhaus*).
48 Bauernhof genannt Brühl.
49 Sommerhaus (*Maison de plaisance*) des Karmeliterkonvents Nr. 69.
50 Eingedämmtes Wasserreservoir der Mühlen Nr. 15 A B.
51 Kapellenweg.
52 *Auberge St. Hubert* (Siechenhaus).
53 Mühlenweg.
54 Brücke über den äußeren Graben nahe dem Halbmond Nr. 34.
55, 56 Nicht besetzt.
57 Gemauerter Wall durch den Graben des Halbmondes Nr. 41.
58, 59 Nicht besetzt.
60 Teil des Rheinberger Kanals.
61 Rathaus.
62 Regierungsgebäude (*Gouvernement*).
63 Lutherische Kirche (*temple lutherien*).
64 Kapuzinerkonvent.
65 Nazareth (*Convent des Religieuses*).
66 Magazin für Hager, Lebensmittel und Brennholz.
67 Kasernenkomplex.
68 Wachgebäude am Gelder-Tor und Kasernen.
69 Pfarrkirche und Karmeliterkonvent.
70 Karmelitessenkonvent.
71 Verpflegungsmagazin, wo das französische Krankenhaus eingerichtet wurde.
72 Artillerie-Magazin.
73 Franziskanerkonvent.
74 Magazin für die Artillerie und die Festungstruppen (wohl Pioniere).
75 Kleiner Kasernenkomplex, preußisches Hospital.
76 Kasernenkomplex.
77 Kasernenkomplex mit Wachgebäuden.
78 Marktplatz.
79 Nicht besetzt.
80 Kanzlei.
81 Nicht besetzt.
82 Landstraße Geldern–Straelen.
83, 84, 85, 86, 87, 88, 89, 90 Nicht besetzt.
91 Französisches Hospital.
92 Weg nach Walbeck.
93 Weg nach Klein-Horst.
94 Weg nach Krefeld.
95 Weg nach Schloß Haag.

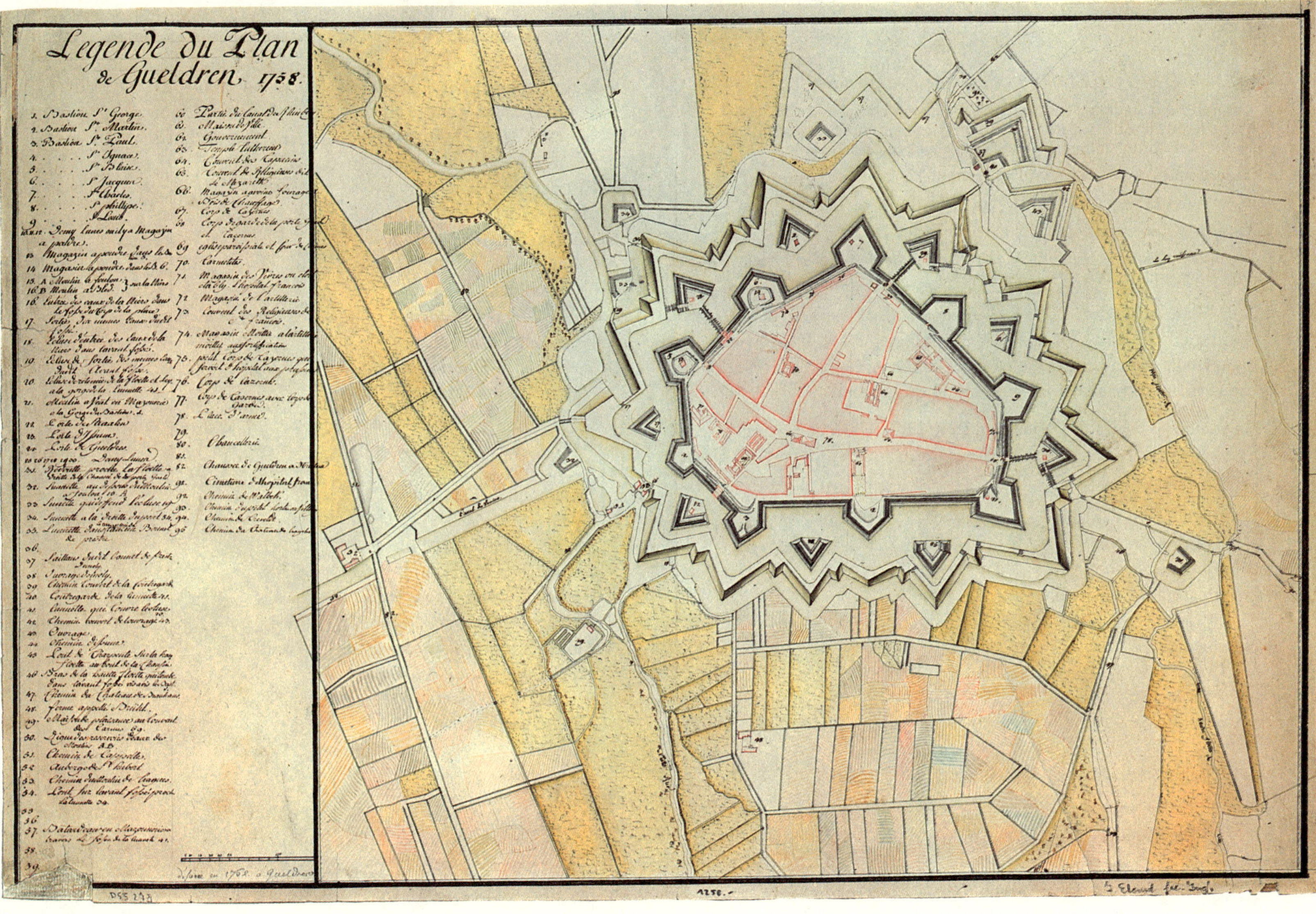

Legende du Plan de Gueldren 1758.
1. Bastion St George
2. Bastion St Martin
3. Bastion St Paul
4. St Ignace
5. St Blaise
6. St Jacques
7. St Charles
8. St Phillipe
9. St Louis
14 Magasin a poudre dans le B. 6.
22 Porte de Straelen
24 Porte de Gueldres
61. Maison de Ville
62 Gouvernement
64. Couvent des Capucins
67. Corps de Casernes
70. Carmelites
72 Magazin de l'artillerie
76. Corps de Casernes
78. Place d'armes
80. Chancellerie
82. Chaussée de Gueldren a
Chemin de Walbek
47. Chemin du Chateau de
51. Chemin de Capelle
dessiné en 1758. a Gueldren

34

PLAN DE GUELDRES ci devant Prussienne

Grundriß von Stadt und Festung mit der näheren Umgebung. Rechts *LEGENDE DU PLAN DE GUELDRES ci devant Prussienne* mit 55 Bezugsziffern (von hier ist der Kartentitel entnommen). Südwesten oben. Rückseite leer.

Tusche und Wasserfarben auf Papier, ohne Signatur.

Format mit Legende ca. 36 × 67 cm.

Ohne Maßstabangabe (ca. 1 : 9000).

Archiv des Kreises Kleve in Geldern – Depositum Historischer Verein für Geldern und Umgegend, Akten 9 Nr. 20.

Der Plan ist datiert 1759, er entstand also während der Besetzung Geldern 1757–1763 im Siebenjährigen Krieg durch französische Truppen. In die Sammlung Halley kam er durch Ankauf bei der Nachlaßversteigerung des preußischen Friedensrichters Roeffs in Geldern.

In seiner Anlage und Bedeutung steht dieser Plan dem vorangehenden (Nr. 33) sehr nahe. Auch die Benennung der Bastionen nach Heiligen findet sich wieder.

1 Bastion St. George,
2 Bastion St. Martin.
3 Bastion St. Paul.
4 Bastion St. Ignace.
5 Bastion St. Blaise.
6 Bastion St. Jacques.
7 Bastion St. Charles.
8 Bastion St. Philippe.
9 Bastion St. Louis.
10–12 } Halbmonde, auf denen es Pulvermagazine gibt.
13–14 } Pulvermagazine auf den Bastionen 5 und 6.
15 A, B Mühlen, welche die Niers zurückhalten und deren Schleusen aus Mauerwerk sind.
16 Schleuse am Eintritt des Nierswassers in den inneren Graben (fosse du corps de place).
17 Schleuse am Austritt des Nierswassers aus dem inneren Graben.
18 Schleuse am Eintritt des Nierswassers in den äußeren Graben (l'avant fosse).
19 Schleuse am Austritt des Nierswassers aus dem äußeren Graben.
20 Schleuse am Zusammenfluß der Fleuth und der Ley.
21 Windmühle aus Mauerwerk auf der Kehle von Bastion 1
22 Straelener Tor.
23 Issumer Tor.
24 Gelder-Tor.
25 Aufgegebene Befestigungswerke.
26 Schloß Haag.
27 Chaussee nach Venlo.
28 Fossa Eugeniana oder der alte Kanal von Rheinberg.
29 Weg nach Kevelaer.
30 Weg nach Walbeck.
31 Halbmond am Straelener Tor.
32 Halbmond am Issumer Tor.
33 Halbmond am Gelder-Tor.
34–36 } Halbmonde.
37 Schloß Brauhaus (Brauershof).
38 Königlicher Bauernhof, genannt Brühl.
39 Herberge, genannt St. Hubert
40 Kasernentrakt links des Gelder-Tores.
41 Kasernentrakt rechts des Issumer Tores.
42 Kasernentrakt links von Bastion 7.
43 Preußisches Hospital.
44 Artillerieschuppen.
45 Rathaus.
46 Die Karmeliter.
47 Die Karmelitessen.
48 Militärhospital.
49 Nazareth.
50 Hüls.
51 Kapuziner.
52 Reformierte Kirche.
53 Magazin.

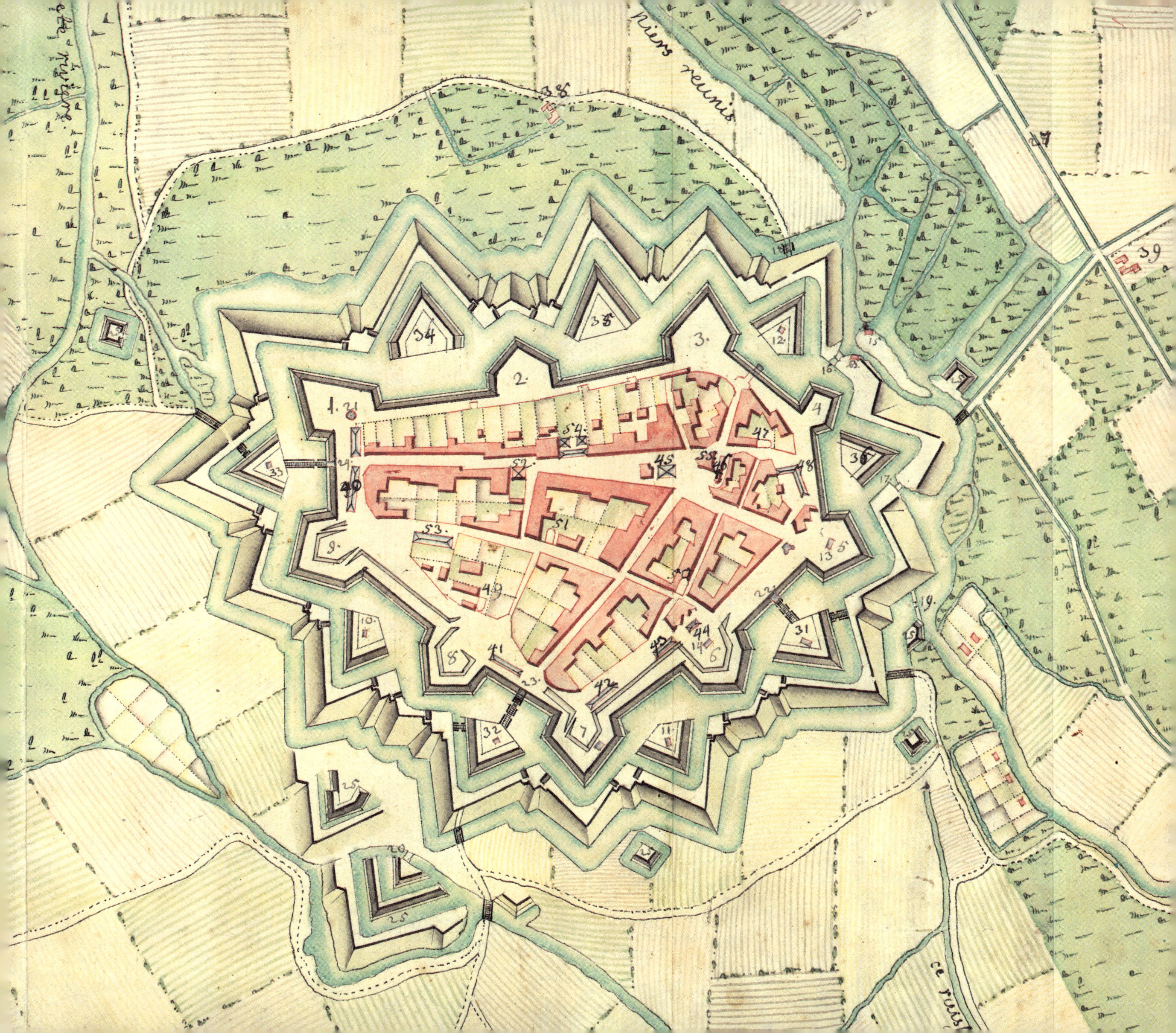

54 Verwaltung.

55 Von den Franzosen eingerichtete Bäckerei. Die preußischen Backöfen sind am Straelener Tor.

35

Carte Von der Haubtstadt Geldern . . .

Grundrißplan von Stadt und Festungswerken mit Darstellung der Hauptgebäude aus der halben Vogelperspektive. Links oben Kartusche mit dem Kartentitel:

> *Carte Von der Hauptstadt Geldern und deren annoch Auff Gnädigster Ordere zu Schlichtende aussen Fortifications Wercke, wie dieselben unter denen Respectiven Aembtern dieses Hertzogthums im Märtz 1764 Vertheilet werden sollen. Sambt der Situation der durch dem Herren Obristen Wachtmeister Baron von Baexen vorgeschlagene Plantage umb der Stadt.*

In der Karte sind Bezugsziffern A–Z eingezeichnet, die zugehörige Legende ist verschollen. Nordosten oben. Rückseite frei.

Tusche und Wasserfarben auf Papier, Signatur: *Vermessen durch Joh. Hein. Mexner Aprob. et Jurata Geometra.*

Ca. 86 × 92 cm.

Maßstab: 16 cm = *50 Ruthen* (ca. 1 : 1250)

Nordrhein-Westfälisches Hauptstaatsarchiv Düsseldorf – Karten 3745. – Eine jüngere Nachzeichnung, die im Ausschnitt nur das Stadtgebiet zeigt, ist vorhanden im *Archiv des Kreises Kleve, Depositum Historischer Verein für Geldern und Umgegend, Akten 9, Nr. 21.*

Der Befehl zur Schleifung der Festung Geldern wurde vom preußischen König um die Mitte des Jahres 1763 gegeben. Beauftragt mit der Durchführung war Generalmajor von Salenmon, der Festungskommandant von Wesel; die Leitung am Ort hatte der Major von Baexen. Das Festungsgelände ging teilweise in den Besitz der Stadt über, die auf dem Terrain den Promenadenring anlegte und als Allee bepflanzte.

Der vorliegende Plan ist datiert vom Februar 1764, er zeigt also den allerletzten Festungszustand Gelderns. Wegen der besonderen Aufgabenstellung, die ihm zugrunde lag, gibt er am zuverlässigsten die genaue Lage und Ausdehnung der äußeren Festungswerke an. Für diese ist in Schacht (1 Schachtrute = 4,45 m^3) genau angegeben, wie die einzelnen Befestigungsabschnitte auf die Gemeinden von Preußisch-Geldern verteilt wurden, die für die Schleifungsarbeiten täglich 300 Mann zu stellen hatten.

Die Wiedergabe des Stadtgebietes bringt eine Reihe interessanter Details. Erstmalig sind hier auf einem Plan die Straßennamen eingetragen. Von den eingezeichneten Hauptgebäuden ist die Mehlwaage am Kornmarkt hervorzuheben. Wichtig ist der Plan jedoch vor allem als Dokument des Überganges von der Festung zur offenen Stadt. Indirekte Anzeichen hierfür sind die beiden ehemaligen Magazine, die nun als Hut- bzw. Seiden- und Strumpffabrik markiert sind. Der eingezeichnete Promenadenring ist in diesem Zusammenhang zunächst noch als Vorschlag zu sehen, wobei allerdings vorläufig offen ist, wie weit die Schleifungsarbeiten in diesem Abschnitt im Februar 1764 fortgeschritten waren. Die ehemaligen Bastionen sind nur noch gestrichelt eingezeichnet und werden beschriftet mit „Hier hat gelegen . . .“. Auch hier verdienen die Namen der Bastionen, nun als Batterien bezeichnet, eine besondere Erwähnung. Sie tragen nun wieder neue, zum Teil recht kuriose Bezeichnungen. Angefangen am Geldertor, lauten sie im Uhrzeigersinn: Muhlen-Batterie, Kaninen-Batterie, Katzen-Batterie, Galgen-Batterie, Batterie zur Rechten (des Straelener Tores), Batterie zur Linken (des Straelener Tores), Kugel-Batterie, Toten-Batterie und Palisaden-Batterie.

Lit.: NETTESHEIM S. 294. – EBE-JAHN S. 109 ff.

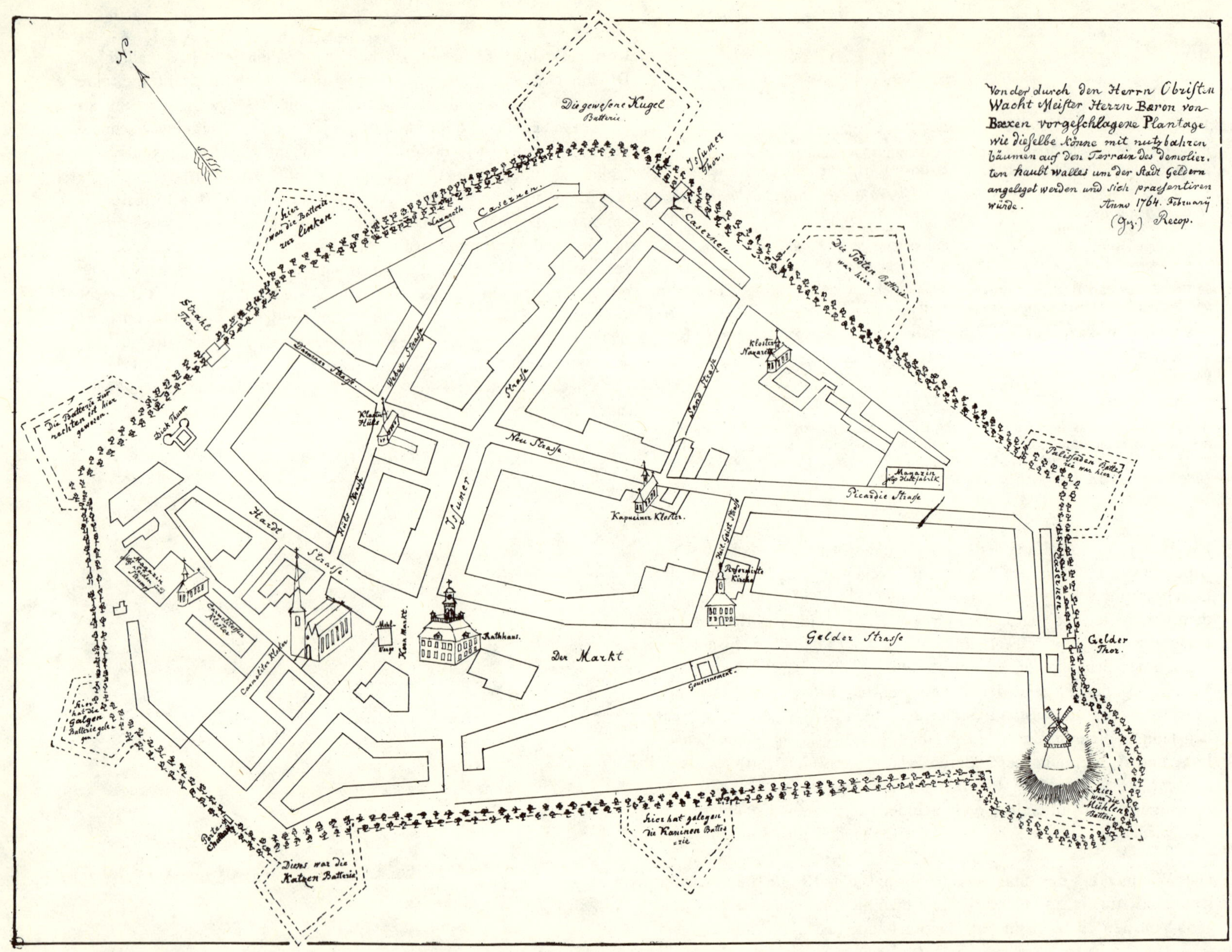

Von der durch den Herrn Obristen
Wacht Meister Herrn Baron von
Bæxen vorgeschlagene Plantage
wie dieselbe könne mit nutzbahren
bäumen auf den Terrain des demolier.
ten haubt walles um der Stadt Geldern
angelegot werden und sich praesentiren
würde.
Anno 1764. Februarij
(Gez.) Recop.
N.
Die gewesene Kugel Batterie
Issumer Thor.
Casernen
Die Todten Batterie war hier.
Strahl Thor
Die Batterie zur rechten ist hier gewesen.
Dick Turm
Hardt Strasse
Issumer Strasse
Neu Strasse
Sand Strasse
Kloster Nazareth
Kapuciner Kloster.
Picardie Strasse
Magazin
Reformirte Kirche
Casernen
Gelder Strasse
Gelder Thor.
Rathhaus.
Der Markt
Kuh Markt.
Carmeliter Kloster
Gouvernement
Hier hat die Galgen Batterie gelegen.
Diess war die Katzen Batterie
hier hat gelegen die Kaninen Batterie
hier war die Mühlen Batterie

CARTE
Von der Haubt stadt
Geldern und deren annoch
Schleichende äusen Forti
fications Wercke, wie
dieselben unter denen Respectiv
Aembtern dieses Herzogthums
im Märtz 1764 Vertheilet werden
sollen; Sambt der Situation der durch
umb der Stadt
Lobberich hat 1083 Schacht
Hinsbeck hat 745 Schacht
Weeze und Berg hat 1083 Schachten
Sevelen hat
Die Niers
Capuciner
Die Geldre Strase
Der Marckt
Die Hardt Strase
Kevelaer
Vernum

KAPITEL VI

Ansichten des 17. und 18. Jahrhunderts

Die Forschungen über die Anfänge der Städteabbildung haben gezeigt, daß Ansichten generell früher entstanden sind als Grundrisse. Zu erklären ist dies mit den Grundlagen der Darstellungstechnik. Für eine Vedute bedurfte es lediglich des mehr oder minder geschulten Auges und der handwerklichen Fertigkeit des Künstlers. Der Grundriß hingegen erforderte das abstrahierende Umdenkungsvermögen des Mathematikers bzw. Geodäten, wofür die theoretischen Grundlagen erst in der ersten Hälfte des 16. Jahrhunderts mit der Einführung der trigonometrischen Vermessungskunst gelegt wurden. Bahnbrechend waren hier die Arbeiten des Löwener Mathematikers und Kartographen Regnier Gemma Frisius (1508–1555), der 1533 das Lehrbuch *Libellus de locorum describendorum ratione* herausgab.

Wenn die älteste gedruckte Abbildung Gelderns, der Hogenbergplan und seine Kopien (Nr. 5–7), dennoch ein Grundriß war, so ist dies darauf zurückzuführen, daß zur Kopie der Manuskriptplan des Frisius-Schülers Jacob van Deventer (Nr. 1) vorlag. Beide Pläne wie auch viele spätere enthalten noch zahlreiche Aufrißelemente, die Übergänge waren also fließend. So war denn auch der erste Stich, der nicht zum Komplex Deventer-Hogenberg gehört, eine Ansicht (Nr. 36).

Ähnlich wie bei den Grundrissen ist auch bei den Veduten zu beobachten, daß sie alle mehr oder weniger auf wenige Vorlagen zu reduzieren sind. Petrus Kaerius (Nr. 36) zeigt noch im wesentlichen den mittelalterlichen Zustand mit einfacher Mauerbefestigung und Burg. Dieser Stich diente für etwa 40 Jahre als die grundlegende Ansicht Gelderns, ehe er fast schlagartig durch den Merianprospekt (Nr. 40) abgelöst wurde. Dieser zeigt das nahezu fertig ausgebaute Bastionsystem, enthält jedoch noch als Anachronismus wie auch der zugehörige Grundriß (Nr. 20) noch die Burg.

36 Der Prospekt des Petrus Kaerius

GELDER

Prospekt aus Südwesten.

Kupferstich, ohne Signatur.

Ca. 14,3 × 19,6 cm.

Als Stecher ist Petrus Kaerius (Pieter van de Keere 1571–1624) zu erschließen durch die Angabe auf den Titelblättern der Guicciardiniausgaben von 1613 und 1617 (vgl. Nr. 36 a und 36 d). Er war verschwägert mit Jodocus Hondius und Petrus Montanus (vgl. Nr. 5 d und Nr. 7). In Amsterdam brachte er einige Atlanten sowie die ersten niederländischen Zeitungen heraus, in der Hauptsache arbeitete er jedoch als Kartenstecher für Blaeu, Hondius und Janssonius.
Der vorliegende Stich ist die früheste topographisch in etwa verläßliche Seitenansicht Gelderns, die vor allem wegen der Darstellung der Burg einigen Wert besitzt. Er liegt in 5 Abarten vor.

Lit.: KOEMAN II, S. 216 ff. – VAN'T HOFF S. 65 f.

36 a

Rückseite leer.

Sonst wie oben beschrieben.

Archiv des Kreises Kleve in Geldern – Karten und Pläne.

Enthalten in:

Description de touts les Pays-Bas, autrement appelez la Germanie inferieure ou Basse Allemagne par Messire Loys Guicciardin . . . Avec toutes les Cartes Geographiques desdicts Pays et plusieurs pourtraicts de villes et autres bastiments en belle perspective tirez par M. Pierre Keere . . . A Arnhem, Chez Jean Jeansz. 1613.

Erschienen ist diese Ausgabe bei Jan Janssonius I, dessen Zusammenarbeit mit Petrus Kaerius wohl über Jan Janssonius II zustande kam, dem Schwiegersohn des Kaerius-Schwagers Hondius (vgl. Nr. 5 d).

Lit.: BOELE Nr. XIII. – VAN'T HOFF S. 65. – TIELE S. 98.

36 b

Über der Platte nochmals in kleineren Lettern *GELDER*. Rückseite niederländischer Text mit einer Beschreibung von Venlo.

Sonst wie oben beschrieben.

Sammlung Stratmans.

Enthalten in:

Jean Francois Le Petit: Nederlantsche Republycke, bestaende in de Staten so generale als particuliere van't Hertochdom Gelder, Graefschap Hollant . . . int breede beschreven. Geconfereert ende vergleken met die van de Swytsersche Cantoenen. Arnhem, Jan Janszen, 1615.

Jean Francois Le Petit (gest. nach 1614), ein gebürtiger Franzose, war ein etwas glückloser Parteigänger des Prinzen von Oranien. Ab 1595 war er in Middelburg als Notar tätig, wo er auch mit dem Schreiben historischer Werke begann. Neben einer *Grande Chronique* der Vereinigten Niederlande, die 1601 erschien, ist das vorliegende Buch sein bedeutendstes Werk.

Lit.: NNBW Bd. 7, Sp. 954 f. – VAN'T HOFF S. 62 ff. – BOELE S. 249 ff.

36 c

Über der Platte in der Mitte *Geldria,* rechts die Paginierung *223.* Rückseite lateinischer Text mit Beschreibung von Wachtendonk.

Sonst wie oben beschrieben.

Sammlung der Stadt Geldern.

Enthalten in:

Omnium Belgii sive Inferioris Germaniae regionum descriptio Lodovico Guicciardino nobili Florentino Authore . . . Arnhemii, ex officina Johannis Janszonii Anno 1616.

Lit.: BOELE Nr. XIV. – TIELE S. 98. – VAN'T HOFF S. 66.

GELDER

36 d

Über der Platte in kleineren Lettern nochmals *Gelder,* links über der Platte die Paginierung *260.* Rückseite niederländischer Text in zwei Spalten und Maskenvignette.

Sonst wie oben beschrieben.

Archiv des Kreises Kleve in Geldern – Karten und Pläne.

Enthalten in:

Description de touts les Pays-Bas ... Arnhemi, apud Joannem Janssoni, 1617
Es ist dies eine Ausgabe mit niederländischem Text, das Titelblatt ist von der französischen Ausgabe 1613 (vgl. Nr. 36 a) übernommen.

Lit.: BOELE Nr. XV. – TIELE S. 98. – VAN'T HOFF S. 66.

36 e

Über der Platte in der Mitte *GVELDER.* Rückseite französischer Text mit Beschreibung von Bommel.

Sonst wie oben beschrieben.

Archiv des Kreises Kleve in Geldern – Karten und Pläne.

Enthalten in:

Description de touts les Pays-Bas ... Reimprimé à Campen chez Arnoud Benier pour Henry Laurents Libraire à Amsterdam, 1641.

Aus unbekannten Gründen sind die Arnheimer Platten nach dem Tode von Jan Janssonius I nicht an dessen Sohn gegangen. Sie scheinen verkauft worden zu sein und gelangten in der vorliegenden Ausgabe letztmalig zum – ziemlich schlechten – Abdruck. Vielleicht war diese starke Abnutzung der Grund, weshalb Jan Janssonius II für seine Guicciardiniausgaben andere Platten benutzte (vgl. Nr. 7 b).

Lit.: BOELE Nr. XIX. – VAN'T HOFF S. 66.

37

GELDER

Prospekt aus Südwesten. Rückseite leer.

Kupferstich, ohne Signatur.

Ca. 3 × 9 cm (mit abgerundeten Ecken).

Enthalten auf dem unteren Bildrand der Karte:

Gelriae Ducatus Descriptio Nova. Illustribus generosis nobilissimis prudentissimisque viris D. D. Ordinibus Ducatus Gelriae ac Comitas Zutphaniae eorumque. Deputatis Dominis suis demisse coledis hanc mappam geographicam offerunt Joannes Janssonius et Jod. Hondius.

In Gelderner Sammlungen ist kein Exemplar nachgewiesen. Konsultiert wurde die *Bibliothèque National Paris – Sign. Ge. D. 3292.*

Jan Janssonius (1588–1664) heiratete 1612 die Tochter von Jodocus Hondius (1563–1612), der vor allem durch die Herausgabe der Mercator-Atlanten berühmt wurde. Janssonius und Jodocus Hondius jun. führten den Verlag mit zahlreichen Neuauflagen weiter. Wann die vorliegende Karte erstmalig erschien, konnte bisher nicht geklärt werden.

Als Vorlage ist unschwer der Prospekt des Petrus Kaerius zu erkennen (vgl. Nr. 36, dazu auch Nr. 5 d), wobei wegen der Verwandtschaft die Kopie sicherlich autorisiert war.

Lit.: KOEMAN II, S. 136 ff., 158 ff., 302 ff. – VREDENBERG-ALINK S. 37.

GELDER

38 Der Stich aus Meisners Schatzkästlein

Geldern in Gelderland

Prospekt aus Südwesten im Hintergrund. Im Vordergrund Szenerie mit zwei Männern, die einen Stein heben, und einem Knaben, der einen Stein mit einem Hebebaum bewegt. Rückseite leer.

Über der Darstellung der Spruch:
Weissheit gehet für Leibskräffte

Unter dem Bild zweispaltiger lateinischer Text
Non potuere Viri, saxum puer arte levavit.
Ingenium Vires superat, sapientia robur.

mit freier deutscher Übersetzung
Zwen Mann nicht wenden diesen Stein,
Ein Kind durch Kunst hebt ihn allein.
Dieweil es braucht geschicklichkeit,
Die Leibsstärck thuts nicht allezeit.

Kupferstich, ohne Signatur.

Format der Platte mit Text 10 × 15,5 cm.

Der Prospekt ist eine Kopie des Stiches von Kaerius (vgl. Nr. 36). Bei diesem Blatt sind insgesamt vier Varianten zu unterscheiden.

Lit.: BACHMANN S. 16 ff. – Daniel Meisner – Eberhard Kieser: Thesaurus Philopoliticus oder Politisches Schatzkästlein. Faksimile-Neudruck der Ausgaben Frankfurt a. M. 1625–1626 und 1627–1631. Mit einer Einleitung und einem vollständigen Register der Städtebilder von Klaus EYMANN. 2 Bde. Unterschneidheim 1972.

38 a

In dieser ursprünglichen Fassung *fehlt* in der Beschriftung der Zusatz *in Gelderland.* Ohne irgendwelche Paginierung.

Sonst wie oben beschrieben.

Archiv des Kreises Kleve in Geldern – Karten und Pläne.

Enthalten in:
Thesaurus Philo-Politicus. Das ist: Politisches Schatzkästlein guter Herzen und bestendiger Freund. Autore Dan. Meisnero Com. Boh . . . Franckfuhrt bey Eberhardt Kiesern zu finden.

Das Werk erschien ab 1623 in Fortsetzungen. Geldern ist enthalten im 1626 erschienenen siebten Band:
Thesauri Philo-Politici pars septima. Cum Gratia et Privilegio S.C.M. Speciali. Francoforti, Sumptibus Eberhardi Kieseri 2626 (!)

Der Stich bzw. das ganze Werk gehört zu der seit dem 16. Jahrhundert in Mode gekommenen Schriftengattung der Emblemata, moralisierender Sinnsprüche in Prosa- oder Versform. Waren es in anderen Büchern Tierdarstellungen oder mythologische Szenen, so wurden hier Stadtansichten zur Illustration genommen, die jedoch ursprünglich als bloße Staffage für die Sinnsprüche dienten.

Als Urheber der Idee des vorliegenden Werkes mit der Verbindung von Veduten und Emblemata gilt der aus Böhmen gebürtige Dichter Daniel Meisner. Er war seit vor 1619 in Frankfurt ansässig und starb dort 1625. In Zusammenarbeit mit dem Frankfurter Verleger und Kupferstecher Eberhard Kieser (gest. 1631) brachte Meisner 1623 den ersten Band des *Thesaurus* mit 52 Stichen heraus. Außer den Sinnsprüchen auf den allegorisch-topographischen Darstellungen war diesem wie auch allen späteren Bänden noch ein Textteil mit den jeweiligen näheren Erläuterungen der Emblemata vorangestellt.

Bis zu Meisners Tod erschienen noch weitere 5 Bände. Der siebte Band, in dem Geldern enthalten ist, enthält auf dem Titelblatt bereits keinen Hinweis mehr auf ihn. Die Sinnsprüche dieses und aller folgenden Bände lieferte der Offenbacher Pfarrer Johann Ludwig Gottfried (gest. 1631). 1626 erschien noch ein achter Teil, mit dem das Werk nach den ersten Planungen abgeschlossen sein sollte. Es scheint sich jedoch großer Beliebtheit erfreut zu haben, so daß Kieser 1628–1631 eine zweite Serie mit nochmals 8 Bänden folgen ließ. Damit umfaßte der gesamte *Thesaurus* nicht weniger als 830 Kupferstiche.

An dem Gesamtwerk waren zahlreiche Stecher aus der Werkstatt Kiesers beteiligt, darunter auch Matthäus Merian. Als Stecher des Gelderblattes ist Sebastian Furck (ca. 1600–1655) anzunehmen, der von 1617 bis 1628 für Kieser arbeitete.

Weißheit gehet für Leibs kräffte. D73

GELDERN. in Gelder land.

Non potuere Viri, saxum puer arte levavit; Ingenium Vires superat, sapientia robur.

Zwen Mann nicht wenden diesen Stein,
Ein Kind durch Kunst hebt ihn allein,
Dieweil es braucht geschicklichkeit,
Die Leibsstärck thuts nicht allezeit.

38 b

Bei dieser und sämtlichen folgenden Varianten ist dem Ortsnamen der Zusatz *in Gelderland* hinzugefügt. Weiterhin ist hier rechts oben die Abbildungsnumerierung *18* (bezogen auf den siebten Band) hinzugefügt.

Sonst wie oben beschrieben.

Archiv des Kreises Kleve in Geldern – Karten und Pläne.

Ab 1626 brachte Kieser auch eine lateinische Ausgabe des Werkes heraus. Ab ca. 1628 folgte eine zweite Auflage der deutschen Ausgabe. Beide erhielten Paginierungen und nähere Bezeichnungen der Ortsnamen, jedoch erschienen beide mit den Titelblättern der ersten deutschen Ausgabe.

38 c

Anstelle der Nummer 18 nun die Signatur *D 73*.

Sonst wie oben beschrieben.

Sammlung der Stadt Geldern.

Enthalten in:

> Sciographia cosmica. Das ist: Newes Emblematisches Büchlein, darinnen in acht Centuriis die Vornembsten Stätt, Vestungen, Schlösser etc. der gantzen Welt . . . in Kupffer gestochen . . . Durch Danielem Meisnerum Coment. Bohe. Poet. Laur. Caes.

Nach Kiesers Tod erwarb der Nürnberger Stecher, Verleger und Meistersinger Paul Fürst (gest. 1666) die Platten und gab sie 1637/38 unter oben genanntem Titel neu heraus. Das Gesamtwerk ist nun aufgeteilt in 8 Abschnitte – bezeichnet mit A–H – zu je 100 Stichen und ungefähr nach dem geographischen Zusammenhang geordnet. Die bei Meisner-Kieser vorangestellten Erklärungen fehlen nun, Hauptzweck der Neuherausgabe waren also wohl einzig die Veduten.
1678 wurde die *Sciographia* von Fürsts Erben nochmals aufgelegt, die Stiche wurden hierbei jedoch nicht verändert.

38 d

Wie unter 38 c beschrieben, nun jedoch immer zwei Stiche auf einem Blatt. Geldern (oben) ist zusammengedruckt mit Nimwegen. Kennzeichen ist der breite Rand.

In Gelderner Sammlungen konnte kein Exemplar dieses Zusammendrucks nachgewiesen werden. Konsultiert wurde ein Exemplar der *Stadtbibliothek Trier.*

Enthalten in:

> Politica-Politica, id est urbium designatio, civilis prudentiae parandae accomodata . . . oder Statistisches Städtebuch, darinnen neben eigentlicher Abbildung 800 meistentheils fürnehmer Städte, Vestungen und Schlössern auch viele Adeliche Sitz und Land-Güter zu finden . . .

Nach der Auflösung des Fürst'schen Verlages gingen die Platten an den Nürnberger Verleger Rudolf Helmer, der sie 1704 unter diesem Titel nochmals herausbrachte. Es handelt sich im wesentlichen um eine Kopie der *Sciographia,* der von Helmer gewählte Titel – „Statistische Beschreibungen“ kamen um diese Zeit in Mode – ist entschieden zu hochtrabend.

39

GELRE

Prospekt aus Südwesten, Rückseite leer.

Kupferstich, ohne Signatur.

Ca. 4 × 9 cm (mit abgerundeten Ecken).

Enthalten auf dem unteren Bildrand der Karte:
Ducatus GELDRIAE nec non comitatus ZUTPHANIAE cum adjacentibus regionibus denuo recogniti et editi a NICOLAO I. VISSCHER.
Abraham a Goos sculpsit
(46,5 × 56,5 cm, Maßstab ca. 1 : 350 000).

Sammlung Stratmans.

Die Karte erschien erstmals in dem Atlas:
Belgium sive Germaniae inferior continens provincias singulares septemdecim iuxta artem Geographicam perfectissime descripte, variisque regionum partibus distinctis tabulis aucta per N. I. Piscatorem Anno 1634.

Drei weitere Auflagen erschienen bis 1645.

Claes Jansz. Visscher (1587–1652) war der Begründer der Amsterdamer Kartenstecher- und Kartenverlegerfamilie. Er gab als ersten Atlas 1634 das hier angeführte Werk heraus. Die Kupferplatten waren von Petrus Kaerius übernommen, für den sein Neffe Abraham Goos zeitweilig als Stecher gearbeitet hat. Von Visscher – oder zumindest aus seiner Werkstatt – stammt bei dieser Karte lediglich das ornamentale Beiwerk, also auch die Geldernansicht. Bedeutender als Kartenschaffende waren seine Söhne Nicolas Visscher I (1618–1679) und Nicolas Visscher II (1649–1702).

Der Prospekt ist eine Kopie nach Kaerius (Nr. 36), als direkte und hier leicht überarbeitete Vorlage ist die Karte von Janssonius-Hondius (Nr. 37) anzunehmen.

Lit.: VREDENBERG-ALINK S. 36. – KOEMAN III, S. 150 ff. – M. SIMON: Claes Jansz. Visscher. Diss. Freiburg 1958.

40

GELDERN

Prospekt aus Südwesten mit Benennung von Schloß, Pfarrkirche und Rathaus. Rückseite leer.

Kupferstich, ohne Signatur.

Ca. 13 × 35,5 cm.

Enthalten in:

M. Z. Topographia Circuli Burgundici Oder Beschreibung und Eigentliche Abbildung der Vornehmsten Oerther in dem Hochlöblichen Burgund- und Niederländischen Crayße. Franckfurt, bey Caspar Merian, MDCLIIII.

Dieser Ausgabe von 1654 folgten weitere, im Stich unveränderte Auflagen 1659 und 1680 sowie zwei undatierte.

Es ist dies der beste Prospekt der Festung Geldern im 17. Jahrhundert, der wie auch der Merianplan (Nr. 20) den Zustand dieser Zeit am genauesten schildert. Allerdings erscheint die Abbildung etwas anachronistisch durch die Wiedergabe der Burg mit noch aufrecht stehendem Bergfried. Dies mag darin begründet sein, daß die Vorlage selbst von Matthäus Merian zur Zeit seiner niederländischen Wanderjahre entstand und später von einem Stecher der Merian'schen Werkstatt getreulich kopiert wurde. Zum weiteren vgl. Nr. 20.

Der Stich liegt in zwei Varianten vor, die sich in der Abbildung selbst jedoch nicht unterscheiden. Die festgestellten zwei Zusammenhänge liegen in den verschiedenen Auflagen begründet. Eine eindeutig gesicherte Zuordnung der Varianten zu einer bestimmten Auflage war wegen der Schwierigkeiten in der Beschaffung kompletter Originale bisher nicht möglich.

40 a

Im originalen Zusammenhang ist Geldern (unten) zusammen mit Elburg (oben) auf einem Blatt gedruckt. Um 90 Grad gedreht angehängt ist der Festungsplan Nr. 20.

Sonst wie oben beschrieben.

Archiv des Kreises Kleve in Geldern – Karten und Pläne.

40 b

Im originalen Zusammenhang ist Geldern (oben) zusammen mit Limburg (unten) auf einem Blatt gedruckt. Unsicher ist, ob auch in dieser Auflage der Festungsplan beigedruckt war.

Sonst wie oben beschrieben.

Sammlung Stratmans.

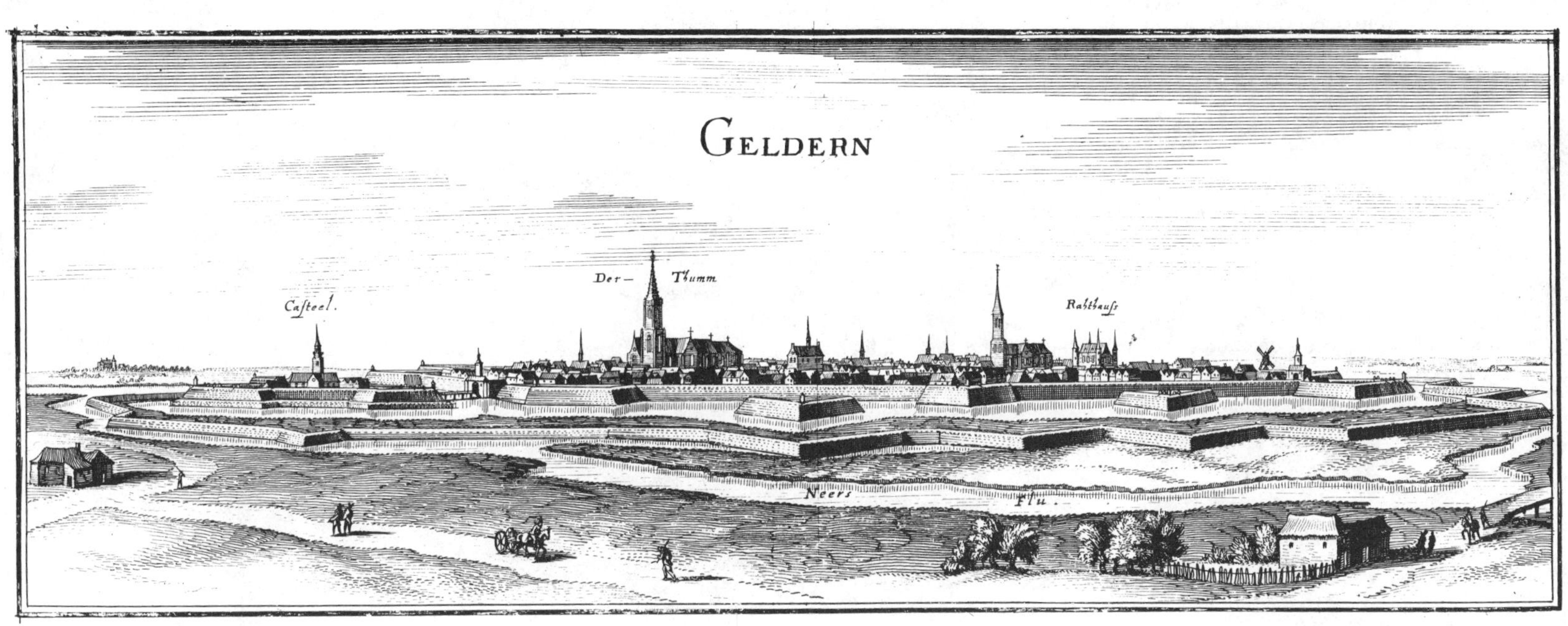
GELDERN
Casteel.
Der — Thumm
Rahthauss
Neers Flu.

41 Ansicht der Burgruine von 1671

Darstellung eines zerstörten Turmstumpfes auf einer bewachsenen Anhöhe, umgeben von einer Wasserfläche. Im Hintergrund kleines, wohl bäuerliches Anwesen. Links unten der Bildtitel:

Het vervallen Casteel van Gelderen den 9/10 Ao 1671.

Rückseite frei.

Tuschezeichnung auf Papier, ohne Signatur.

Ca. 15,5 × 20,5 cm.

Archiv des Kreises Kleve in Geldern – Depositum Historischer Verein für Geldern und Umgegend.

Die Zeichnung, über deren Schöpfer bisher nichts ermittelt werden konnte, muß unmittelbar vor dem Verschwinden dieses letzten Restes der Gelderner Burg entstanden sein. Der annähernd zeitgleich entstandene zweite Blaeu-Plan (Nr. 22), der auch außerhalb der Festung noch Einzelbauten enthält, zeigt an dieser Stelle keinerlei Bebauung mehr.

42

GELDERN

Prospekt aus Südwesten. Rückseite leer.

Kupferstich, ohne Signatur.

6 × 11 cm.

Sammlung Linssen.

Enthalten in:

Ausführliche und grundrichtige Beschreibung der Freyvereinigten Staaten und Spanischen Niederlande. Frankfurt und Leipzig, bey Christoph Riegel, 1691.

Der Stich ist eine grobe Kopie des Merianprospektes (Nr. 40).

GELDERN

43

GELDER Hoofdstad van Pruissisch Gelderland

Prospekt aus Südwesten mit Plattentitel in geschwungenem Schriftband. Ohne Benennung der Hauptgebäude. Oben rechts über dem Stich die Paginierung *Pag. 190.* Rückseite leer.

Kupferstich, ohne Signatur.

Ca. 16,5 × 34,5 cm.

Archiv des Kreises Kleve in Geldern – Karten und Pläne.

Enthalten in:

Hedendaagsche Historie, of Tegenwoordige Staat van alle volkeren. In opzigt hunner Lands-gelegenheid, Persoonen, Klederen, Gebouwen, Zeden, Wetten, Gewoontens, Godsdienst, Regeering, Konsten en Wetenschappen, Koophandel, Handwerken, Landbouw, Landziektens, Planten, Dieren, Mynstoffen en andere zaaken tot de Natuurlyke Historie dienende.

Xde Deel: Behelzende eene Beschryving van den Tegenwoordigen Staat der Oostenrykscher, Fransche en Pruissische Nederlanden. Met naauwkeurige Landkaarten en fraije Printverbeeldingen versierd. Te Amsterdam, by Isaac Tirion, 1738.

Isaac Tirion (ca. 1705–1765) war seit 1727 in Amsterdam als Buchhändler und Verleger tätig. Neben einigen populären Atlanten war die *Hedendaagsche Historie* sein Hauptwerk. In insgesamt 43 Teilen erschien diese bedeutendste Länderkunde des 18. Jahrhunderts in den Niederlanden 1729–1803, nach Tirions Tod fortgeführt von seiner Witwe und ab 1793 von dem Verleger Pieter de Hengst. Die ersten neun Bände sind eine Bearbeitung von Th. SALMONs *Modern History or Present State of all Nations* (London, 1725 ff.), die folgenden sind Originalarbeiten. Verfasser des zehnten wie auch einer Reihe weiterer Teile war Jan Wagenaar (1709–1773), ein gelernter Kaufmann aus Amsterdam, der als Autodidakt einer der bedeutendsten Volksgeschichtsschreiber der Niederlande wurde. Auch als Stecher kommt Tirion kaum in Frage. Der Geldernstich, eine exakte Kopie des Merianprospektes (Nr. 40), dürfte eine Werkstattarbeit sein.

Lit.: KOEMAN III, S. 126 ff. – TIELE S. 227 f. – NNBW Bd. 5, Sp. 1085–90.

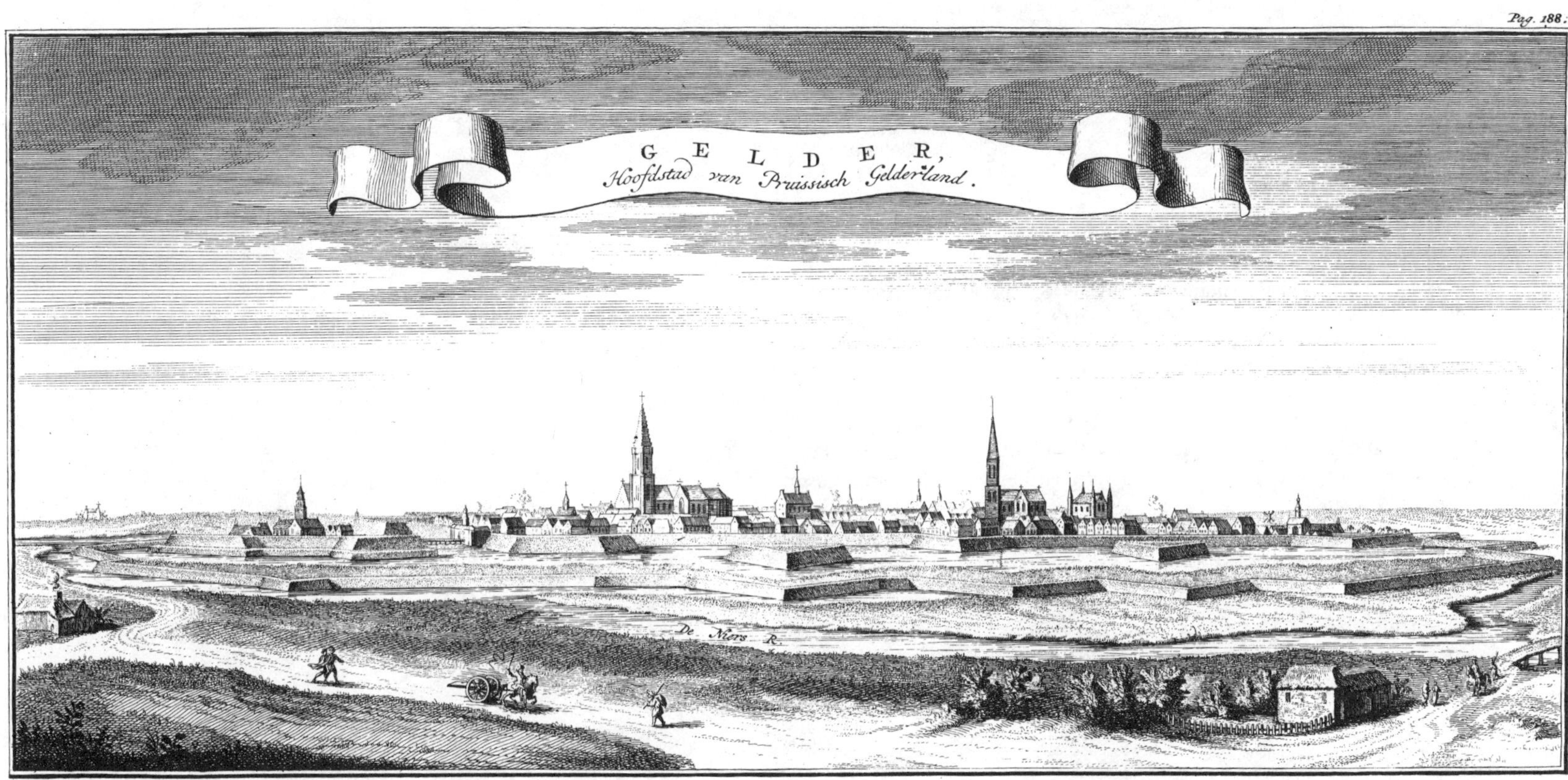
GELDER,
Hoofdstad van Pruissisch Gelderland.
De Niers R.

44

Stadt Geldern

Prospekt aus Südwesten. Oberer Teil eines Blattes, das im unteren Drittel vier Allegorien zeigt. Im Zentrum rundes Porträt mit der Umschrift: *JOHANN GEORGE II CHURFÜRST ZU SACHSEN STA. A. C. 1680.* Unter dem Stich Schriftleiste mit *Gallia am 21sten Jänner* und *Britania am 29sten Jänner.* Rückseite frei.

Kupferstich, ohne Signatur.

Ca. 16,5 × 26 cm.

In Gelderner Sammlungen konnte kein Exemplar nachgewiesen werden. Konsultiert wurde die graphische Sammlung des *Landschaftsmuseums des Niederrheins Burg-Linn – Stich 580 K 6.*

Das originale Vorkommen des Stiches konnte bisher nicht ermittelt werden.

Der Prospekt ist eine ziemlich grobe Kopie nach Merian (Nr. 40), dennoch ist das Blatt der wohl interessanteste Stich Gelderns überhaupt. Alle seine Hintergründe zu entschlüsseln wird es sicherlich einer gesonderten Untersuchung bedürfen.

Zweifellos bezieht sich die Darstellung auf den Tod des Kurfürsten Johann Georg II. von Sachsen (1613–1680), der vor allem durch seine wechselhafte und zum Teil bedenkliche Frankreichpolitik in die Geschichte einging. Der genaue Sinn der Allegorien konnte bisher nicht entschlüsselt werden, auch die angegebenen Bibelzitate helfen hier wenig weiter. Endlich ist auch etwas unverständlich, was dieses Ereignis mit der Stadt Geldern zu tun hat.

Gallia, am 21sten Jänner. | Brittania am 29sten Jänner.

45

Bloquade von Geldern Anno 1757

Prospekt aus Südwesten. Unter dem Stich Legende mit 4 Bezugsziffern. Recht oben über dem Stich Abbildungsnumerierung *No. 15*. Rückseite leer.

Kupferstich, ohne Signatur.

8,6 × 16 cm.

Archiv des Kreises Kleve in Geldern – Karten und Pläne.

Enthalten im ersten Band von:

Die Historie des Kriegs zwischen den Preussen und ihren Bundsgenossen, und den Oesterreichern und ihren Bundsgenossen, von dem Einfalle in Sachsen an biß zu dem 20. des Monaths Thebeth im 5518. Jahr nach Erschaffung der Welt. Wie solche beschrieben hat R. Simeon Ben Iochai auf redliche Weise. Im Jahr der Christen 1758.

Simeon Ben Iochai ist einer der zahlreichen jüdischen Namen, die der Nürnberger Rechtsanwalt Christoph Gottlieb Richter (1716–1774) als Pseudonym benutzte. Als früh verwaister Kaufmannssohn geriet er durch ein aufgezwungenes Theologiestudium aus der Bahn. Nach einem Studium der Rechtswissenschaften, Mathematik und Philosophie ließ er sich in Nürnberg als Anwalt nieder. Er konnte jedoch hier schlecht Fuß fassen, da ihm die Aufnahme in die Anwaltskammer verweigert wurde. Zum Lebensunterhalt schrieb er zahlreiche satirische, juristische und historische Abhandlungen. Nachdem er in mehrere Verleumdungs- und Betrugsverfahren verwickelt war, untersagte der Nürnberger Magistrat den Vertrieb seiner Werke. So griff er zum Mittel des Pseudonyms. Dennoch stand er als Rechtsgelehrter in hohem Ansehen.

Der Stich ist eine grobe Kopie des Merianprospektes (Nr. 40), hinzugefügt ist die Szenerie im Vordergrund.

Lit.: M. HOLZMANN und H. BOHATTA: Deutsches Pseudonymen-Lexikon. Wien–Leipzig, 1906. Reprint Hildesheim, 1970. S. 29. – JÖCHER 6. Erg.-Bd., Sp. 2062–2063.

No. 25.

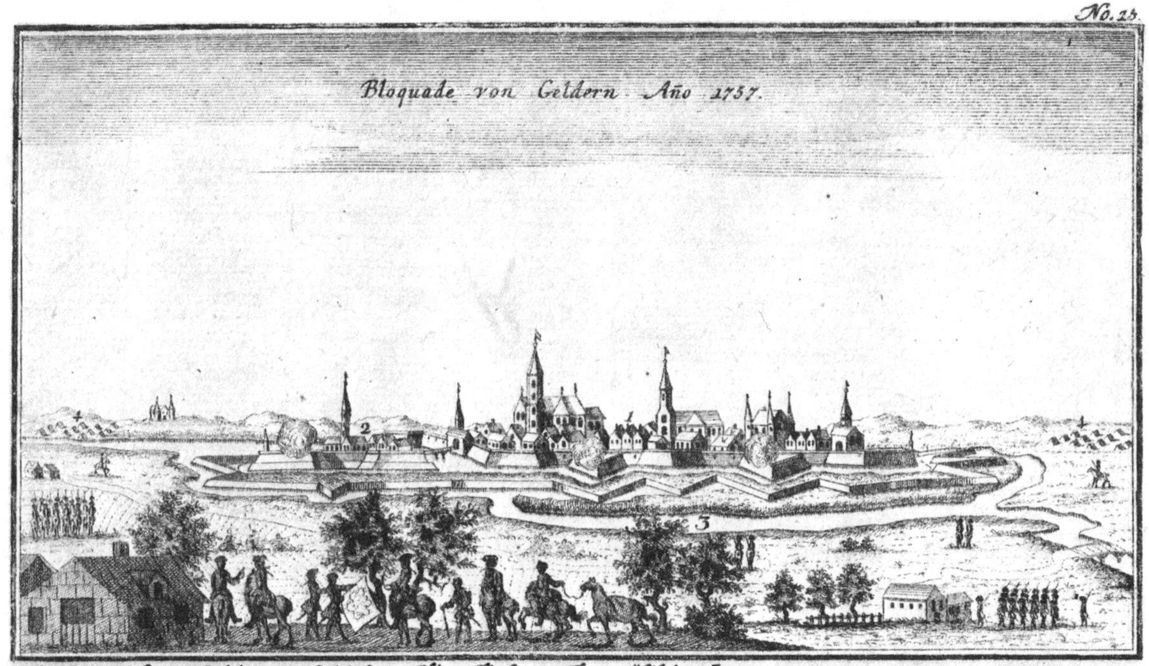

1. Stadt u. Vestung Geldern. 2. Schloß. 3. Niers Fluß. 4. Französisches Lager.

46

Ansicht aus Nordwesten mit Darstellung der Explosion des Pulverturmes am 18. Juli 1735. Unter dem Stich der zweiteilige Vers:

> *Der Pulverturm zerspringt, drum leidet Geldern Noth, und dessen harter Schlag schlägt viele Menschen tot.*

Der Stich stellt die untere Hälfte eines Blattes dar, das oben die Beschießung der Festung Orbitello enthält. Rückseite ganzseitiger Text.

Kupferstich, Signatur: *Elias Baeck a.H.S.W.H.K.fec.*

Format der Gelderndarstellung mit Schriftleiste: 7,7 × 9,6 cm.

Sammlung der Stadt Geldern.

Enthalten in:

> Wahrhaffte und Kurtz verfaßte Merckwürdigkeiten alles dessen, was sich von Anfang des 1735, Jahrs zugetragen, und durch Glaubwürdige Confirmation bestättiget. In Kupfer gebracht und mit beygefügter Teutsch und Französischer Erläuterung, womit ordentlich von 2. Monath zu 2. Monath soll continuiert werden. Verlegt und zu finden in Augsburg bey Elias Bäck a. H. Saxo Vinariensis Principis Chalcographe.

Diese Relation über das Jahr 1735 enthält 29 Seiten Kupferstiche mit den zugehörigen zweisprachigen Erläuterungen. Bemerkenswert ist, daß auch die Textseiten gestochen sind, was die eigenartigen Typen der Schriftleiste erklärt.

Der Maler und Kupferstecher Elias Baeck (1679–1747) studierte in Rom, wo er den Beinamen Heldenmuth erhielt. So signierte er meist *Baeck a.H.* (=alias Heldenmuth). Nach Aufenthalten in Venedig und Laibach war er bis zu seinem Tode in Augsburg als Stecher und Verleger ansässig.

Lit.: THIEME-BECKER Bd. 2, S. 337. – Zur Geschichte HENRICHS S. 165. – NETTESHEIM S. 270.

Der Pulver Thurn zerspringt drum leidet Geldern Noth,
und dessen harter Schlag schlägt viele Menschen todt

47

Prospekt aus Nordwesten im Hintergrund. Im Vordergrund Kriegsszenerie mit zerstörter Brücke. Rückseite niederländischer Text.

Kupferstich, ohne Signatur.

5,9 × 10,4 cm.

In Gelderner Sammlungen ist kein Exemplar nachgewiesen. Konsultiert wurde die Sammlung *Atlas van Stolk (Historisch Museum Rotterdam) – Van Stolk Nr. 18 (366).*

Enthalten im 44. Teil von:

Staatkundige historie van Holland, behelzende eene staatkundige bespiegeling van de voornaamste gevallen der Nederlandsche geschiedenissen Amsterdam, B. Mourik, 1756–1782.

Dieses Werk, das nicht weniger als 84 Teile enthält, ähnelt in seiner Anlage und Zielsetzung der *Hedendaagsche Historie* des Isaac Tirion (vgl. Nr. 43).

Der Stich beschreibt den Einsturz einer Kriegsbrücke über den Sumpf unter der Last einer Kanone. Dies geschah am 25. August 1638 während einer versuchten Belagerung durch Truppen der Generalstaaten unter Graf Heinrich Kasimir von Nassau.

Lit.: Zum historischen Hintergrund NETTESHEIM S. 214 f.

KAPITEL VII

Darstellungen von Belagerungen des 17. und 18. Jahrhunderts

Belagerungen und Eroberungen fester Plätze waren vom 16.–18. Jahrhundert stets ein beliebter Anlaß zur Herausgabe von Stichen, sowohl als Flugblätter als auch als Beilage für die zahllosen illustrierten Geschichts- und Geschichtenwerke jener Zeit. Fast alle ehemaligen Festungsstädte verdanken diesem Umstand einen nicht geringen Teil ihrer historischen Abbildungen.

Auch Geldern hatte im Laufe seiner Geschichte eine Anzahl von Belagerungen auszuhalten. 1371, 1467 und 1479 wurde die mittelalterliche Ringfeste in den verschiedenen Auseinandersetzungen um die geldrische Erbfolge erfolglos eingeschlossen. Erst 1587 hatte eine Belagerung Erfolg, wenn auch nur durch den Verrat des niederländischen Kommandanten Patton. Dieses Ereignis war der Anlaß für den unter Nr. 10 beschriebenen Hogenbergstich und seine Kopie. 1592 nutzten die Generalstaaten einen Aufruhr der spanischen Soldateska zu einem erfolglosen Rückgewinnungsversuch. Gleiches geschah 1605, als die Besatzung Gelderns zur Belagerung von Wachtendonk abgezogen war. Auch auf dieses Ereignis erschien ein Flugblatt (Nr. 48). Bereits beschrieben wurde die Darstellung des Brückeneinsturzes bei der erfolglosen Belagerung durch die Generalstaaten 1638 (Nr. 47).

Erst 1703 wurde die Festung Geldern erstmals durch Waffengewalt erobert. Nach neunmonatiger Einschließung erfolgte vom 7.–15. Oktober das Bombardement durch preußische Truppen, die auf der Seite Österreichs im Spanischen Erbfolgekrieg kämpften. Am 12. Dezember ging dann nach 160 Jahren die spanische Herrschaft über die Stadt zu Ende. Dieser Sieg Preußens war der Anlaß für den Hauptteil der Gelderner Belagerungsdarstellungen. Auch hier lassen sich alle Abbildungen auf zwei Vorlagen zurückführen.

Die preußische Herrschaft wurde für knapp 6 Jahre unterbrochen, als Geldern im Siebenjährigen Krieg am 10. August 1757 kampflos vor den französischen Truppen kapitulierte, da die Verteidigungsmittel nicht ausreichten. Erst nach dem Frieden von Hubertusburg am 12. März 1763 wurde Geldern an Preußen zurückgegeben. Vor allem diese Erfahrung der Wehrunfähigkeit war es, die Preußen veranlaßte, die Festung zu schleifen und das fortifikatorische Schwergewicht am Niederrhein fortan allein auf Wesel zu konzentrieren.

Lit.: NETTESHEIM S. 176 ff., S. 236 ff., S. 275 ff. – EBE-JAHN S. 103 ff.

48

GELDER – GELRIA

Darstellung des erfolglosen Versuchs der Generalstaaten vom 22. Oktober 1605, Geldern zurückzugewinnen. Die Stadt ist aus der halben Vogelperspektive gezeigt, nach Lage der Pfarrkirche in einer Nordansicht. Insgesamt ist die Topographie jedoch fast ohne jede Wirklichkeitsnähe. Unter dem Stich zweizeilige Schriftleiste in Französisch mit Beschreibung des Ereignisses:

L'an 1605. le 22. octobre, les Rebelles de leurs Altezes. pensoyent prendre la ville de Gueldre.

Rückseite frei.

Kupferstich, ohne Signatur.

Format der Platte mit Schriftleiste: ca. 9,3 × 12 cm.

Archiv des Kreises Kleve in Geldern – Depositum Historischer Verein für Geldern und Umgegend, Akten 9 Nr. 11.

Der Stich findet sich auf einem Flugblatt mit französischem und niederländischem Text:

Oprechte ende waerachtighe Af-beeldinghe van de stadt Ghelder . . .

Vray pourtrait & discours de la Ville de Gueldre . . .

Es trägt den Druckvermerk:

A Anvers, Chez Abraham Verhoeuen, sur la Iombarde veste, au Soleil d'Or.

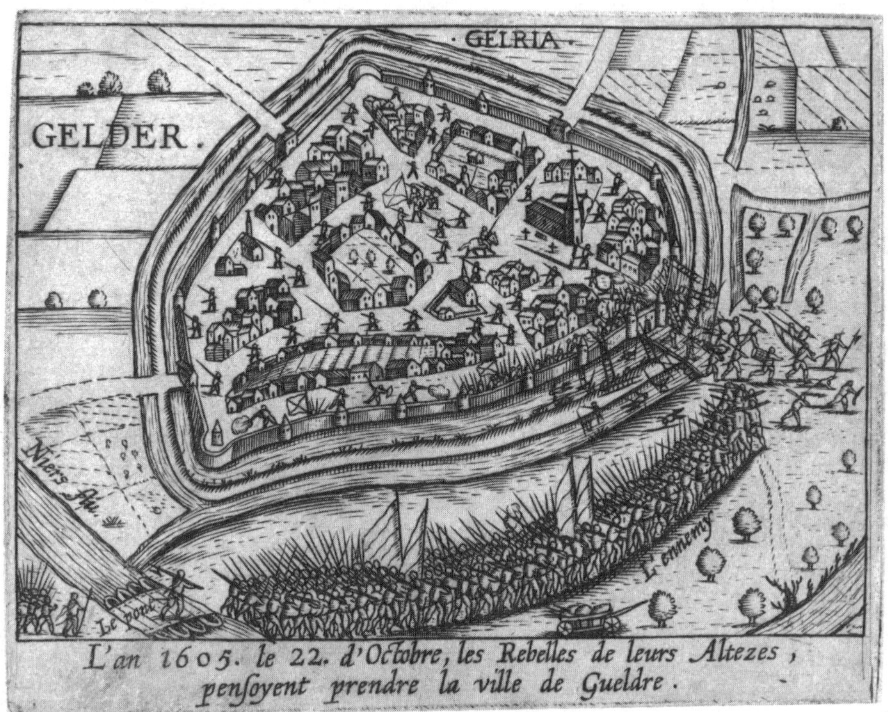

L'an 1605. le 22. d'Octobre, les Rebelles de leurs Altezes, pensoyent prendre la ville de Gueldre.

49

GELDER soo als het tegens-woordig in syn werken legt . . .

Karte der Belagerung 1703 mit Einzeichnung der preußischen Stellungen. Westen oben. Kartentitel in zwei drapierten Kartuschen:

> *GELDER soo als het tegens-woordig in sin werken legt, en ingesloten is met de Attaques door de Troopen von syn KONINGL. MAJEST. van PRUISSEN, gecommandert door syn Hoog-Graafl. Exell. de Heer generael-Lieut. LOTTHUM. Ao. 1703. 20 April.*
>
> *De Bombardering is uytgevoerd op den 7. Octob. volgens Ordre van Hooggem. Heer Generaal door den Heer SCHLUNDT Overste der Artillerie, de Trencheen Angeleyd synde door den Heer BOODT Opper Ingenieur en Capitein der Garde van syn KONINGL. MAJESTEIT van PRUYSSEN.*

Rechts unten in quaderartiger Kartusche Legende mit 10 Bezugsbuchstaben und 5 Signaturen. Rückseite frei.

Kupferstich, Verlagsadresse: *Tot Wesel by D. van Bueghem, boeckverkoper in de Brugstraede aen de groote Marckt.*

Ca. 27 × 35 cm.

Maßstab: 7,6 cm = *¼ van een Duytsche Myl, inhoudende 500 Rhynlandtse Roeden* (ca. 1 : 35 000, jedoch stark verzerrt).

Ein separates Exemplar dieses Blattes ist nicht bekannt. Es liegt nur zusammengeklebt mit zwei anderen Drucken vor.

Über der beschriebenen Belagerungskarte zwei Stadtprospekte Gelderns aus Südwesten (*Attaque de Hartenfeld* mit 22teiliger Legende) und Nordwesten (*Attaque de Verth* mit 24teiliger Legende).

Unter der Belagerungskarte umfangreiche Legende mit insgesamt 30 Bezugsbuchstaben, unterteilt in drei Abschnitte: *Bastions et Portes, Approches et Batteries du Côté de Verth* und *Approches et Batteries au Côté de Hartenfeldt.*

Kupferstich, keine weiteren Signaturen oder Verlagsadressen.

Gesamtformat ca. 44 × 35 cm.

Keine weiteren Maßstabsangaben.

In Gelderner Sammlungen ist kein Exemplar nachgewiesen. Konsultiert wurde das *Rijksprentenkabinet Amsterdam – Signatur: FM (= Sammlung Frederick Muller) 3307.*

Der vorliegende Stich ist – soweit bekannt – ausschließlich als Flugblatt bald nach der Eroberung 1703 in Loseblattform erschienen. Somit handelt es sich hier um das zeitgenössische Original und damit um die Vorlage für die zahlreichen im folgenden beschriebenen Kopien.

Über den Stecher ist nichts bekannt, hingegen sind über den Zeichner einige recht wahrscheinliche Spekulationen möglich. Die Ansicht von der Hartefelder Seite erinnert sehr stark an den Prospekt auf dem Gemälde (Nr. 56) und dem Stich (Nr. 58) Huchtenburgs. Auf letzterem gibt die Signatur an, daß nach einer Zeichnung von Jan de Bodt gearbeitet wurde, den der oben zitierte Kartuschentext als Leiter der Einschließung Gelderns nennt.

Jan de Bodt (1670–1745) war gebürtiger Franzose. Er mußte als Protestant nach dem Widerruf des Ediktes von Nantes 1685 seine Heimat verlassen und trat als Architekt und Militäringenieur in den Dienst Wilhelm III. von Oranien. Seit 1698 stand er in preußischem Dienst, er wurde Kommandeur der Berliner Gardekompanie und Aufseher aller preußischen Militär- und Schloßbauten. 1713 wurde er als Generalmajor Festungskommandant von Wesel, wo heute noch das Berliner Tor an seine Tätigkeit auch als Architekt erinnert. Ab 1728 stand er im Dienst des Kurfürsten August des Starken von Sachsen.

Es kann mit einiger Sicherheit angenommen werden, daß sowohl der Belagerungsplan als auch die beiden Stadtveduten auf Vorlagen Jan de Bodts zurückgehen. Leider ist es bisher nicht gelungen, diese Zeichnungen – sofern sie überhaupt noch vorhanden sind – ausfindig zu machen. In den nachgelassenen Papieren de Bodts, die heute im Besitz der Sächsischen Staatsbibliothek in Dresden sind, befindet sich allerdings ein 18 Blatt umfassendes Manuskript de Bodts *Sur la Fortification de Gueldres.* Es entstand 1706 in Wesel und enthält einige Vorschläge zur waffentechnischen Überholung der Gelderner Festungsanlagen.

Lit.: THIEME-BECKER Bd. 4, S. 171–172.

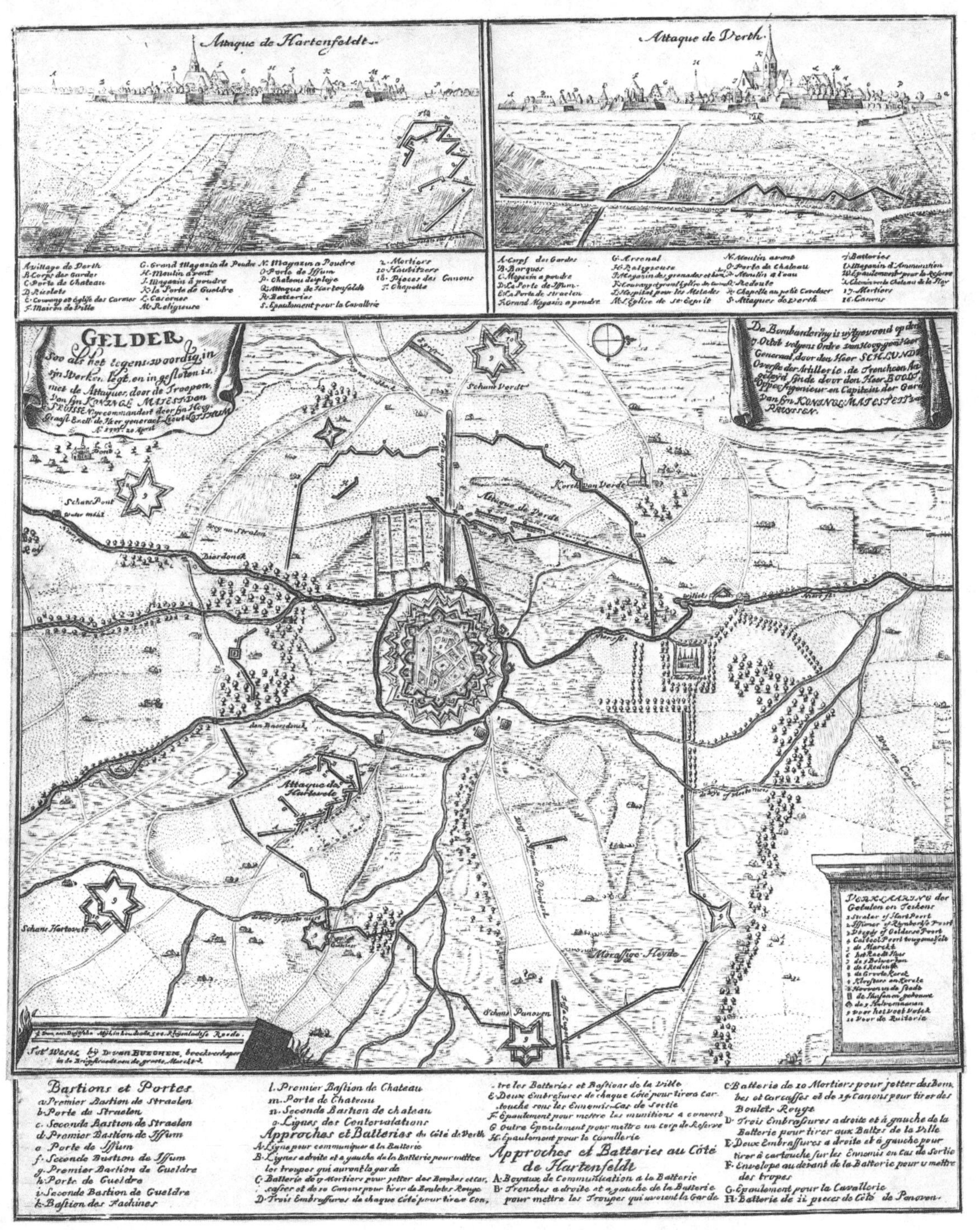
Attaque de Hartenfeldt
Attaque de Verth
GELDER
Soo als het tegenswoordig in syn Werken legt, en in gesloten is met de Attaquer, door de Troupen
De Bombardering is uytgevoerd
Schans Verdt
Attaque de Verdt
Attaque de Hartevelt
Schans Hartevelt
Schans Pont
Schans Panoven
Merassige Heyde
Tot Wesel by D. van Buecheen, boeckverkoper in de Brügstraede aen de groote Merckt
Bastions et Portes
a. Premier Bastion de Straelen
b. Porte de Straelen
c. Seconde Bastion de Straelen
d. Premier Bastion de Issum
e. Porte de Issum
f. Seconde Bastion de Issum
g. Premier Bastion de Gueldre
h. Porte de Gueldre
i. Seconde Bastion de Gueldre
k. Bastion des Fachines
l. Premier Bastion de Chateau
m. Porte de Chateau
n. Seconde Bastion de chateau
o. Lignes des Contorvalations
Approches et Batterias du Côté de Verth
A. Ligne pour communiquer a la Batterie
B. Lignes a droite et a gauche de la Batterie pour mettre les troupes qui auront la garde
C. Batterie de 9 Mortiers pour jetter des Bombes et carcasses et de 10 Canons pour tirer de Boulets Rouge
D. Trois Embrassures de chaque Côté pour tirer contre les Batteries et Bastions de la Ville
E. Deux Embrasures de chaque Côté pour tirer a cartouche sous les Ennemis Cas de Sortie
F. Epaulement pour mettre les munitions a convert
G. Outre Epaulement pour mettre un corp de Reserve
H. Epaulement pour la Cavallerie
Approches et Batteries au Côté de Hartenfeldt
A. Boyaux de Communication a la Batterie
B. Trenches a droite et a gauche de la Batterie pour mettre les Troupes qui auront la Garde
C. Batterie de 10 Mortiers pour jetter des Bombes et Carcasses et de 24 Canons pour tirer des Boulets Rouge
D. Trois Embrassures a droite et á gauche de la Batterie pour tirer aux Baltes de la Ville
E. Deux Embrassures a droite et á gauche pour tirer á cartouche sur les Ennemis en cas de Sortie
F. Envelope au devant de la Batterie pour y mettre des tropes
G. Epaulement pour la Cavallerie
H. Batterie de 12 pieces de Côté de Panoven

50

Gelder wie es vor und nach der Bombardirung von seiten Verth und Hartenfeldt sich präsentiret.

Je zwei Prospekte aus Richtung Veert und Hartefeld, jeweils vor und nach der Beschießung. Darüber Legende mit 21 Bezugsbuchstaben bezogen auf alle vier Darstellungen. Am rechten Rand Beschreibung der Belagerungen Gelderns, insbesondere über die Beschießung 1703. Rückseite leer.

Tuschezeichnung auf Papier, Adressenkopie: *In Wesel bey D. van Bueghem in der Brugstrasse.*

Format innerhalb der Begrenzungslinien: 24 × 29,5 cm.

Archiv des Kreises Kleve in Geldern – Depositum Historischer Verein für Geldern und Umgegend.

Der Text am Rand zeigt eindeutig die Handschrift von Friedrich Nettesheim. Als Zeichner kann der Geometer Michael Buyx aus Nieukerk angenommen werden, ebenfalls ein Mitbegründer des Historischen Vereins. Als Vorlage für diese Kopie kann das vorgenannte Flugblatt (Nr. 49) vermutet werden, jedoch sind die Bezüge etwas rätselhaft. Es bieten sich zwei Lösungsmöglichkeiten.

Im ersten Falle wären die beiden Prospekte von Nr. 49 vom Kopisten in freier Phantasie um eine Fassung, die den zerstörten Zustand zeigt, ergänzt worden. Dem steht jedoch entgegen, daß sich sämtliche alten Kopien im Depositum Historischer Verein des Kreisarchivs ziemlich zuverlässig an die Vorlagen halten. So wäre alternativ an einen heute verschollenen Druck zu denken, der um 1850 noch vorgelegen hat. Demnach ist das Amsterdamer Exemplar des Flugblattes unvollständig oder es gibt einen späteren Neudruck. Auch die Verlagadresse trägt wenig zur Klärung bei. Daniel van Bueghem war zwar erst seit 1716 in Wesel als Drucker tätig, jedoch folgte er seinem gleichnamigen Vater nach.

Lit.: P. J. MENNENÖH: Duisburg in der Geschichte des niederrheinischen Buchdrucks und Buchhandels bis zum Ende der alten Duisburger Universität (1818) (= Duisburger Forschungen, 13. Beiheft). Duisburg, 1970. Hier S. 84.

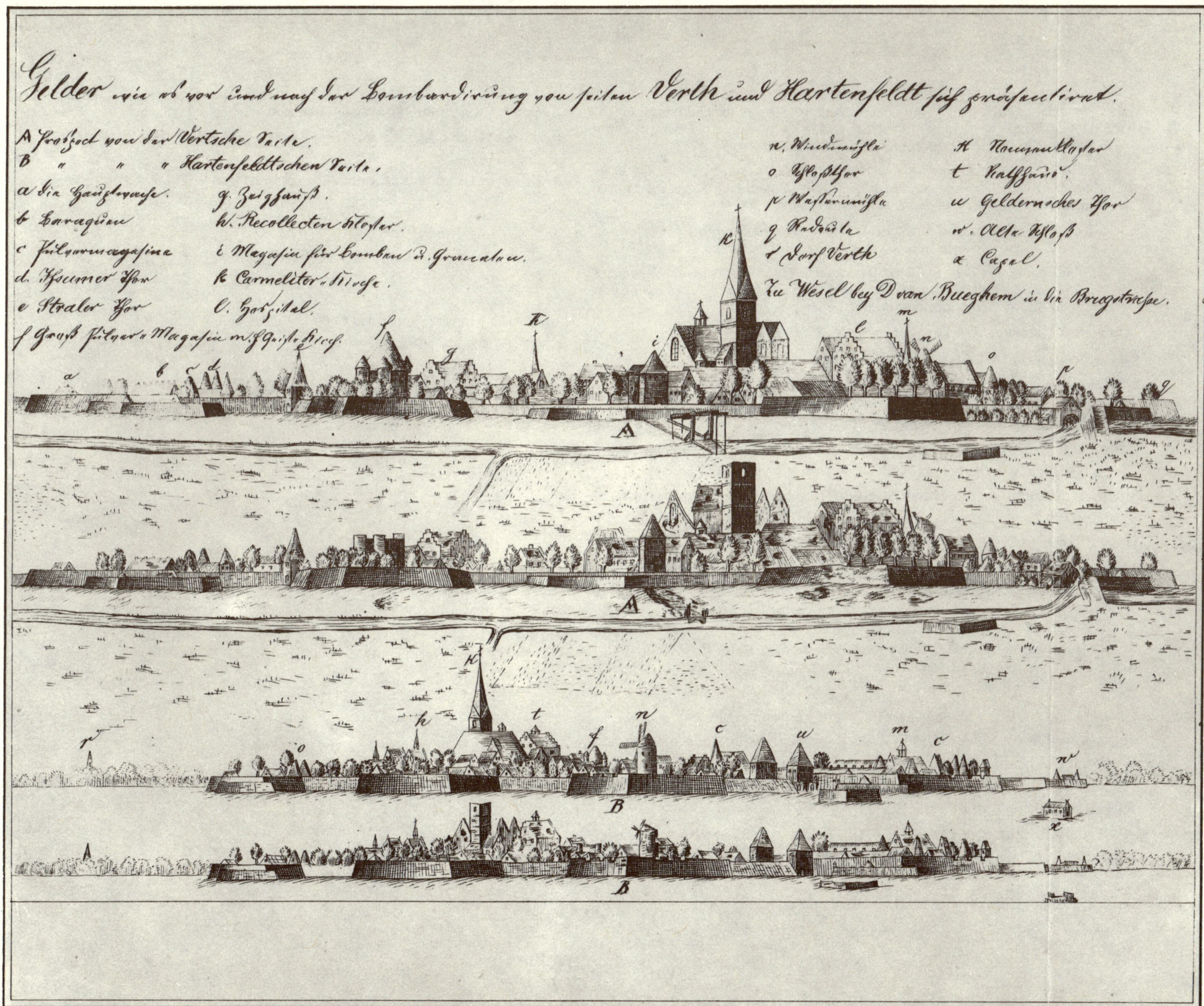
Gelder wie es vor und nach der Bombardirung von seiten Verth und Hartenfeldt sich praesentiret.
A Prospect von der Vertsche Seite.
B " " " Hartenfeldtschen Seite.
a Die Hauptwache.
b Baraquen
c Pulvermagasine
d. Issumer Thor
e Straler Thor
f Gross Pulver-Magasin m. h. Geist-Kirch.
g. Zeughauss.
h. Recollecten Kloster.
i Magasin für Bomben u. Granaten.
k Carmeliter-Kirche.
l. Hospital.
n. Windmühle
o Schlossthor
p Wassermühle
q Redoute
r Dorf Verth
s Nonnenkloster
t Rathaus.
u Geldernsches Thor
w. Alte Schloss
x Casel.
Zu Wesel bey D. van Bueghem in die Brugstrasse.

51

Karte der Belagerung 1703 mit Einzeichnung der preußischen Stellungen. Westen oben. Rückseite leer. Unter dem Stich in zwei Spalten die Beschreibung des Ereignisses in Niederländisch und Lateinisch:

GELDER ind Gelderland, aan de riviertjes Niers (dat ontrent Gennep in de Maas loopt) en Wye, heeft sederd 1587 niets geleeden, maar word nu door de Geallieerde met vuur aangetast, van den 20. Apr. 1703.

GELDRIA, Geldriae ad Niersam & Wyam rivubos, ab anno 1587 quiaeta, hodie a Borussorum regis copiis ignivomis vexatur globis, ab 20. Apr. 1703.

(Frei übersetzt: Geldern in Gelderland an den Flüßchen Niers und Wye hatte seit 1587 Ruhe, wurde aber nun seit dem 20.April 1703 von dem König von Preußen und seinen Verbündeten mit Feuer belegt).

Kupferstich, Signatur: *Pet. Schenk exc. Amst. C. P.*

Ca. 14,5 × 19 cm (mit Text ca. 16,5 × 19 cm).

Ohne Maßstabsangabe (ca. 1 : 60 000, jedoch stark verzerrt).

Peter Schenk (1660–1718) wurde in Elberfeld geboren und ging nach Amsterdam zu dem Kartenstecher Gerhard Valck (gest. 1726) in die Lehre. Später wurde er als Valcks Schwager dessen Kompagnon in einem Unternehmen, das sich zu einem der bedeutendsten Kartenverlage des 18. Jahrhunderts entwickelte. Nachfolger wurden Peter Schenk II (vor 1698–1775) und Peter Schenk III (1728–nach 1784). Neben zahlreichen Atlanten gab der Verlag ein Werk mit Darstellungen von Belagerungen, Festungen und Kriegsgeräten heraus, das erstmals 1706 erschien:

Schouwburg van den Oorlog. Beginnende van Koning Karel II. tot op Koning Karel III., bestaande in IX Historische Figuren . . . als Veldslagen, Belegeringen . . . Gemaakt en uytgegeven door Petrus Schenk . . .

Geldern ist auf einer dieser Tafeln in einem Neunerblock rechts unten enthalten. Unter Peter Schenk I und seinen Nachfolgern erlebte das Werk eine Anzahl von Neuauflagen, die nicht alle eingesehen werden konnten. In der Platte blieb der Stich unverändert, es sind jedoch zwei Farbvarianten bekannt.
Als Quelle diente das Flugblatt Nr. 49, der Schenk-Stich selbst wiederum als Vorlage für die gleichformatigen Kopien Nr. 53, 55 und 65.

Lit.: KOEMAN III, S. 107. – MULLER Nr. 3031.

51 a

Druckfarbe Rostbraun. Sonst wie oben beschrieben.

Archiv des Kreises Kleve in Geldern – Karten und Pläne.

In dieser Farbe erschien eine Ausgabe im Jahre 1709.

51 b

Druckfarbe Schwarz. Sonst wie oben beschrieben.

Archiv des Kreises Kleve in Geldern – Karten und Pläne.

In Schwarz erschienen sämtliche Auflagen außer der von 1709.

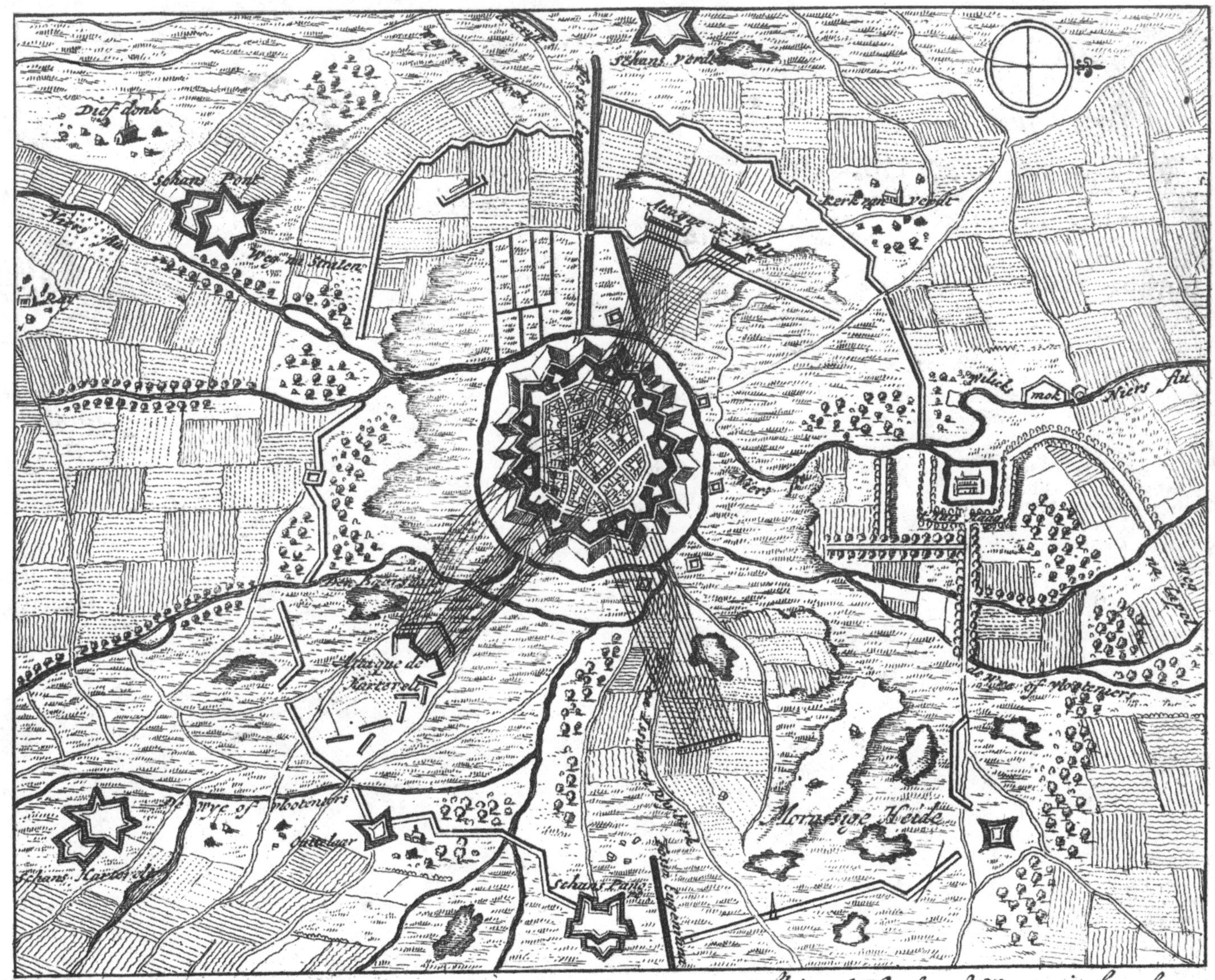

GELDER in Gelderland, aan de riviertjes Niers (dat ontrent Gennep in de Maas loopt) en Wye: heeft sederd 1587 niets geleeden; maar word nu door de Geallieerde met vuur aangetast, van den 20 . Apr. 1703.

GELDRIA, Geldriæ ad Niersam & Wyam, rivulos: ab anno 1587 quieta, hodie á Borussorum regis copiis ignivomis vexatur globis, ab 20 Apr. 1703.

Pet: Schenk exc: Amst: C: P

52

DIE STADT GELDERN . . .

Karte der Belagerung 1703 mit Einzeichnung der preußischen Stellungen. Westen oben. Rückseite leer. Unter dem Stich die Beschreibung:

> *Die Stadt Geldern. Mit allen ihren Wercken, wie sie angefallen und eingeschlossen worden von Ihro Maj. in Preussen unter dem H. Gen. Lieut. Lottum 1703 den 20. April; die Bombardirung hat im folgenden Octobr. H. Obrist Schlund fürgenommen.*

Kupferstich, ohne Signatur.

Ca. 28,5 × 36 cm.

Maßstabsangabe: 7,3 cm = *Scala von 500 Doppelt-Schritt* (ca. 1 : 35 000 jedoch stark verzerrt).

In Gelderner Sammlungen konnte kein Exemplar nachgewiesen werden. Konsultiert wurde die *Herzog-August-Bibliothek Wolfenbüttel.*

Enthalten im zweiten Band:

> Schau-Platz des Kriegs der Röm. Kaiserl. Majest. und derer Hohen Alliirten am Rhein, in Flandern und Braband, darinnen ausführlich erzehlet, mit gewissen documenten bestättiget und mit kunstmaessigen Rissen derer Belagerungen, Feldschlachten, Städte und Vestungen beleuchtet wird, was sich in diesen Gegenden von 1703. biß 1707 zugetragen, durch die Feder des bekandten Liebhabers der Warheit. Frankfurt und Leipzig, in Verlegung Christoph Riegel, 1707.

Der Stich ist eine exakte Kopie nach der Karte des Flugblattes (Nr. 49).

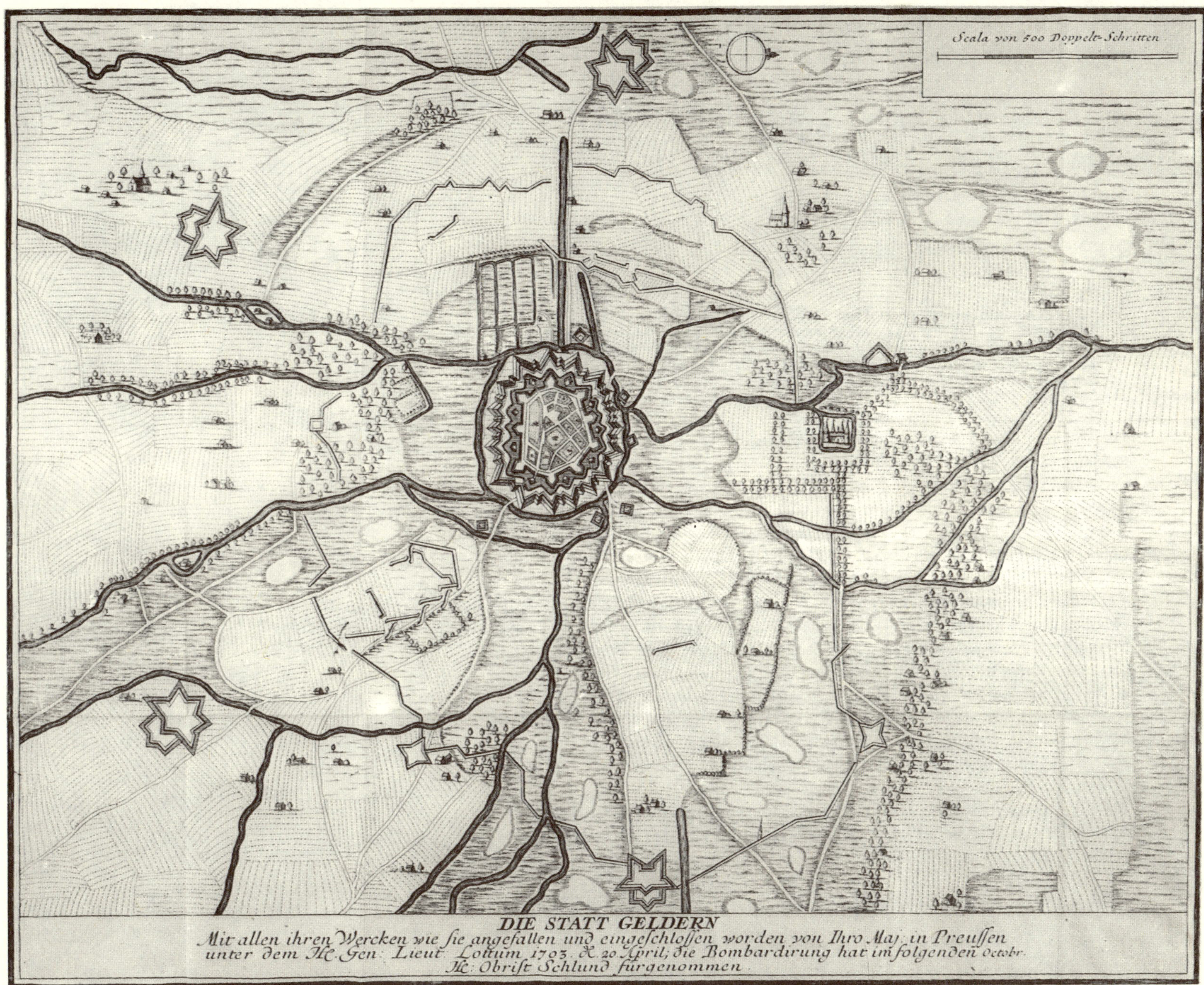

Scala von 500 Doppelt-Schritten
DIE STATT GELDERN
Mit allen ihren Wercken wie sie angefallen und eingeschlossen worden von Ihro Maj: in Preussen
unter dem Hr. Gen: Lieut: Lottum 1703. d. 20 April; die Bombardirung hat im folgenden Octobr.
Hr: Obrist Schlund furgenommen.

53

Karte der Belagerung 1703 mit Einzeichnung der preußischen Stellungen. Westen oben. Rückseite leer. Unter dem Stich die Beschreibung des Ereignisse:

> *GELDERN an den FLUS NIERS wird von denen PREUSSISCHEN TRUPPEN durch Bombardirung zur Übergabe gezwungen den 20. Aprilis 1703.*

Kupferstich, ohne Signatur.

Ca. 14,5 × 18,5 cm (mit Text ca. 16 × 18,5 cm).

Ohne Maßstabsangabe (ca. 1:6000; jedoch stark verzerrt).

Sammlung der Stadt Geldern.

Enthalten in:

> Theatri Europaei Sechszehender Theil. Oder außführlich fortgeführte Friedens- und Kriegs-Beschreibung und was mehr von denck- und merckwürdigsten Geschichten in Europa, vornemlich aber in Hoch- und Nieder-Teutschland . . . vom 1701ten Jahr biß Ausgangs 1703ten vorgegangen und sich begeben . . . verleget durch weyland Carl Gustav Merian seel. Erben. (Frankfurt, 1717)

Die Ursprünge des Theatrum Europaeum reichen zurück bis Matthäus Merian (vgl. Nr. 20) und dem bei Meisner-Kieser (vgl. Nr. 38) erwähnten Johann Ludwig Gottfried. Gottfried gab im Merianschen Verlag 1629–32 sechs Bände einer illustrierten historischen Chronik heraus. Nach seinem Tode wurden zwei weitere Bände durch den gescheiterten Lehrer Johann Philipp Abelin (1600–1634) hinzugefügt; der behandelte Zeitraum erstreckte sich bis 1617. 1633 erschien eine *Historischer Chroniken Continuatio* über die Jahre 1629–33. Um die zeitliche Lücke zwischen diesen gut verkauften Werken zu schließen, erhielt Abelin von Merian den Auftrag, auch eine Chronik über die Jahre 1617–29 zu schreiben. Diese erschien 1635 unter dem Titel *Theatrum Europaeum* im Verlag Merian und wurde zu einem Bestseller mit mehreren Auflagen. So lag es für Merian nahe, das Werk fest ins Verlagsprogramm einzubauen und kontinuierlich fortzusetzen. Ungeachtet aller personellen Veränderungen erschienen im Verlag Merian bis 1778 insgesamt 21 Folgen.

Das Blatt Geldern ist eine genaue Kopie des Schenk-Stiches (vgl. Nr. 51), als Stecher ist einer der Werkstattangehörigen des Verlages Merian anzunehmen.

Lit.: BACHMANN S. 34 ff. – ADB Bd. 1, S. 18 ff.

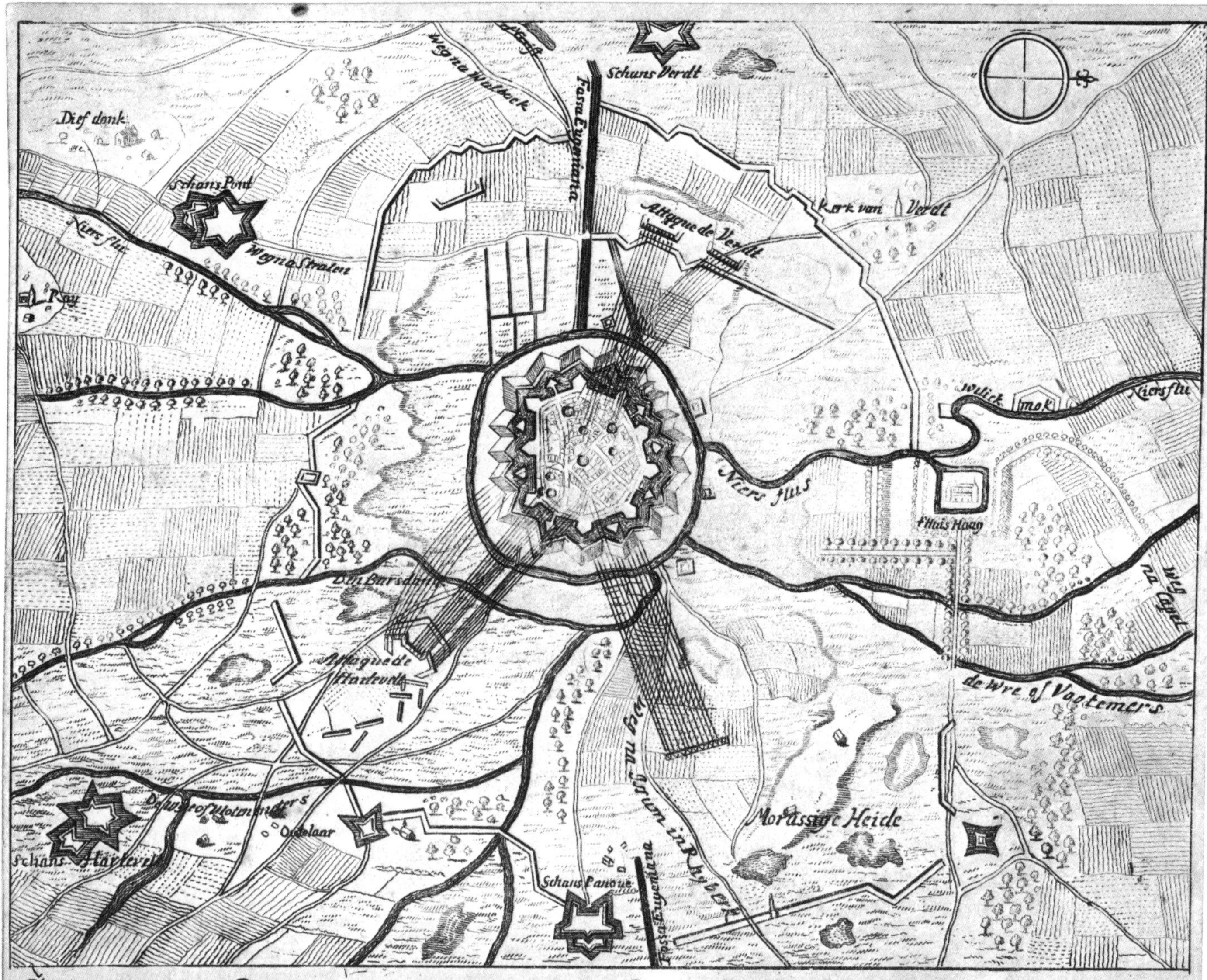

GELDERN an den **FLUS NIERS** wird von denen **PREUSSISCHEN TRUPPEN** durch Bombardirung zur Ubergabe gezwungen den 20 Aprilis 1703

54

GUELDRE Capitale de la Gueldre Prussienne...
GELDER so het tegenwoordig in zyn werken legt...

Karte der Belagerung 1703 mit Einzeichnung der preußischen Stellungen. Westen oben. Kartentitel zweisprachig in zwei drapierten Kartuschen:

> *GELDER so het tegenwoordig in zyn werken legt; en ingeslooten is: met de Attaques, door de Troupen van zyn Kon: Majest: van Pruyssen, gecommandeert door zyn hoog Graafl. Exell: de heer Gen: Lieut: Lotthum. Ao. 1703. 20 April.*
>
> *GUELDRE Capitale de la Gueldre Prussienne, Attaquées et Prise en 1703 par les Troupes du Roy de Prusse.*

Über der Karte zwei Stadtprospekte Gelderns aus Südwesten *(Attaque de Hartenfeld)* und Nordwesten *(Attaque de Verth)*. Unter der Karte sowie in ihrer rechten unteren Ecke umfangreiche zweisprachige Legende (Einteilung wie in Nr. 49). Rückseite leer.

Kupferstich, Signatur: *P. V. Call F.*

Format des ganzen Blattes ca. 35 × 42 cm.

Maßstab: 7,5 cm = *1/4 van een Duytse Myl in houdende 500 Rhynlandse Roeden = Echelle de 300 Verges du Rhinl.* (ca. 1:35000, jedoch stark verzerrt).

Archiv des Kreises Kleve in Geldern – Karten und Pläne.

Enthalten im zweiten Band von:

> Oorlogskundige Beschryving van de veldslagen en Belegeringen der drie doorluchtige en wijdvermaarde Krygsoversten hunne vorstelyke Hoogheden den Prins Eugenius van Savoye, den Prins en Hertog van Marlborough en den Prins van Oranje en Nassau – Vriesland... Meerendeels beschreeven door den Heer Du Mont, Baron de Carelskron, Historischryver van zyne Keyzerlyke Majesteyt Karel VI.
> 2 Bände. Den Haag, bei Isaac van der Kloot, 1729.

Ebenfalls enthalten im zweiten Band (1729) der französischen Ausgabe:

> Histoire militaire du prince Eugène de Savoye et duc de Marlborough et du prince de Nassau – Frise, ou l'on trouve un détail des principales actions de la dernière guerre et des batailles et sièges commandez par ces trois généraux...
> 3 Bände. Den Haag, bei Isaac van der Kloot, 1729 – 1747.

Jean Dumont (1726) war gebürtiger Franzose, er verließ jedoch schon früh seine Heimat nach einer gescheiterten Militärkarriere wegen seiner Opposition zu Ludwig XIV. Nach einigen Reisen lebte er in den Niederlanden als Parteigänger des Prinzen von Oranien und verdiente seinen Lebensunterhalt vorwiegend mit dem Schreiben historischer Werke, von denen das vorliegende das bekannteste ist; es erschien in einer ersten Auflage 1720 in Amsterdam unter dem Titel *Batailles gagnées par le Prince Eugène de Savoye...* Kaiser Karl VI. ernannte ihn zum Hofhistoriographen, verbunden damit war die Verleihung des Titels eines Barons von Carlscroon.

Die genannte erste Fassung wurde zum vorliegenden Werk erweitert von Jean Rousset de Missy (1686–1762). Er mußte Frankreich als Protestant nach dem Widerruf des Ediktes von Nantes verlassen und lebte in den Niederlanden als Verfasser historischer Werke, später wurde er Historiograph des Prinzen von Oranien.

Pieter van Call (1688–1737) war Sproß einer Stecherfamilie aus Den Haag. Seine Spezialität waren Architektur-, Park- und Festungsdarstellungen. Er war viel für Friedrich I. von Preußen tätig, der ihm den Titel eines königlichen Architekten verlieh. Die vorliegende Darstellung allerdings zeigt ihn als wenig selbständigen Arbeiter. Das Blatt ist eine exakte Kopie des Flugblattes von 1703 (Nr. 49).

Die Legende lautet in deutscher Übersetzung:

Bastionen und Tore:
a Erste Straelener Bastion
b Straelener Tor
c Zweite Straelener Bastion
d Erste Issumer Bastion
e Issumer Tor
f Zweite Issumer Bastion
g Erste Gelderner Bastion
h Gelder-Tor
i Zweite Gelderner Bastion
k Faschinenbastion
l Erste Schloßbastion
m Schloßtor
n Zweite Schloßbastion
o Linie der Umwallungen

Schanzen und Batterien auf der Seite von Veert
A Verbindungsgang zur Batterie
B Gang rechts und links der Batterie für die wachhabenden Truppen.
C Batterie von 17 Mörsern für Bomben und Karkassen, 10 Kanonen für glühende Kugeln.

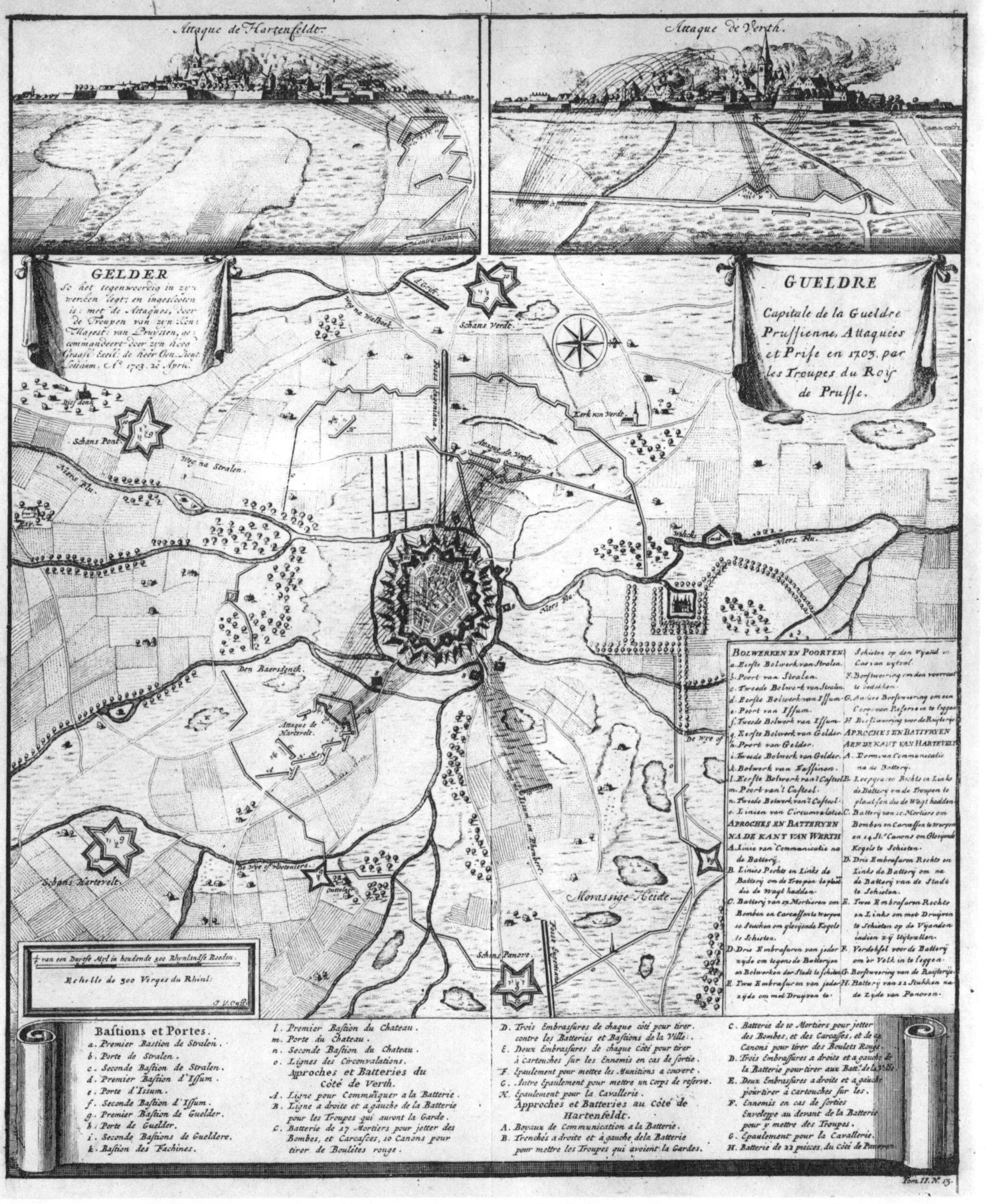

Attaque de Hartenfeldt
Attaque de Verth
GELDER
So het tegenwoordig in zyn werken legt; en ingesloten is: met de Attaques, door de Troupen van zyn Kon: Majest: van Pruyssen, ge: commandeert door zyn Hoog Graafl: Excel: de heer Gen. Lieut. Lottum. Aº. 1703. 26 April.
GUELDRE
Capitale de la Gueldre Prussienne, Attaquées et Prise en 1703, par les Troupes du Roy de Prusse.
Schans Verdt
Weg na Walbeck
Schans Pont
Weg na Stralen
Kerk van Verdt
Attaque de Verdt
Niers Flu.
Den Baersdonck
Attaque de Hartevelt
Schans Hartevelt
Schans Panore
Morassige Heide
BOLWERKEN EN POORTEN
a. Eerste Bolwerk van Stralen.
b. Poort van Stralen.
c. Tweede Bolwerk van Stralen.
d. Eerste Bolwerk van Issum.
e. Poort van Issum.
f. Tweede Bolwerk van Issum.
g. Eerste Bolwerk van Gelder.
h. Poort van Gelder.
i. Tweede Bolwerk van Gelder.
k. Bolwerk van Fassinen.
l. Eerste Bolwerk van't Casteel.
m. Poort van't Casteel.
n. Tweede Bolwerk van't Casteel.
o. Linien van Circumvalatie.
APROCHES EN BATTERYEN NA DE KANT VAN WERTH
A. Linie van Communicatie na de Battery.
B. Linies Rechts en Links de Battery om de Troepen te plaat. die de Wagt hadden.
C. Battery van 27 Mortieren om Bomben en Carcassen te werpen 10 Stucken om gloeyende Kogels te Schieten.
D. Drie Embrasuren van jeder zyde om tegens de Batteryen en Bolwerken der Stadt te schiten.
E. Twee Embrasuren van jeder zyde om met Druyven te Schieten op den Vyand in Cas van uytval.
F. Borstwering om den voorraat te bedekken.
G. Andere Borstwering om een Corps van Reserve in te leggen.
H. Borstwering voor de Ruyterye.
APROCHES EN BATTERYEN AEN DE KANT VAN HARTEVELT
A. Dorm van Communicatie na de Battery.
B. Loopgraven Rechts en Links de Battery om de Troupen te plaatsen die de Wagt hadden.
C. Battery van 10 Mortiers om Bomben en Carcassen te werpen en 14 St. Canons om Gloeyende Kogels te Schieten.
D. Drie Embrasuren Rechts en Links de Battery om na de Battery van de Stadt te Schieten.
E. Twee Embrasuren Rechts en Links om met Druyven te Schieten op de Vyanden indien zy Uytvallen.
F. Verdekfel voor de Battery om 'er Volk in te leggen.
G. Borstwering van de Ruijterije.
H. Battery van 22 Stukken na de Zyde van Panoren.
½ van een Duytse Myl in houdende 300 Rhynlandse Roeden.
Echelle de 300 Verges du Rhin.
J. V. Call
Bastions et Portes.
a. Premier Bastion de Stralen.
b. Porte de Stralen.
c. Seconde Bastion de Stralen.
d. Premier Bastion d'Issum.
e. Porte d'Issum.
f. Seconde Bastion d'Issum.
g. Premier Bastion de Guelder.
h. Porte de Guelder.
i. Seconde Bastions de Gueldere.
k. Bastion des Fachines.
l. Premier Bastion du Chateau.
m. Porte du Chateau.
n. Seconde Bastion du Chateau.
o. Lignes des Circonvalations.
Approches et Batteries du Côté de Verth.
A. Ligne pour Commüniquer a la Batterie.
B. Ligne a droite et a gauche de la Batterie pour les Troupes qui auront la Garde.
C. Batterie de 27 Mortiers pour jetter des Bombes, et Carcasces, 10 Canons pour tirer de Boulètes rouge.
D. Trois Embrasures de chaque côté pour tirer contre les Batteries et Bastions de la Ville.
E. Deux Embrasures de chaque Côté pour tirer à Cartouches sur les Ennemis en cas de sortie.
F. Epaulement pour mettre les Munitions a couvert.
G. Autre Epaulement pour mettre un Corps de reserve.
K. Epaulement pour la Cavallerie.
Approches et Batteries au Côté de Hartenfeldt.
A. Boyaux de Communication a la Batterie.
B. Trenchés a droite et à gauche dela Batterie pour mettre les Troupes qui avoient la Gardes.
C. Batterie de 10 Mortiers pour jetter des Bombes, et des Carcasses, et de 14 Canons pour tirer des Boulets Rouge.
D. Trois Embrassures a droite et a gauche de la Batterie pour tirer aux Batt.s de la Ville.
E. Deux Embrasures a droite et a gauche pour tirer à cartouches sur les.
F. Ennemis en cas de sorties Enveloppe au devant de la Batterie pour y mettre des Troupes.
G. Epaulement pour la Cavallerie.
H. Batterie de 22 piesces, du côté de Panoren.
Tom. II. N. 13.

D Drei Schießscharten auf jeder Seite, um auf die Batterien und Bastionen der Stadt zu schießen.
E Zwei Schießscharten auf jeder Seite, um bei einem Ausfall den Feind mit Patronen zu beschießen.
F Schulterwehr für ein geschütztes Munitionslager
G Andere Schulterwehr für eine Reserveeinheit
H Schulterwehr für die Kavallerie

Schanzen und Batterien auf der Seite von Hartefeld
A Verbindungsgraben zur Batterie
B Gräben rechts und links der Batterie für die wachhabenden Truppen.
C Batterie von 10 Mörsern für Bomben und Karkassen und 14 Kanonen für glühende Kugeln
D Drei Schießscharten auf der rechten und linken Seite der Batterie, um auf die Batterien der Stadt zu schießen.
E Zwei Schießscharten rechts und links, um bei einem Ausfall den Feind mit Patronen zu beschießen
F Deckung vor der Batterie, um hier Truppen zu postieren
G Schulterwehr für die Kavallerie
H Batterie von 22 Rohren auf der Seite von Pannoven.

Lit.: THIEME-BECKER Bd. 5, S. 400 (Call). – NBG Bd. 15, Sp. 198 (Dumont). – NBG Bd. 42, Sp. 779 (Rousset)

55

Afbeelding van de Stad GELDER nevens derzelver Blokkeeringe en Bombardeeringe in den jare 1703.

Karte der Belagerung 1703 mit Einzeichnung der preußischen Stellungen. Westen oben. Rückseite leer.

Kupferstich, ohne Signatur.

Ca. 14,5 × 18 cm.

Ohne Maßstabsangabe (ca. 1:6000, jedoch stark verzerrt).

Archiv des Kreises Kleve in Geldern – Bibliothek.

Enthalten in:
Abraham de Vryer: Histori van Joan Churchill, Hertog van Marlborough en prins van Mindelheim. Amsterdam, by Jakobus Loveringh en Jan den Jongen, 1738.

Das Blatt ist eine exakte Kopie des Schenk-Stiches (Nr. 51), über den Stecher wie auch über den Verfasser des Buches ist nichts bekannt.
John Churchill (1650–1722) stammte aus kleinen Verhältnissen und diente sich zu einem der bedeutendsten europäischen Heerführer seiner Zeit hoch. Im Spanischen Erbfolgekrieg befehligte er die vereinigten Armeen Englands, der Niederlande und Österreichs gegen Frankreich. Bereits 1689 in den Grafenstand erhoben, erhielt er vom englischen König 1702 die Herzogswürde.

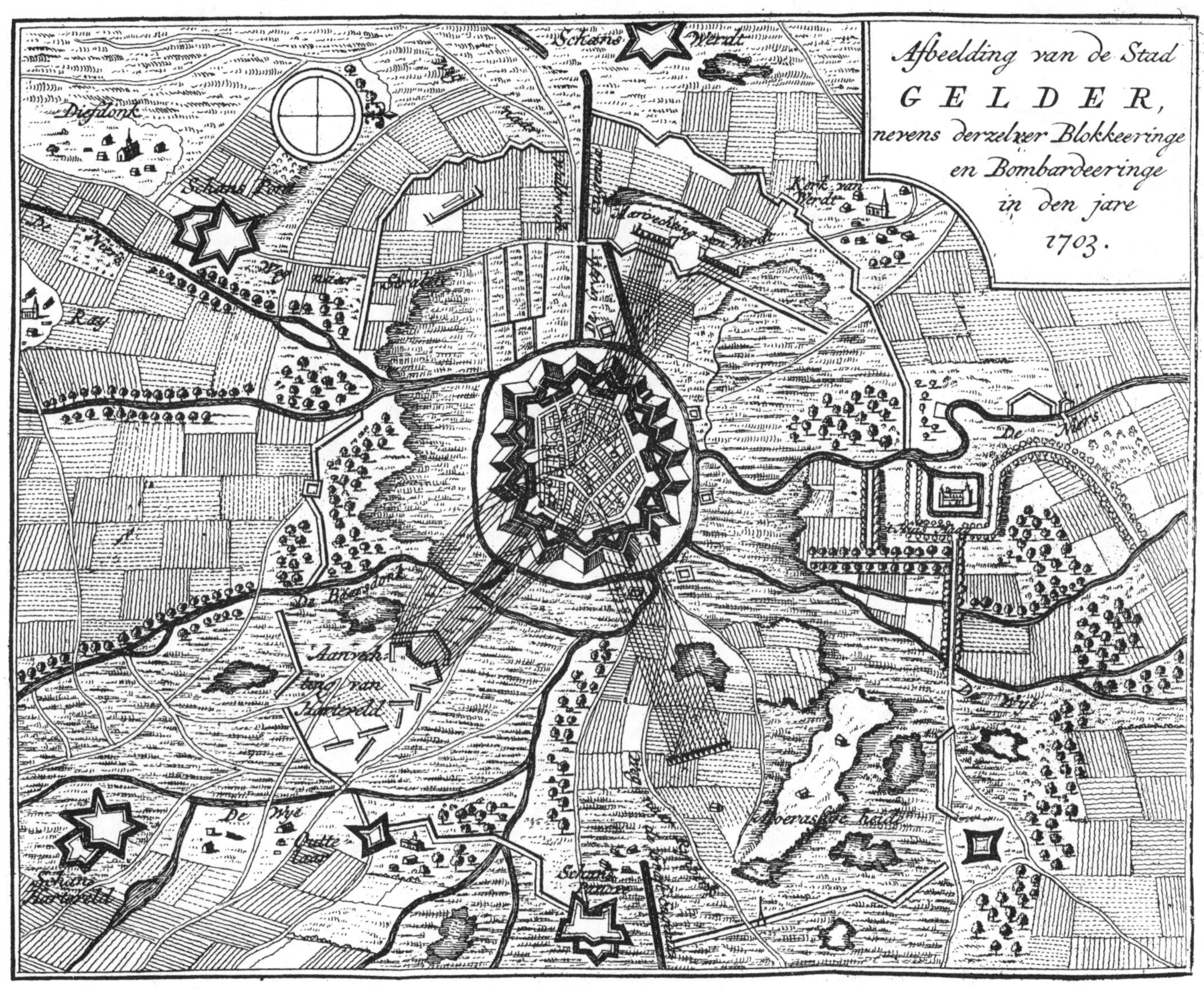

Afbeelding van de Stad
GELDER,
nevens derzelver Blokkeeringe
en Bombardeeringe
in den jare
1703.
Schans Werdt
Dieſdonk
Schans Pont
De Niers
Ray
Kerk van Werdt
De Niers
De Boersdonk
Aanvech-
ting van
Harteveld
De Wye
Schans
Harteveld
Moerasſige heide
De Wye

56

Darstellung der Beschießung 1703 mit dem brennenden Geldern im Hintergrund, gesehen aus Südwesten. Im Vordergrund weitläufige Szenerien des Lebens in einer Artilleriestellung (der Lage nach die Schanze Pont, wahrscheinlich jedoch Hartefeld). Links unten Medaillondarstellung (wie Nr. 60).

Öl auf Leinwand.

Weitere technische Angaben sind derzeit nicht möglich. Das Bild befindet sich heute in der *Galerie von Schloß Sanssouci in Potsdam.* Gearbeitet wurde nach einem Photo der Staatlichen Museen Preußischer Kulturbesitz Berlin. Zum Ersatz siehe Nr. 57.

Der Maler Jan van Huchtenburg (auch Hugtenburgh u. a., 1647–1733) lernte in Haarlem, Rom und Paris. Vor allem durch seine Bekanntschaft mit dem Prinzen von Savoyen, für den er lange tätig war (vgl. auch Nr. 58), wurde er einer der bedeutendsten Schlachtenmaler und -radierer seiner Zeit.
Wie aus der gestochenen Version Nr. 58 hervorgeht, diente als Vorlage eine Zeichnung von Jean de Bodt (vgl. Nr. 49).

Lit.: THIEME-BECKER Bd. 18, S. 29–30.

57

Wie unter Nr. 56 beschrieben.

Öl auf Leinwand, Signatur: *Copie von Herbert Kampf nach J. Huchtenburg.*

Ca. 130 × 200 cm.

Stadtverwaltung Geldern – Sitzungssaal.

Das Bild wurde von Kampf 1928 nach dem Original kopiert, das zu dieser Zeit im Neuen Palais in Potsdam hing. Auftraggeber war der aus Geldern gebürtige Berliner Fabrikant und kgl. rumänische Generalkonsul Dr. ing. h. c. Carl Gustav Rommenhöller (1853–1931), Ehrenbürger seiner Heimatstadt und Errichter mehrerer Stiftungen.

Quellen: Akten der Stadtverwaltung Geldern.

58

BOMBARDERINGE DER STADT GELDER DOOR DE TROUPEN DES KONINGS VAN PRUYSSE

Darstellung der Beschießung 1703 mit dem brennenden Geldern im Hintergrund, gesehen aus Südwesten. Im Vordergrund weitläufige Szenen des Lebens in einer Artilleriestellung. Unten links Medaillondarstellung, darunter auf dem Rand die Abbildungsnumerierung *Tom. II. 7.* Unter dem Stich die Schriftleiste:

> *Veue perspective du Bombardement de la Ville de Gueldre par un corps d'armee des troupes de sa Maiesté le Roy de Prusse au mois d'octobre 1703.*

Rückseite leer.

Kupferstich auf drei Platten, Signatur: *Delineavit vir Nobilissis. D. de Bodt Reg. Mtis. Boruss. Operum militarum et Cohortis Praetoriae Praefectus. Pinxit, sculpsit, excudit et publicavit HUGTENBURG.*

Ca. 46,5 × 144 cm.

Archiv des Kreises Kleve in Geldern – Karten und Pläne.

Enthalten in:

> Histoire militaire . . (vgl. Nr. 54).

Dieser wohl auffälligste Stich Gelderns ist die gestochene Version des gleichartigen Gemäldes (vgl. Nr. 56).

VEUE PERSPECTIVE DU BOMBARDEMENT DE LA VILLE DE GUELDRE PAR VN CORPS D

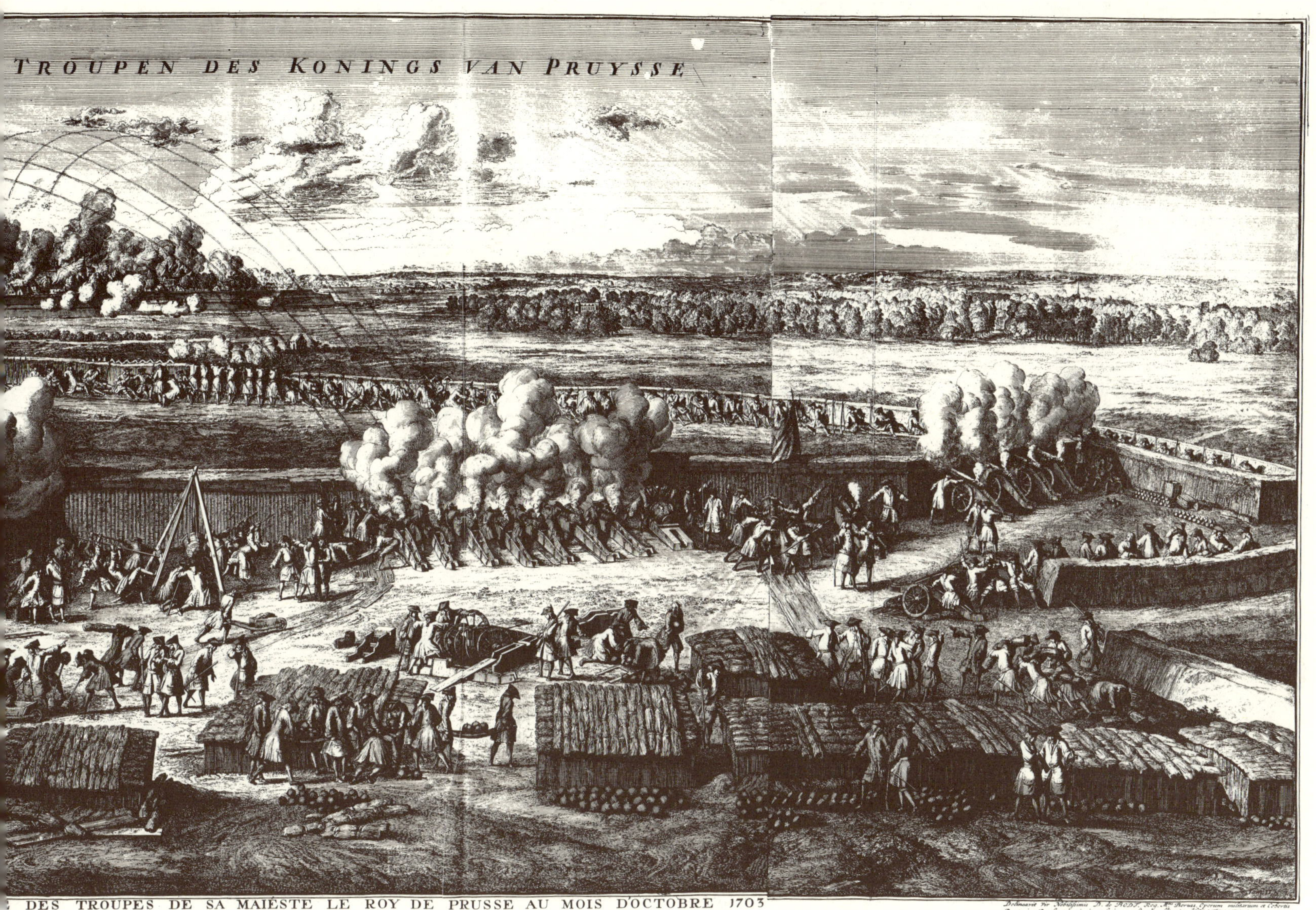
TROUPEN DES KONINGS VAN PRUYSSE
DES TROUPES DE SA MAIESTE LE ROY DE PRUSSE AU MOIS D'OCTOBRE 1703
Delineavit Vir Nobilissimus D. de BODT. Reg. Mtis Boruss. Operum militarium et Cohortis
Praetoriae. Praefectus. pinxit. sculpsit. excudit et publicavit. HUGTENBURG.

59

The Bombarding of GUELDRE by a Body of Troups belonging to the King of Prusia October 1703

Darstellung der Beschießung 1703 mit dem brennenden Geldern im Hintergrund, gesehen von Nordosten. Im Vordergrund weitläufige Szenerien des Lebens in einer Artilleriestellung. Über dem Stich die Schriftleiste *England's Glory,* rechts daneben die Numerierung *No. 4.* Rückseite frei.

Kupferstich, Signatur: *H. Roberts sculps.*

Ca. 33 × 46 cm.

Sammlung Stratmans.

Ein Gegenstück dieses äußerst seltenen Stiches ist vorhanden im Department of prints and drawings des Britischen Museums. Er scheint zu einer Serie gehört zu haben, von der jedoch nicht bekannt ist, in welcher Form sie auf dem Markt erschienen ist.
Das Blatt ist eine absolut exakte Ausschnittskopie des Stiches von Huchtenburg (Nr. 58).
Über den Kupferstecher Henry Roberts ist wenig mehr bekannt als daß er 1790 in London im Alter von etwa 80 Jahren starb.

Lit.: THIEME-BECKER Bd. 28, S. 429 – Schriftliche Auskunft von Mr. Jack Vaughan – British Library.

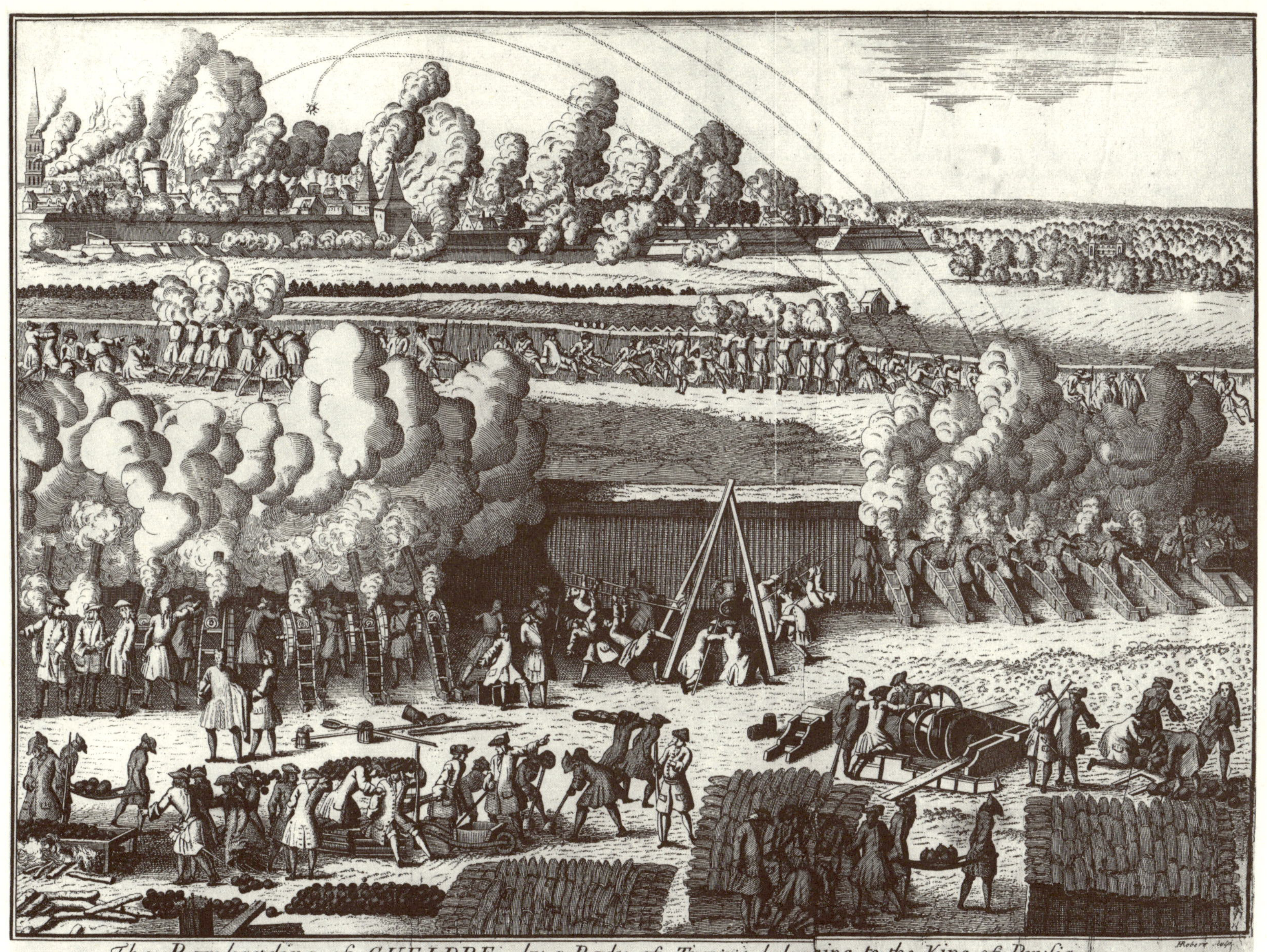

The Bombarding of GUELDRE by a Body of Troup's belonging to the King of Prusia. October 1703. J. Robert sculp.

60 Die Gedenkmedaille auf die Eroberung 1703

Vorderseite:

Brustbild Friedrichs I. von Preußen mit Lorbeerkranz, Mantel und Harnisch sowie Umschrift: *FRIDER + PRIMUS + D + G + REX BORUSSIAE.* Unten am Rand die Signatur: *J. Boskam.*

Rückseite:

Friedrich I. sitzt auf einer Estrade. Hinter ihm steht die Siegesgöttin und hält den Lorbeerkranz über seinem Haupt. Vor ihm kniend die Geldria bei der Übergabe der Stadtschlüssel. Inschrift: *VINCIT INVICTAM* (Er besiegte die Unbesiegte). Unten: *GELDRIA PRIMUM EXPUGNATA M D CCIII* (Geldern erstmals erobert 1703). Im Hintergrund das brennende Geldern.

Durchmesser: 6 cm.

Die Medaille ist in drei Materialien geschlagen worden:

Silber *(Sammlung Camp).*

Bronze *(Sammlung Camp).*

Zinn *(Sammlung Stratmans).*

Über Jan Boskam ist wenig bekannt, er lebte vor 1703 und bis nach 1708 in Amsterdam. Zeitweise hielt er sich in Berlin auf, wo er für Friedrich I. als Medailleur tätig war.

Lit.: THIEME-BECKER Bd. 4, S. 397. – NETTESHEIM S. 241. – Erwähnenswert auch CH. H. GÜTTERN: Leben und Thaten Herrn Friedrichs des Ersten . . . Breslau 1756 mit Beschreibung und Abbildung der Medaille S. 214 ff.

Die Medaille ist nebenstehend abgebildet nach den Kupferstichen in G. van Loons Werk „Beschryving der Nederlandsche Historiepenningen“, Bd. 4 ('s-Gravenhaage 1731), S. 348.

FRIDER · PRIMVS · D · G · REX · BORVSSIAE ·
I · BOSKAM

VINCIT · INVICTAM ·
GELDRIA PRIMVM ·
EXPVGNATA ·
CIↃIↃCCIII

61

Plan der Stadt und Vestung Geldern nebst der umliegenden Situation, und wie solche im Monath May investiret und bis in Monath Augusti bloquirt gehalden worden A o. 1757.

Grundriß von Stadt und Festung mit Umgebung und Einzeichnung der französischen Stellungen. Die Orientierung ist etwas mißlungen: die Umgebung ist nordorientiert, beim Stadtgrundriß Osten oben. Blattitel rechts oben in Zierkartusche, darüber Abbildungsnumerierung *No. 8.*

In der linken oberen Ecke in Zierkartusche ein *Prospekt der Stadt und Vestung Geldern* in einer Südwestansicht. Rückseite frei.

Kupferstich, rechts unten unter dem Stich die Verlagsadresse: *Nürnberg auf Kosten der Raspischen Buchhandlung.*

Ca. 17 × 30,5 cm.

Sammlung der Stadt Geldern.

Enthalten in:

Schauplatz des gegenwärtigen Kriegs. Durch accurate Plans von den wichtigsten Bataillen, Belagerungen und Feldlagern. Erster Theil in illuminirten Blaettern von Ao. 1756–1757. Nürnberg, bey G. N. Raspe. 10 Teile 1757–1762.

Diese nur aus kolorierten Stichen bestehende Sammlung gehört zum gleichen Schriftengenre wie die Produkte des Verlages Stridbeck-Bodenehr-Kilian (vgl. Kap. VIII). Aus aktuellem Anlaß wurden Sammelbände mit Darstellungen der zeitgenössischen Ereignisse so schnell als möglich auf den Markt gebracht. Während die Stridbeck-Bodenehr'schen Erzeugnisse zumindest noch im Ansatz künstlerische Qualitäten besitzen, zeigt gerade das vorliegende Blatt den Niedergang dieser Schriftengattung in der 2. Hälfte des 18. Jahrhunderts. Der Prospekt ist eine Kopie nach Merian (Nr. 40), der Rest wohl aus verschiedenen Stichen zusammenkomponiert.

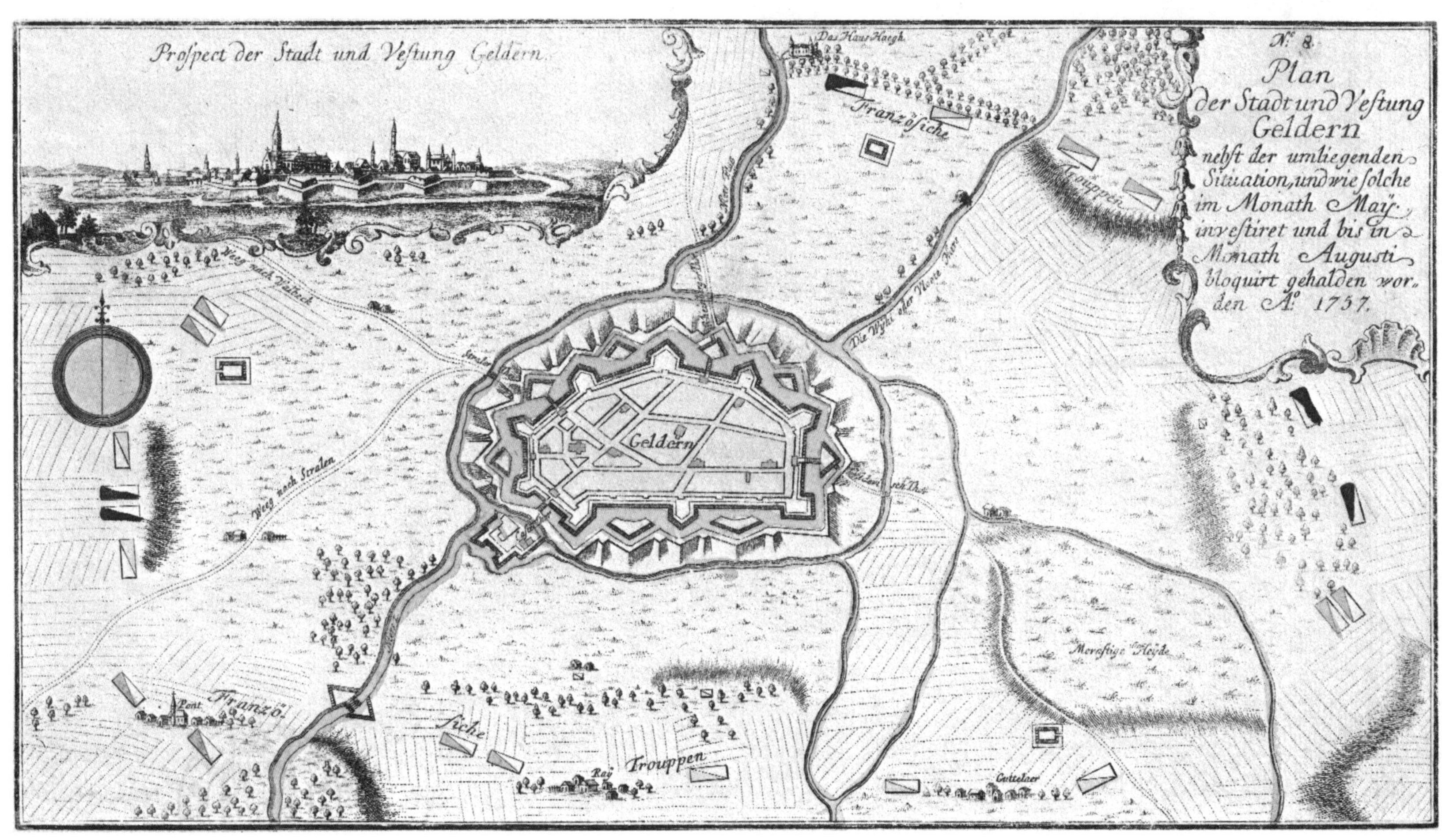

Prospect der Stadt und Vestung Geldern.
N°. 8.
Plan
der Stadt und Vestung
Geldern
nebst der umliegenden
Situation, und wie solche
im Monath Maij
investiret und bis in
Monath Augusti
bloquirt gehalden wor-
den A°. 1757.
Das Haus Haegh
Französiche
Trouppen
Geldern
Weeg nach Straelen
Pont
Franzö
siche
Trouppen
Morastige Heyde
Cutelaer

KAPITEL VIII

Die Stiche aus der Augsburger Offizin Stridbeck–Bodenehr–Kilian

Bei dieser Gruppe handelt es sich um insgesamt vier Platten, die sämtlich nach bereits besprochenen Vorlagen gestochen wurden. Dennoch werden sie hier in einem eigenen Abschnitt zusammengefaßt, da sie von der Systematik her das verwirrendste Kapitel im Rahmen der Stadtansichten Gelderns darstellen.

Johann Stridbeck sen. (1641–1716) entstammte einer Hamburger Kaufmannsfamilie. Er war seit 1659 in Augsburg ansässig und heiratete 1664 die Erbin eines dortigen Handelshauses. Seine intensive Beschäftigung mit Geographie und Genealogie war der Hauptgrund dafür, daß er die Firma vernachlässigte und zeitweilig sogar in Schuldhaft saß. Etwa ab 1682 wurde das Kupferstechen zu seinem Hauptberuf. Es entstand ein umfangreiches Oeuvre, aus dem vor allem mehrere Atlanten zu nennen sind. Um den seit dem Konkurs der Firma drohenden Pfändungen zu entgehen, erschienen diese zuerst bei dem befreundeten Verleger und Kupferstecher Johann Georg Bodenehr (1631–1704). Um 1684 gründete der Sohn Johann Stridbeck jun. (1666–1714) einen eigenen Verlag. Er war auch als Kupferstecher tätig, das Werk von Vater und Sohn ist nur schwer zu trennen. Für die deutsche Kartographiegeschichte ist bedeutend, daß die Stridbecks die ersten waren, die in Deutschland eine Kartenherstellung im großen Stil betrieben.

Aus der Herausgabe von illustrierten Flugschriften – etwa ab 1692 – entstand ab 1703 wohl aus Anlaß des Spanischen Erbfolgekrieges eines der Hauptwerke des Verlages:

> Curioses Staats- und Kriegstheatrum Dermahliger Begebenheiten in . . . , durch Unterschiedliche Geographische, Hydrographische, Topographische, Chronologische, Genealogische, Historische etc. Carten, Abrisse und Tabellen erlaeutert und zu Bequemem Gebrauch Ausgefertigt. Augsburg, Johann Stridbeck Jun. fecit et excudit Cum Gratia et Privilegio Sacrae Caesar. Majestatis.

In dieser vielbändigen Reihe behandelte jeder Band das Kriegsgeschehen in einem begrenzten Raum, z. B. Franken und Schwaben, Spanien, Italien, Lothringen und Elsaß, Spanische Niederlande etc. Die Illustrationen wurden bedenkenlos von Vorlagen übernommen. Der Inhalt der einzelnen Bände wurde in den zahlreichen Auflagen entsprechend den Tagesereignissen immer neu variiert, so daß bei den ohnehin nur fragmentarisch erhaltenen Exemplaren kaum zwei übereinstimmende zu finden sind.

Nach dem Tode von Johann Stridbeck sen. 1716 ging der größte Teil der Platten an den Sohn Gabriel (1664–1758) des oben erwähnten Johann Georg Bodenehr. Dieser ging nun daran, auf sämtlichen Platten den Namen Stridbecks zu tilgen und seine eigene Signatur einzusetzen. Dann gab er die Standardwerke des Verlags Stridbeck neu heraus. Das *Curiose Staats- und Kriegstheatrum* erschien nun unter seiner Verlagsadresse und wurde um weitere Bände vermehrt. Dazu konzipierte er auf der Basis der alten Platten ein neues Werk:

> Force d'Europe, oder Die Merckwürdigst- und Fürnehmste, meistentheils auch Ihrer Fortification wegen Berühmteste Staette, Vestungen, Seehaefen, Paesse, Camps de Bataille in Europa, Welche Ihren Königreichen und Landschafften in Fridens Zeiten zu Nutz und Zier, in Kriegs Läufften zum Schutz und Wehr dienen, in 200 Grundrissen, nach verschiedenen, meistens aber und soviel man habhafft werden können, neuesten Fortificationen, zu Bequemen gebrauch und Verwundersamer Belustigung Verlegt und heraus gegeben von Gabriel Bodenehr Kupferstecher in Augsburg. (ca. 1720)

Von dieser Sammlung erschienen eine Fortsetzung mit 100 Abbildungen.

Als weitgehend eigene Leistung brachte Bodenehr ein weiteres Tafelwerk heraus:

> Europens Pracht und Macht in 200 Kupfer-Stücken, worinnen nicht nur allein die Berühmtest und Ansehnlichste, sondern auch andere Stätte, Festungen, Schlösser, Klöster, Pässe, Residentien, Palläste, Wasserfälle etc. dises Volckreichen Welttheils vermittelst anmuthiger und eigentlicher Prospecte, sambt kurzer geographischer Beschreibung zu sonderm Nuzen und Gemüth vergnügender Ergözung Vorgestellt werden. Verlegt und heraus gegeben von Gabriel Bodenehr Bürger und Kupferstecher in Augspurg. (ca. 1720)

Von dieser Sammlung, die im Gegensatz zu den beiden vorangehenden nur Prospekte enthält, erschienen zwei Fortsetzungen mit 100 bzw. 50 Abbildungen.

Um 1758 gingen die Platten des Verlages Bodenehr an den Augsburger Verleger und Kupferstecher Georg Christian Kilian (1709–1781), der mit ihnen ähnlich verfuhr. Er löschte die Signatur Bodenehrs und ersetzte sie durch seine eigene Adresse, unter der er *Force d'Europe* und *Europens Pracht und Macht* herausgab.

Lit.: J. H. BILLER: Das Leben der Kupferstecher Johann Stridbeck Vater und Sohn; J. H. BILLER: Das Werk der Kupferstecher Johann Stridbeck Vater und Sohn. Beide Aufsätze in: Theatrum der Vornehmsten Kirchen, Klöster, Palläst und Gebeude in Churfürstlicher Residentz Stadt München (von J. Stridbeck Jun.). Faksimileausgabe München, 1964. 1 Bildband, 1 Erläuterungsband). – THIEME-BECKER Bd. 4, S. 167.

Die Sammlungen *Force d'Europe* und *Europens Pracht und Mach·* erschienen als Faksimileausgaben Unterschneidheim, 1972.

62

GELDERN nach Vormahliger Befestigung

Vogelschauplan von Stadt und Festung. Links unten leere Kartusche mit Waffendraperie und kriegshornblasendem Mars. Süden oben. Am Rand Beschreibung der Geschichte bis vor 1703. Rückseite leer.

Kupferstich, mit Signatur (s. u.)

Ca. 16 × 20,5 cm (Plattengröße mit Text ca. 17,5 × 27 cm)

Maßstab 2,4 cm = *44 Ruthen* (ca. 1:6000)

Das Blatt ist eine genaue Kopie des Stiches von Blaeu (Nr. 12). Auch die Beschreibung ist an den Text des Blaeu'schen Städtebuches angelehnt.
Bei diesem Blatt sind mindestens zwei Varianten zu unterscheiden.

62 a

Signatur: *Iohann Stridbeck Iunior fec. et excudit Cum Grat. et Privil. Sac. Caes. May.*

Sonst wie oben beschrieben.

Archiv des Kreises Kleve in Geldern – Karten und Pläne

Enthalten in:
Curioses Staats- und Kriegstheatrum Dermahliger Begebenheiten in Spanisch Niederland . . . Ed. Joh. Stridbeck (ca. 1703 und später).

62 b

Signatur: *G. Bodenehr fec. et excudit Cum Grat. et Privil. Caes. May.*

Weiterhin rechts oben über dem Rand die Paginierung *71*. Dies ist jedoch insofern unwichtig, da in den einzelnen Ausgaben keinerlei Reihenfolge eingehalten wird.

Sonst wie oben beschrieben.

Sammlung der Stadt Geldern.

Enthalten in:
Force d'Europe . . . Teil 1. Ed. G. Bodenehr (ca. 1720)

62 c

Denkbar sind Exemplare mit der Signatur Kilians, jedoch sind solche bisher nicht bekannt geworden.

GELDERN

ist eine kleine Statt, von welcher das gantze Hertzogthum den Nahmen, sie hat ihr wasser in ihren Græben von den Niers stroom, und ein altes Schloss war auff vormahls die Statthalter vom Gelderland ihrē sitz gehapt, das Mosichte Land und die herum liegende Morast machen diese Statt sehr veste.

Gerhardus Matthilius, Wilhelm Veldius, und Iohannes Servilius gemeiniglich de Knaep genand welcher seiner Zeit in Antwerpen florirt, so alle sehr Gelæhrte und berühmte Mænner gewesen, sein hier gebohrē die Dörffer Aldekerck Nieukercken und S. Thomas rechnet man unter ihr Gebieth.

Aº. 1587 wurde diese Statt durch Kriegslist von Hautepen, under den von Parma vor den König in Spannien eingenommen dan ein Officier ein Schott von Nation Paton geheissen, wahr befehlicht diese Statt in Abwesenheit des Obristen Schenck in acht zu nehmen, dieser aber weil gedachter Schenck sich mitt ihme enzweÿet und ihme gedrohet hatte, erwolte den Stuard an seine stelle setzen brachte die Spannier in die Statt, auff folgende weise, er bewaffnete seine

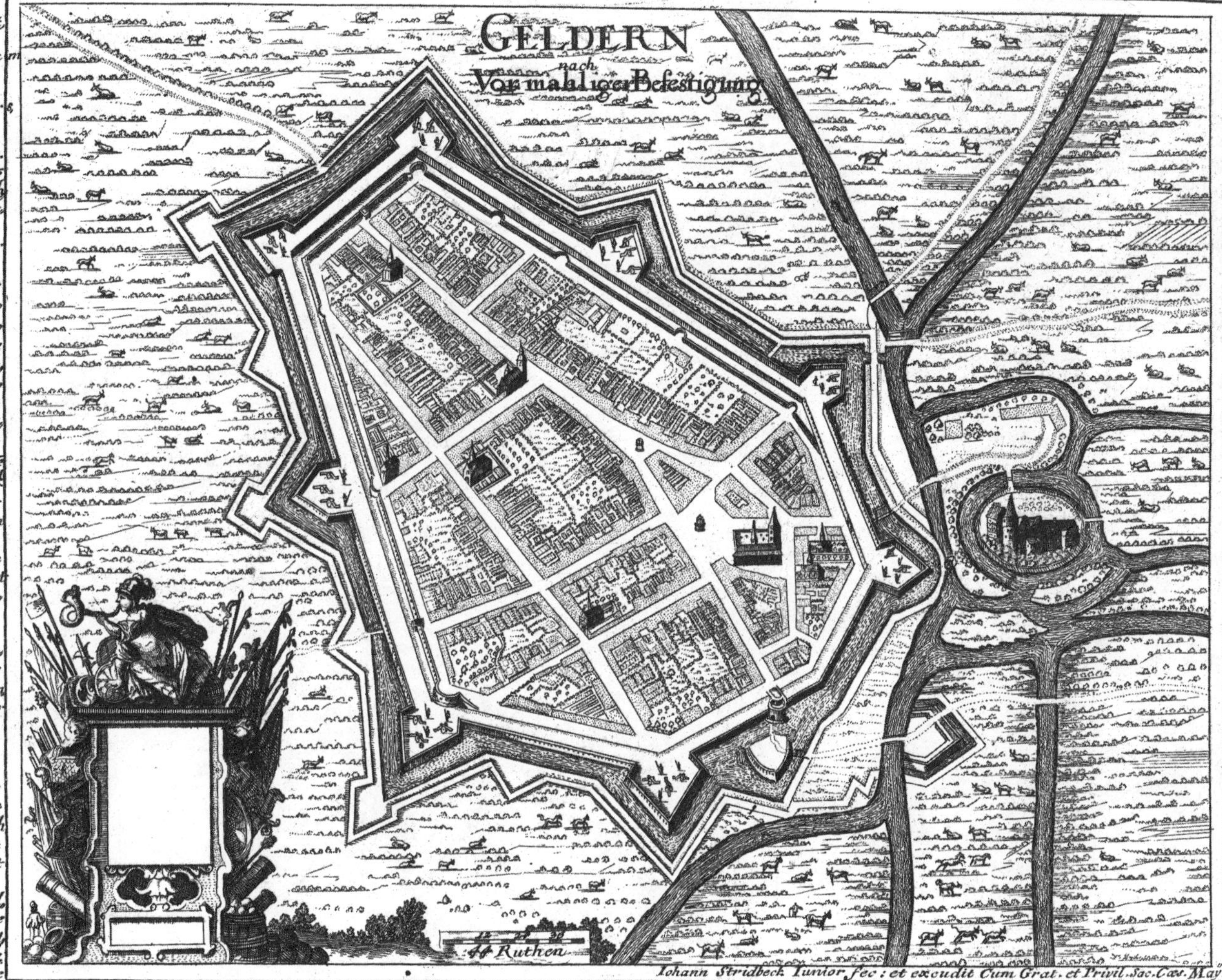

Soldathen, machte ihnen weÿs Schenck werde mitt seiner Reüterëÿ in der Nacht kommen und einen gewissen Anschlag ausführen, man glaubte diesen vorgeben, allein unter diesen vorwandt brachte dieser listige Paton die Spannier unter dem Commando des Hautepen in die Statt, ehe es die Burger gewahr wurden.

Aº. 1605 machte Printz Moritz von Oranien auch einē Anschlag auff diese Statt, allein die besatzung bekam wind darvon, und da die Petarden die gehoffte wirckung auch nicht tahten, misglückte das vorhaben, und blieb unter andern der Iunge Plessis Mornaÿ.

Seider dehme ist diese Statt neben den gantzen Ruermondischen Quartier (darunter nebē dieser Statt auch Ruermond, Venlo und andere Orth gehören) von Gelderland in Spanischer Botmæssigkeit geblieben, die übrige 3 Quartier aber als Niemegen Arnheim und Zutphen sein den vereinigten Niederlændern zu theil worden.

63

GELDERN nach Dermahliger Befestigung

Vogelschauplan von Stadt und Festung. In den oberen Ecken Wappen von Stadt und Herzogtum Geldern. Links unten Darstellung eines explodierenden Festungsturmes. Südwesten oben. Am Rand Beschreibung der Geschichte bis einschließlich 1703. Rückseite leer.

Kupferstich, Signatur (s. u.)

Ca. 16 × 20 cm (Plattengröße mit Text ca. 17,5 × 26,5 cm).

Ohne Maßstabsangabe (ca. 1:9000).

Das Blatt ist eine Kopie nach dem Stich von Blaeu (Nr. 22). Die dort vorhandene Kartusche mit Waffendraperie und kriegshornblasendem Mars ist hier durch den explodierenden Festungsturm ersetzt, wohl eine Anspielung auf die Eroberung 1703. Bei diesem Blatt sind mindestens zwei Varianten zu unterscheiden.

63 a

Stilvergleiche mit Nr. 62 lassen auf Johann Stridbeck jun. als Stecher schließen. Exemplare mit seiner Signatur sind bisher nicht aufgefunden worden.

Enthalten in:
Curioses Staats- und Kriegstheatrum Dermahliger Begebenheiten in Spanisch Niederland . . . Ed. Joh. Stridbeck (ca. 1703 und später)

63 b

Signatur: *G. Bodenehr fec. et exc. a. v.*

Weiterhin rechts oben über dem Rand die Paginierung *72.*

Sonst wie oben beschrieben.

Archiv des Kreises Kleve in Geldern – Karten und Pläne.

Enthalten in:
Curioses Staats- und Kriegstheatrum Dermahliger Begebenheiten in Spanisch Niederland . . . Ed. G. Bodenehr (ca. 1720)

Sowie in:
Force d'Europe . . . Teil 1. Ed. G. Bodenehr (ca. 1720)

63 c

Denkbar sind Exemplare mit der Signatur Kilians, jedoch sind solche bisher nicht bekannt geworden.

Das

GELDERN

Das Haupt des Hertzogthums gleiches Nahmens darneben eine zwar kleine doch sehr Veste von Wæsſrigen Landẽ und Morasten umbgebene Statt seye, ist bereits in dem Abris der vormahligen Befestigung angezeiget worden, desgleichen das solche in A°. 1583 durch Verrætherey in Spanischen Gewald gekommen auch bishero darinnen geblieben, so das obgleich A°. 1605 Printz Moritz von Oranien einen Anschlag auff solche gemacht, solcher doch fruchtloos abgegangen.

Solchem nu fügen in dieser nach iezmahliger Befestigung fürgestelten Figur bey, das ihr Nahme von einem greülichẽ ungewohnten grossen Thier, so in diesen Landen grossen Schaden gethan, aber endlich von Wigando und Liepoldo zweyen Brüdern des Geschlechts von Pont erleget worden, und unter dem erwürgen Stæts Gelre geschriẽ habẽ, entsprungen sein solle, wie auch das sie ein sehr altes Schloss hat, welches vormahls auser iezo inner halb der Befestigung stehet,

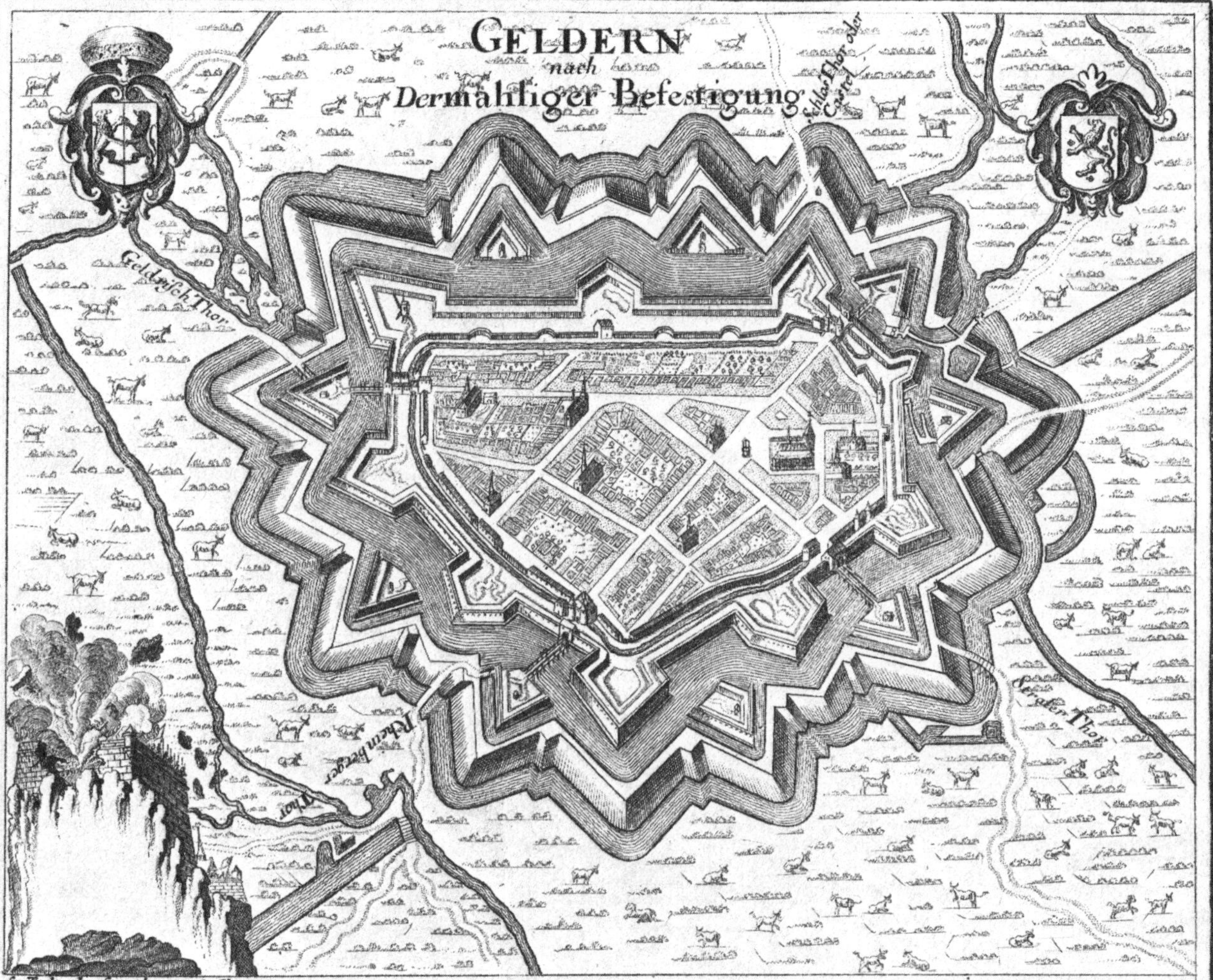

und ist für disen Platz nicht wohl einiges Geschütz wegen des Sumftigen Grundes anders als auff Plancken und Balcken zu bringen.

A°. 1339 hat Herzog Reinald zu Geldern das Carmeliter Closter alhier gestifftet und ruhen in dieser Statt die Heyligen Galenus und Valenus.

Es lieget diese Statt zwischen der Maæs und dem Rhein im Mittel, zwischẽ Venloh und Rheinberg und haben die Spanische in A°. 1626 solche beyde Strohme, durch einen Graben welcher Fossa Eugeniana nach der Ertz-Herzogen Clara Eugenia Isabella auch St-Mariæ Graben genennet worden, zu vereinigen, und so dan weiter einen aus der Maæs in die Demer und ferner in die Schelde zu verfertigen gesucht daran sie aber durch die Hollænder gehindert worden.

A°. 1638 ging die Staadische Belegrung auch fruchtloos ab.

A°. 1703 aber wurde sie nach mehr als iæhriger Blocquir= auch endlich erfolgter Bombardierung von Königl. May. in Preüssen bezwungẽ und im December erobert.

64

Festung GELDERN mit den Schleusen

Vogelschauplan von Stadt und Festung mit umgebendem Kanalsystem. Am Rand und unten rechts in der Abbildung Beschreibung der Geschichte bis 1757. Links unten Legende mit 13 Bezugsziffern. Rückseite leer.

Kupferstich, Signatur: *Georg Christ. Kilian exc. a. v.*

Ca. 16 × 20 cm (Plattengröße mit Text ca. 17,5 × 26,5 cm).

Ohne Maßstabsangabe (ca. 1:9000).

Sammlung der Stadt Geldern

Das originale Vorkommen des Stiches konnte bisher nicht festgestellt werden. Möglicherweise handelt es sich um einen Einzeldruck in Flugblattform.

Zur Herstellung des Blattes wurde die Platte von Nr. 63 verwendet. Mit Ausnahme des Stadtgebietes und der Wappen wurde die Darstellung in etwas grober Manier überarbeitet. Der Text wurde auf dem linken Rand teilweise verändert und rechts bis in die Abbildung fortgeführt.

GELDERN

die H. Stadt des Hertzogthums gleiches Nahmens darneben eine zwar kleine doch sehr veste von Wäßrigen Lande und Morasten umb gebene Stadt ist sehr vielen Veränderung unterworffen gewest.

In dem solche Ao. 1587 durch Verrætherey in Spanischen Gewald gekommen auch bisherò darinnen geblieben, so das obgleich Ao. 1600 Printz Moritz von Oranien einen Anschlag auff solche gemacht, solcher doch fruchtloos abgegangen.

Solchem nu fügen in dieser noch ietzmahliger Befestigung fürgestelten Figur bey, das ihr Nahme von einem greülichē ungewohnten grossen Thier, so in diesen Landen grossen Schaden gethan, aber endlich von Wigando und Liepoldo zweyen Brüdern des Geschlechts von Pont erleget worden, und unter dem erwürgen Staets Gelre geschriē habē, entsprungen seim solle, wie auch das sie ein sehr altes Schloss hat, welches vormahls auser iezo innerhalb der Befestigung stehet.

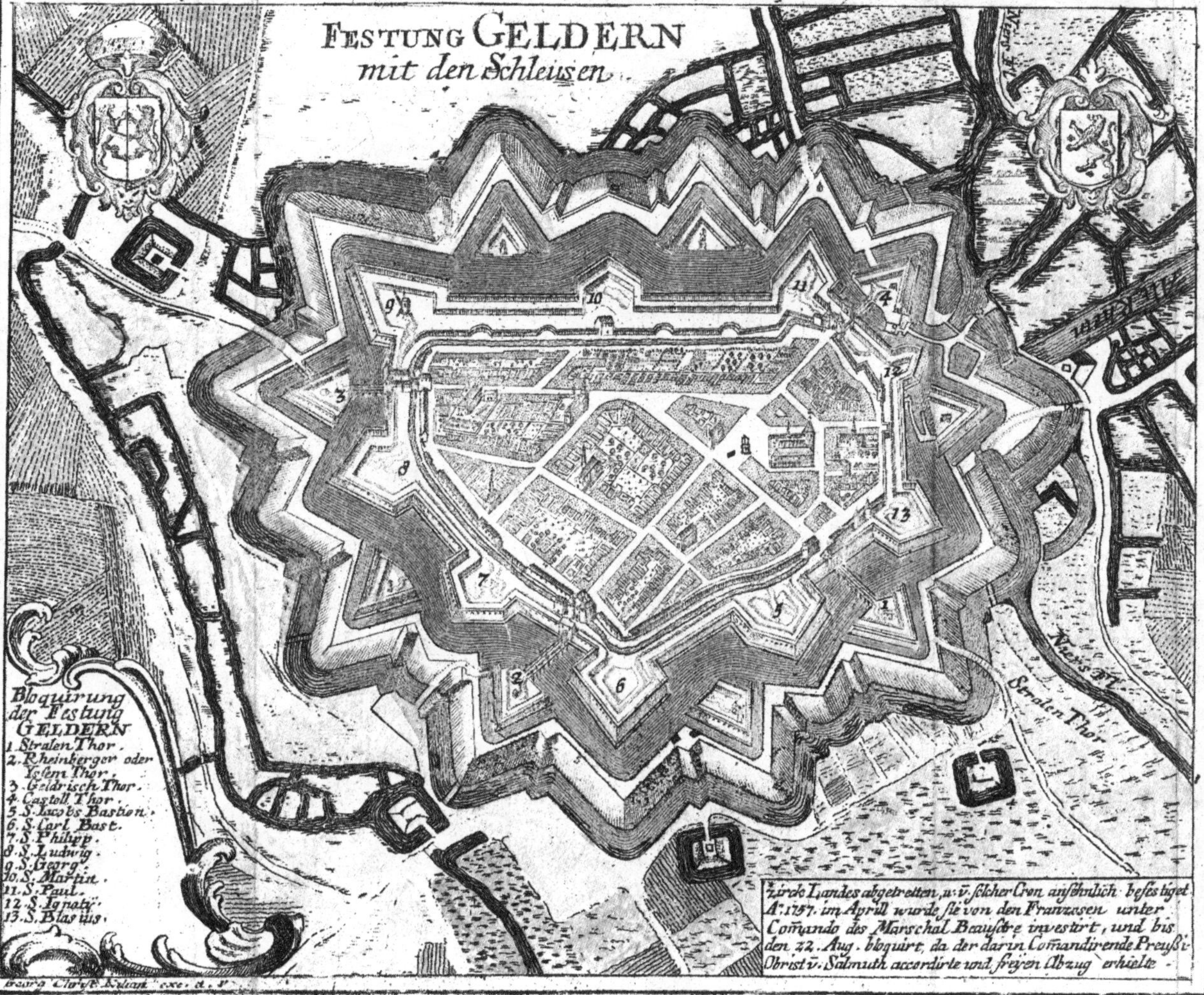

und ist für disen Platz nicht wohl einiges Geschütz wegen des sumftigen Grundes anders als auff Plancken und Balcken zu bringen.

Ao. 1339 hat Herzog Reinald zu Geldern das Carmeliter Closter alhier gestifftet und ruhen in dieser Statt die Heiligen Galenus und Valenus.

Es lieget diese Statt zwischen der Maas und dem Rhein im Mittel, zwischē Venlo und Rheinberg, und haben die Spanische in Ao. 1626 solche beyde Strome durch einen Graben welcher Fossa Eugeniana nach der Ertz-Herzogen Clara Eugenia Isabella auch St. Mariæ Graben genennet worden, zu vereinigen und so dan weiter einem aus der Maas in die Demer und ferner in die Schelde zu verfertigen gesucht daran sie aber durch die Hollænder gehindert worden.

Ao. 1639 ging die Staadische Belegrung auch fruchtloos ab.

Ao. 1703 aber wurde sie nach mehr als iæhrige Blocquir, auch endlich erfolgter Bombardierung von Königl. May. in Preüssen bezwungē und im December erobert.

Ao. 1713. wurde sie in dē Utrechter Friden auf ewig an Preußen samt einem ansehnlichē Bezirck Landes abgetretten, u. v. solcher Cron ansehnlich befestiget. Ao. 1757. im Aprill wurde sie von den Franzosen unter Comando des Marschal Beausobre investirt, und bis den 22. Aug. bloquirt, da der darin Comandirende Preußi. Obrist v. Salmuth accordirte und freyen Abzug erhielte.

65

Karte der Belagerung 1703 mit Einzeichnung der preußischen Stellungen. Am Rand Beschreibung und Legende. Westen oben. Rückseite leer.

Kupferstich, Signatur (s. u.)

17 × 20 cm (Plattengröße mit Text ca. 18,5 × 28 cm).

Ein Maßstab ist ohne Zahlenwerte eingezeichnet (ca. 1 : 50 000, stark verzerrt)

Das Blatt ist eine Kopie des Stiches von Schenk (Nr. 51) mit Ergänzungen nach dem Stich aus Dumont-Rousset (Nr. 54).
Bei diesem Blatt sind mindestens zwei Varianten zu unterscheiden.

65 a

Stilvergleiche mit Nr. 62 und Nr. 63 lassen auf Johann Stridbeck Jun. als Stecher schließen. Exemplare mit seiner Signatur sind bisher nicht aufgefunden worden. Aus einer seiner Ausgaben stammt möglicherweise ein Exemplar ohne Signatur.

Archiv des Kreises Kleve in Geldern – Karten und Pläne

Enthalten in:
Curioses Staats- und Kriegstheatrum Dermahliger Begebenheiten in Spanisch Niederland . . . Ed. Joh. Stridbeck (ca. 1703 und später)

65 b

Signatur: *G. Bodenehr fec. et exc. a. v.*

Weiterhin rechts oben über dem Rand die Paginierung *73.*

Sonst wie oben beschrieben.

Sammlung der Stadt Geldern.

Enthalten in:
Curioses Staats- und Kriegstheatrum Dermahliger Begebenheiten in Spanisch Niederland . . . Ed. G. Bodenehr (ca. 1720)

65 c

Denkbar sind Exemplare mit der Signatur Kilians, jedoch sind solche bisher nicht aufgefunden worden.

GELDERN

wird hier mit vorgestellet wie es im Stand gewesen da diese veste Statt Aº 1703 von Königlicher Majestæt von Preüssen bloequirt, bombardirt, auch endlich den December erobert, und der Besatzung annoch ein Accord zugestanden worden, warvon wier dieses Orths, nicht ausführlüch handlen, sondern uns auff die deswegen herausgekommene Relationes bezogen haben wollen kürtzlich allein meldende, das die Erste Attaque den 20 Aprill durch den Hrn. General Leut. Lotthum commandiett worden die Bombardierung geschach den 7 8ber durch den Herren Schlundt Obristen der Artillerie, die Trencheen würden von den Herren Ober Ingenier Boodt angelegt, und also dieser Platz endlich bezwungen.

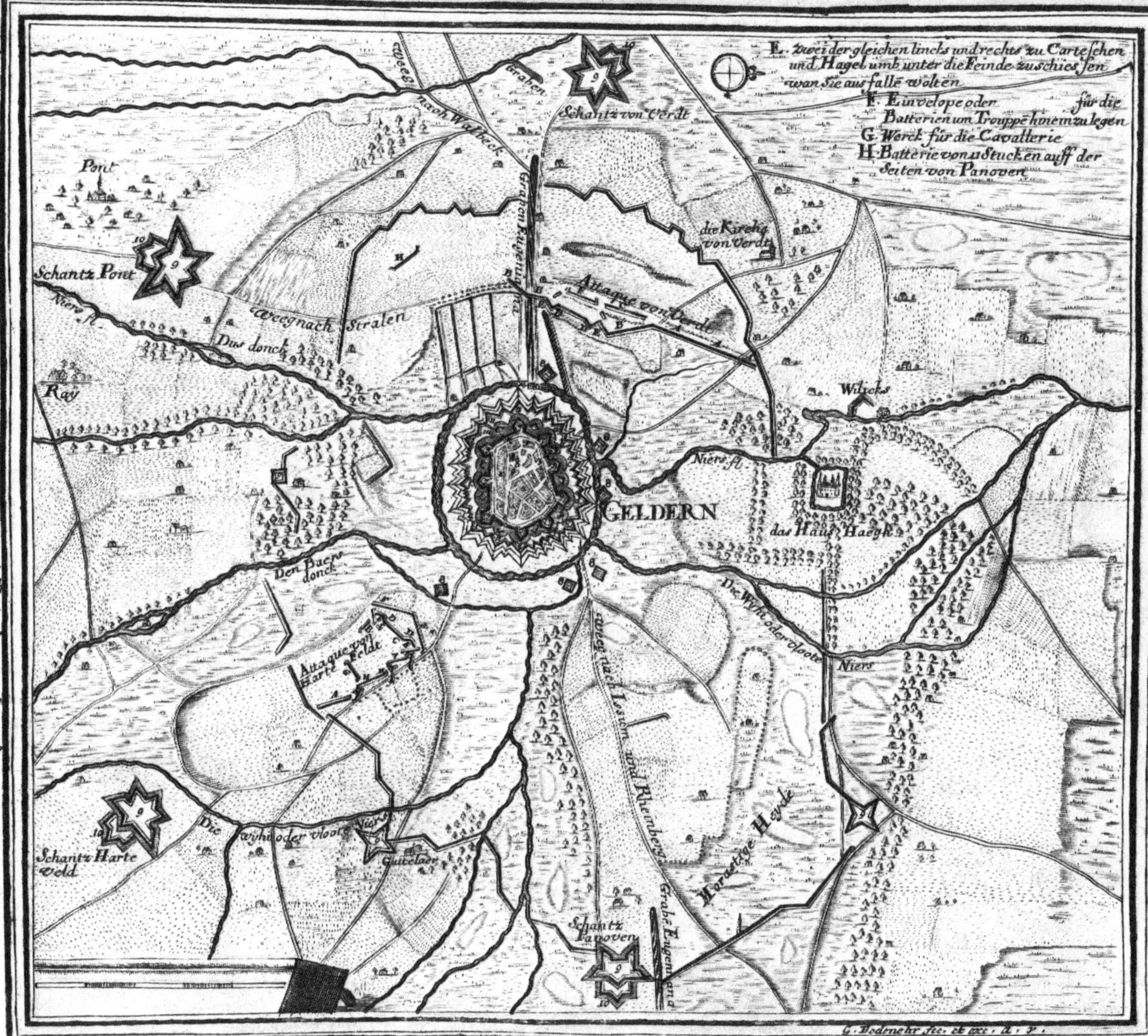

Erklærung der Zieffer und Buchstaben

1. Straaler oder Hart Thor
2. Issumer oder Rheinberger Thor
3. Vogdteÿ oder Geldrisches Thor
4. Casteel Thor vermacht.
5. der Marck
6. das Raht Haus.
7. Die 9 Bolwerck.
8. Die 6 Redouten

- Die Grosse kirche
- Clöester und kirchen.
- Gœrten in der Statt.
- Hæüser und Gebaw &
- Die 9 Halbe Mond.

9. vor das Fues Volck.
10. vor die Reüterey

Bastions et Portes

a. Erste Bastion von Straelē
b. Porte von Straelen.
c. andere Bastion von Stral
d. Erste Bastion von Issum
e. Porte von Issum
f. andere Bastion von Issum.
g. Erste Bastion vō Geldern.
h. Porte von Geldern.
i. andere Porte vō Geldern.
k. Bastions des Fachines.
l. Erste Bastion du Chateau.
m. Porte de Chateau.
n. andere Bastion du Chateau
o. Contravallations Liniē

Approchē und Batteriē von der Seiten de Vertt

A. Linie zur Communication mitt der Batterie
B. Liniē zur rechten und zur lincken der Batterie für die Troupen so die garde habē
C. Batterie von 17 Mortiers umb Bomben und Carcassen zuwerffen, und 10 Canons gluende kugeln daraus zu schiessen
D. Dreÿ Embrasures oder Einfassunge auff ieder seiten gegen die Batteriē und denen Bastions von der Statt zu Schiessen.
E. Zweÿ der gleichen umb mitt Cartechen oder Hagel unter die Feinde zu schiessen wan sie aus fallen wolten.
F. Epaulement oder werck umb die Munition in Bedeckung zu stellen.
G. der gleichen vor ein Corpo vō der Reserve,
H. der gleichē für die Cavallerie.

Approchē und Batteriē vō der seiten von Harte Feldt

A. Linie zur Communication mit der Batterie
B. Trencheen zur rechten u. zur lincken der Batteriē umb die Trouppen so die wache gehaltē darein zu logieren.
C. Batterie von 10 Moerser zu Bomben und Carcassen, und von 14 Canons zu glüenden kugeln.
D. Dreÿ Embrasures oder Einfassung lincks u. rechts umb die Statt zubeschiessē

66

GELDERN Die Haupt Statt des Hertzogthums gleichen Nahmens

Prospekt aus Südwesten mit Benennung von Schloß, Kirchturm und Rathaus. Oben rechts Paginierung *65*. Links Text mit Bezug auf die Belagerung 1703. Rückseite leer.

Kupferstich, Signatur (s. u.).

15,5 × 35 cm (Plattengröße mit Text ca. 16,5 × 39 cm).

Das Blatt ist eine Kopie des Merianprospektes (Nr. 40) und das einzige in dieser Gruppe, bei dem Gabriel Bodenehr als Stecher anzunehmen ist.

Bei diesem Blatt sind zwei Varianten zu unterscheiden.

66 a

Signatur: *G. Bodenehr fec. et exc. a. v.*

Sonst wie oben beschreiben.

Sammlung der Stadt Geldern.

Enthalten in:
Europens Pracht und Macht . . . Ed. G. Bodenehr (ca. 1720).

66 b

Signatur: *Georg Chr. Kilian exc. a. v.*

Sonst wie oben beschrieben.

Archiv des Kreises Kleve in Geldern – Karten und Pläne.

Enthalten in:
Europens Pracht und Macht . . . Ed. G. Chr. Kilian (ca. 1760)

GELDERN
Die Haupt Statt des Hertzogthums
gleiches Nahmens
Der Thurm
Casteel
Rath Hauss
Neers Fl.
GELDERN
ist eine vortreffli=
che Festung, und
Hauptstadt der Nie=
derländischen Pro=
vintz dieser Nah=
mens, an dem Klei=
nen Fluss Neers,
gelegen. Sie wurde
Anno 1703. von dem
König in Preussen
nach fast mehr als
jähriger Bloquir=
und Bombardir=
ung, bezwungen, u.
im Frieden zu Ut=
recht gänzlich über=
lassen. Als in unse=
rem Grundriss die=
ses Platzes mit meh=
rern zu lesen.

KAPITEL IX

Abbildungen des 19. Jahrhunderts

Schon bei Betrachtung der Pläne in Kapitel IV ist festzustellen, daß seit dem Ende des 17. Jahrhunderts die Zeit der „Schönheit" in der Kartographie und Stadttopographie zu Ende ging. Der Plan Blaeu's (Nr. 22) war wohl der letzte, der auch noch einigen Wert auf die äußere Attraktivität legte. Bei sämtlichen späteren Abbildungen fehlt nahezu jedes schmückende Beiwerk, im Vordergrund stand einzig die exakte Darstellung der Fortifikation.

Nach der Schleifung Gelderns 1764 bestand auch in dieser Hinsicht kein Grund mehr zur Herstellung von Stadt- und Festungsgrundrissen. Außerdem begann gegen Ende des 18. Jahrhunderts die Zeit der exakten Kartographie mit den ersten trigonometrischen Landesaufnahmen. Die neuen Zeiten erforderten neue Karten, die über das Vermögen von Einzelpersonen und erst recht von Künstlern hinausgingen. Ein Meilenstein in dieser Entwicklung war die erste trigonometrische Landesvermessung durch französische Militäringenieure am Anfang des 19. Jahrhunderts (Nr. 67). Wenigstens in der Farbgebung versuchen einige ihrer Blätter einen Rest dessen zu bewahren, was das künstlerische Element der alten Karten und Pläne ausmachte. Bei allen späteren Stadtplänen ist nichts mehr übrig von dem, was den Plänen eines Joan Blaeu oder Frans Hogenberg ihren besonderen Reiz verleiht.

Nicht so sprunghaft ging der Wechsel bei den Ansichten vor sich. Die immer verfeinerte Technik, insbesondere der gegen Ende des 18. Jahrhunderts von Senefelder erfundene Steindruck, eröffnete neue Möglichkeiten. Für Geldern sind zwei Drucke dieser Art erhalten geblieben (Nr. 73 und 74), die von vornherein als Schmuckblätter gedacht waren. Man kann darüber streiten, ob sie den Drucken eines Merian oder Huchtenberg vorzuziehen sind oder nicht. Jedenfalls aber fehlt den Lithographien die ganz besondere und schwer zu beschreibende Wärme, die von den alten Kupferstichen ausgeht. Ganz zu Ende schließlich war die Zeit der graphischen Abbildungen mit dem Aufkommen der Photographie um die Mitte des 19. Jahrhunderts. Gerade für Geldern ist dieser Übergang selten schön dokumentiert: das älteste Gelderner Photo ist die Aufnahme einer handgezeichneten Stadtansicht (Nr. 73).

67

Die Wiedergabe auf der Tranchot-Karte

Ab 1750 gab der Astronom César Francois Cassini (1714–1784) eine *Carte géometrique de France* im Maßstab 1:86400 heraus. Diese erste trigonometrische Landesvermessung entsprach einem dringenden Bedürfnis des modernen Verwaltungsstaates und wurde vorbildhaft für ganz Europa. Nach der Besetzung der Rheinlande ab 1793 durch die französische Revolutionsarmee erkannte man die Notwendigkeit, die Cassini-Karte auf diese neuen Gebiete auszudehnen, da hier verläßliche Landesaufnahmen nicht vorhanden waren. Erste Ansätze hierzu sind schon für 1794 belegt, konkret wurden die Überlegungen jedoch erst nach dem Frieden von Lunéville, als die eroberten Länder in das französische Staatsgebiet und Verwaltungssystem eingegliedert wurden. So erhielt Jean Joseph Tranchot (1752–1815) den Auftrag zur ersten trigonometrischen Landesaufnahme des Rheinlandes. Ursprünglich ziviler Astronom und Geodät, trat er 1801 als Oberst in den topographischen Dienst der französischen Rheinarmee ein. Er wurde Leiter eines topographischen Büros zur Kartenaufnahme in den vier linksrheinischen Départements mit Sitz in Aachen und später Trier. Richtig in Gang kam das Unternehmen jedoch erst 1803, da zunächst eine Reihe organisatorischer und finanzieller Schwierigkeiten zu bewältigen waren. Zuerst wurde das Land mit einem System von 55 topographischen Punkten erster Ordnung überzogen, das an das französische Dreiecksnetz anschloß; einer dieser Punkte bestand in der Spitze des Turmes der Gelderner Pfarrkirche. Auf diesem System basierten die nachfolgenden Aufnahmearbeiten im Maßstab 1:10000. Der Gelderner Raum wurde 1803/04 bearbeitet von den Ingenieurgeographen Ribet und Régnault. Einer der wichtigsten Arbeitsschritte in diesem Rahmen war die Anfertigung eines Stadtplanes im Maßstab 1:2000, der jedoch leider verschollen ist.

Als sich die Niederlage Napoleons in den Befreiungskriegen abzuzeichnen begann, wurde das topographische Büro allmählich aufgelöst. 1814 kehrte Oberst Tranchot mit dem gesammelten Material nach Paris zurück. Im 1. Pariser Frieden vom 30. Mai 1814 verpflichtete sich Frankreich unter anderem, sämtliche Unterlagen über die Landesaufnahme an Preußen auszuliefern. Dies wurde jedoch durch mehrere Winkelzüge verzögert, so daß die Unterlagen erst 1816 herausgegeben wurden. Sie gelangten zunächst nach Koblenz in ein topographisches Büro, das mit der Fortführung bzw. Überarbeitung der französischen Landesaufnahme beauftragt war; Chef dieser Abteilung des Generalstabes war der Generalmajor Philipp Friedrich Carl Ferdinand von Müffling (1775–1851). Hier wurden die unter Tranchot angefertigten Blätter als Arbeitsgrundlage verwendet und auf den künftigen Aufnahmemaßstab von 1:20000 reduziert. In diesem Rahmen wurde das Blatt Geldern um 1819 von Leutnant Grein überarbeitet.

Anschließend wurden die Karten dem Archiv des preußischen Generalstabes übergeben und befinden sich heute in der Kartensammlung der Deutschen Staatsbibliothek Preußischer Kulturbesitz in Berlin. Ihre Veröffentlichung unterblieb zunächst aus strategischen Gründen, später wurden sie von den moderneren Katasteraufnahmen überholt. Erst 1909 wurde die Forschung auf diese landeskundliche Quelle aufmerksam. Ab 1927 wurden einige Blätter in überarbeiteter Form herausgegeben. Seit 1965 wurde das gesamte Kartenwerk mit 264 Blättern von der Gesellschaft für Rheinische Geschichtskunde und dem Landesvermessungsamt NRW veröffentlicht, zu Vergleichszwecken mit modernen Karten nun nochmals reduziert auf den Maßstab 1:25000. Das Blatt Geldern erschien 1971 als Nr. 21.

Der Wert der Tranchot-Karte für historisch-geographische Forschungen jeglicher Art ist kaum abzuschätzen. Gezeigt wird der in Jahrhunderten gewachsene Zustand der Natur- und Kulturlandschaft vor den vielfältigen Veränderungen des 19. und 20. Jahrhunderts. Im vorliegenden Falle gilt dies gerade für den ländlichen Raum, da für das Stadtgebiet ja genügend Parallelmaterial vorliegt. Hier sind vor allem wichtig Einzelheiten wie dörfliche Siedlungsbilder, Kulturarten und Wegenetz. Letzteres erlaubt darüber hinaus einen Vergleich mit dem Plan Jacob van Deventers (vgl. Nr. 1). Erst dadurch wird ersichtlich, welch tiefgreifende Veränderungen der Ausbau Gelderns zur neuzeitlichen Festung für die stadtnahe Kulturlandschaft mit sich brachte.

Lit.: In jeder Beziehung erschöpfend R. SCHMIDT: Geschichte des Kartenwerks und vermessungstechnische Arbeiten (= Die Kartenaufnahme der Rheinlande durch Tranchot und von Müffling 1801–1828, Erläuterungsband I; Publikationen der Gesellschaft für Rheinische Geschichtskunde XII). 2 Teile. Köln-Bonn 1973.

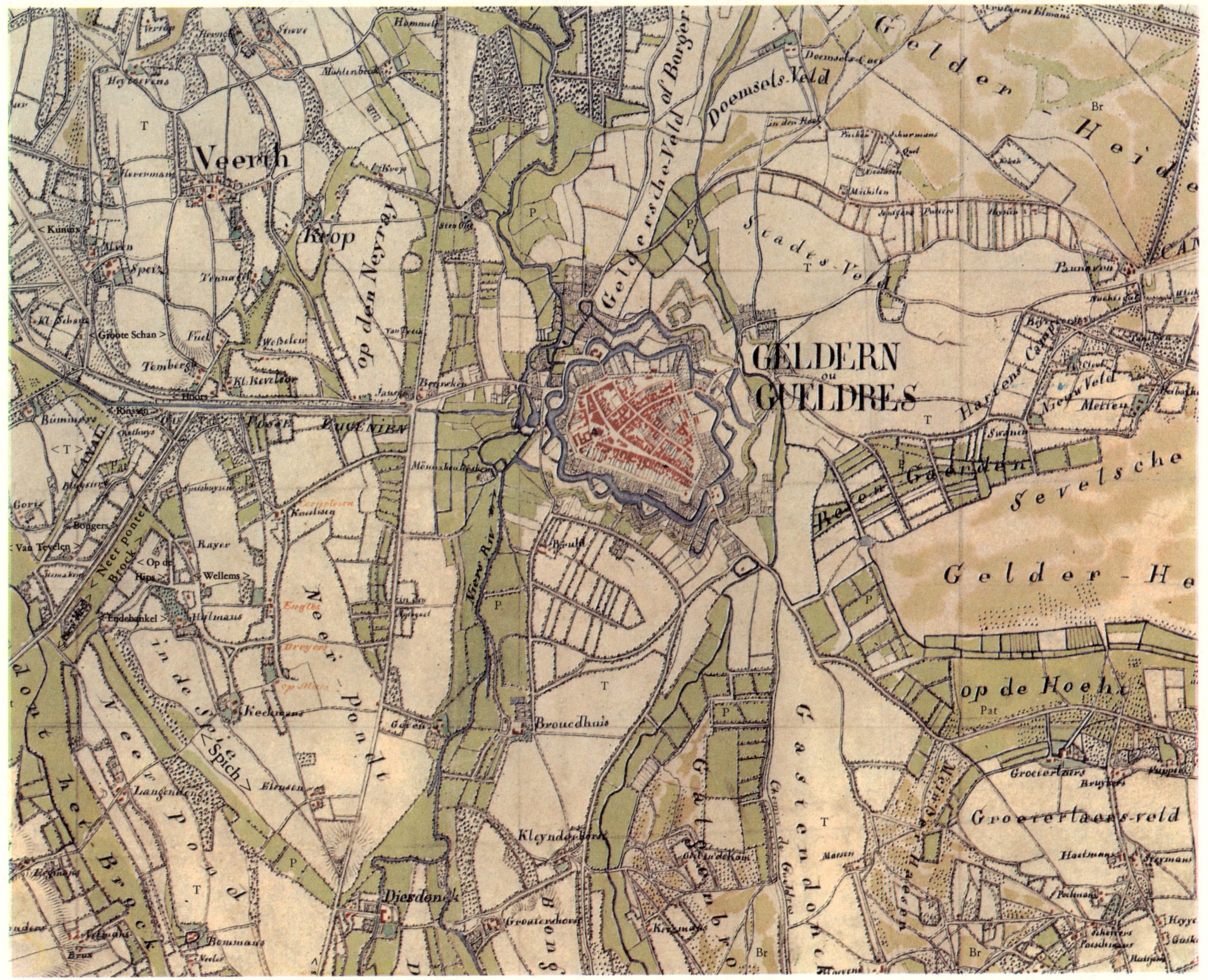

GELDERN ou GUELDRES
Veerth
Doemsels-Veld
Gelder-Heide
Gelder-He
Stades-Veld
op de Hoeht
Sevelsche
Groote Schan
Neer Pondt
Djerdonck
Brouedhuis
Kleyndorborn
Groerertaers-veld
CANAL
EUGENIEN

68

. . . *Plan Geometrique de la Mairie de Gueldres*

Stadtumgebungsplan mit Einzeichnung der Hauptgebäude und Kennzeichnung der bebauten Straßenfronten. Nordosten oben. Text in Kartusche:

> *Departement de la Roer, Arrondissement de Cleves, Canton de Gueldres. Plan Geometrique de la Mairie de Gueldres. Levé sous l'administration de Mr. Antoine Portmans Maire et sous la Direction de Mr. Maubach Ingénieur Verificateur par moi soussigne Géométre du Cadastre Schaltenbrand.*

Später hinzugesetzt:

> *Vervollständigt im Monat Februar 1868 durch B. Müller.*

Format des ganzen Blattes: Ca. 63,5 × 92 cm.

Maßstab: 1:5000.

Archiv des Katasteramtes des Kreises Kleve in Geldern.

In den französisch besetzten Rheinlanden wurde 1808 mit der Katastrierung begonnen. Das vorliegende Blatt läßt sich näher einordnen durch die Amtszeit des Maire Antoine Portmanns 1809–1814. Es ist die sogenannte Katasterhauptkarte, auf der die Grundzüge des Geländes eingezeichnet waren und gleichzeitig die Abschnitte der einzelnen Sektionen im Maßstab 1:2500 (vgl. Nr. 69). Die französischen Arbeiten waren so gut, daß sie nach 1815 von den preußischen Behörden übernommen und bis in die 70er Jahre des 19. Jahrhunderts fortgeführt wurden. So zeigt uns das Blatt den Zustand Gelderns um 1870.

Lit.: W. KOHL: Geschichte des rheinisch-westfälischen Katasters. In: Vermessungstechnische Rundschau 18, 1956, S. 281 ff., 350 ff.

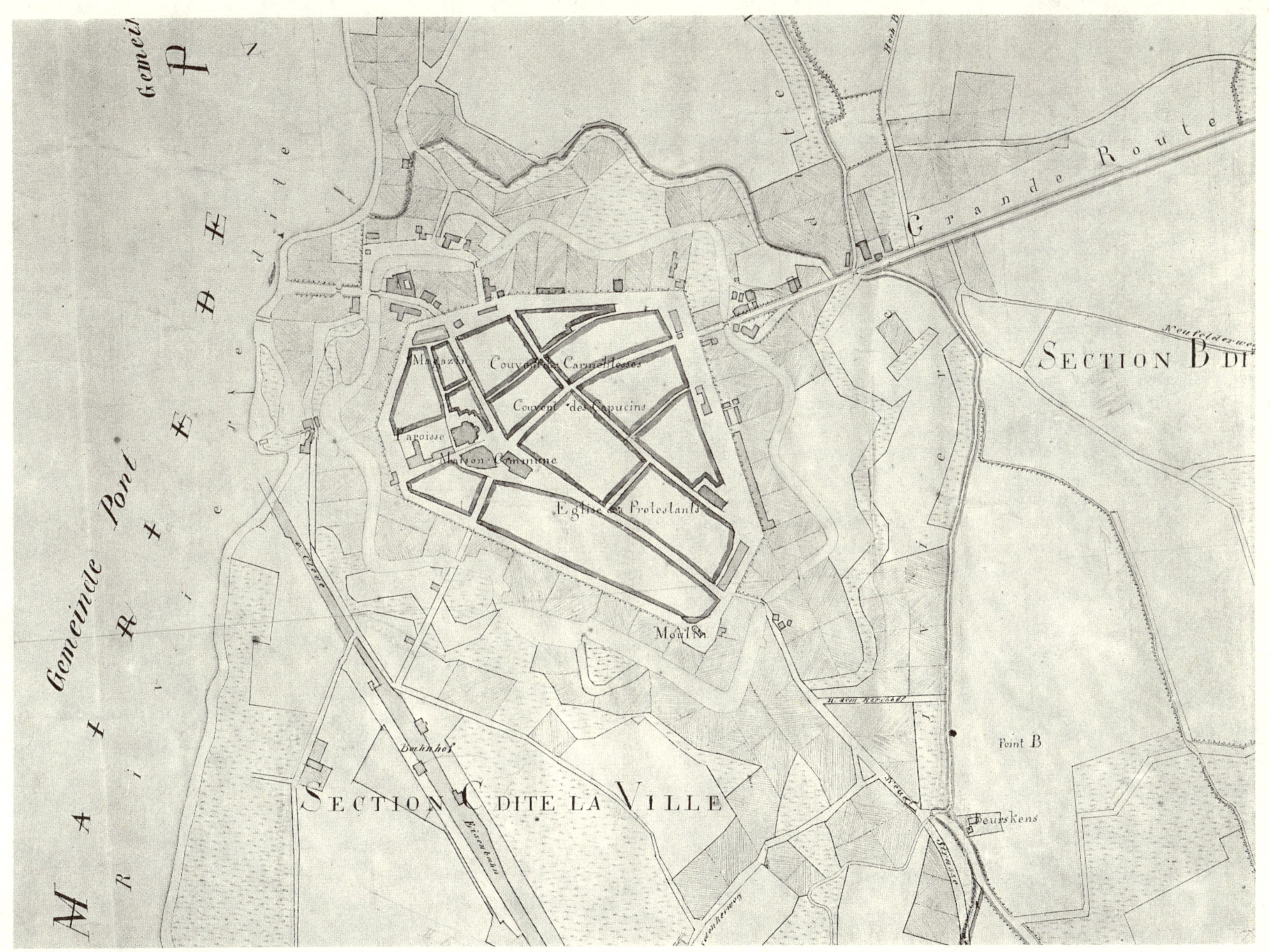

Gemeinde Pont
Grande Route
Magazin
Couvent des Carmelitesses
Couvent des Capucins
Paroisse
Maison Commune
Eglise des Protestants
Moulin
Bahnhof
Eisenbahn
Point B
Beurskens
SECTION C DITE LA VILLE
SECTION B

69

Mairie de Gueldres. . .

Katasterplan des Stadtgebietes mit Parzellierung und Bebauung. Nordosten oben. Text am Fuß:

> *Mairie de Gueldres, Section C dite la Ville.*

Darunter später hinzugefügt:

> *Berichtigt auf die Gegenwart nach Maaßgabe der gesamten Fortschreibungs-Verhandlungen bis incl. pro 1868 im Monat Februar 1868 durch B. Müller.*

Format des ganzen Blattes: Ca. 92 × 60.

Maßstab: 1:2500.

Archiv des Katasteramtes des Kreises Kleve in Geldern.

Das Blatt ist die vergrößerte Parallele von Nr. 68. Dieses Urkataster ist für die Mehrzahl der rheinischen Städte die erste verläßliche Aufnahme des Siedlungsbildes und damit der Ausgangspunkt für historisch-topographische Untersuchungen jeglicher Art. Gerade am Beispiel Gelderns mit den bisher gezeigten älteren Plänen aber wird deutlich, wieviele Details um 1810 schon verloren waren.
Dargestellt ist die Parzellierung des Stadtgebietes und der Außenbezirke. Die eingetragenen Zahlen finden ihre Entsprechung im zugehörigen Urflurbuch, wo Besitzer und genaue Größe der einzelnen Grundstücke eingetragen sind.

Beilage II
Beilage I

70

Plan von der Stadt Geldern

Grundrißplan der Gräben des ehemaligen Befestigungssystems. Darunter Profilzeichnung des Wasserspiegels von Fleuth, Stadtgraben und eines Wassergrabens zwischen den im Plan markierten Punkten C und D. Süden oben. Rückseite frei.

Tusche und Wasserfarben auf Papier, ohne Signatur.

Ca. 38 × 23 cm.

Plan ohne Maßstabsangabe (ca. 1:4500).

Archiv des Kreises Kleve in Geldern – Depositum Historischer Verein für Geldern und Umgebung, Akten 9, Nr. 23.

Der Plan ist undatiert, auf Grund der Beschriftung ist als Entstehungszeit der Anfang des 19. Jahrhunderts anzunehmen. Angefertigt wurde er im Rahmen einer Wasserbaumaßnahme, über die bisher nichts in Erfahrung gebracht werden konnte. Interessant ist der Plan vor allem wegen der Tatsache, daß das Grabensystem der Befestigung zu dieser Zeit noch weitgehend erhalten war. Die Schleifungsarbeiten (vgl. Nr. 35) scheinen nach 1764 also nicht mit der beabsichtigten Gründlichkeit und Zügigkeit vorangekommen zu sein.

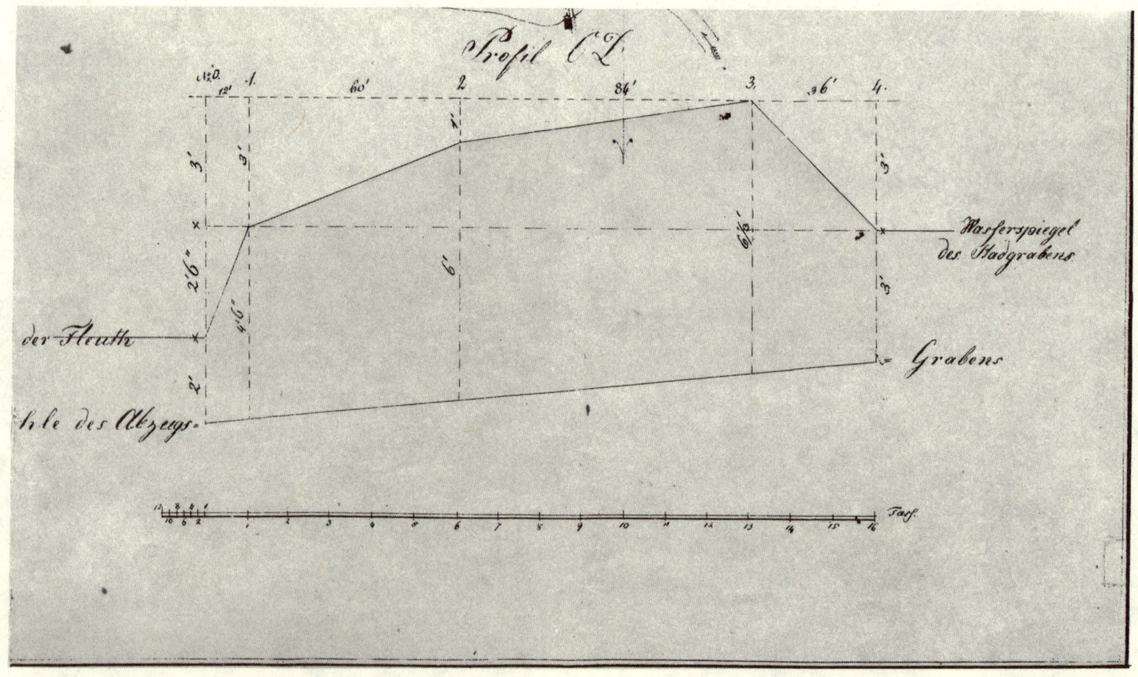

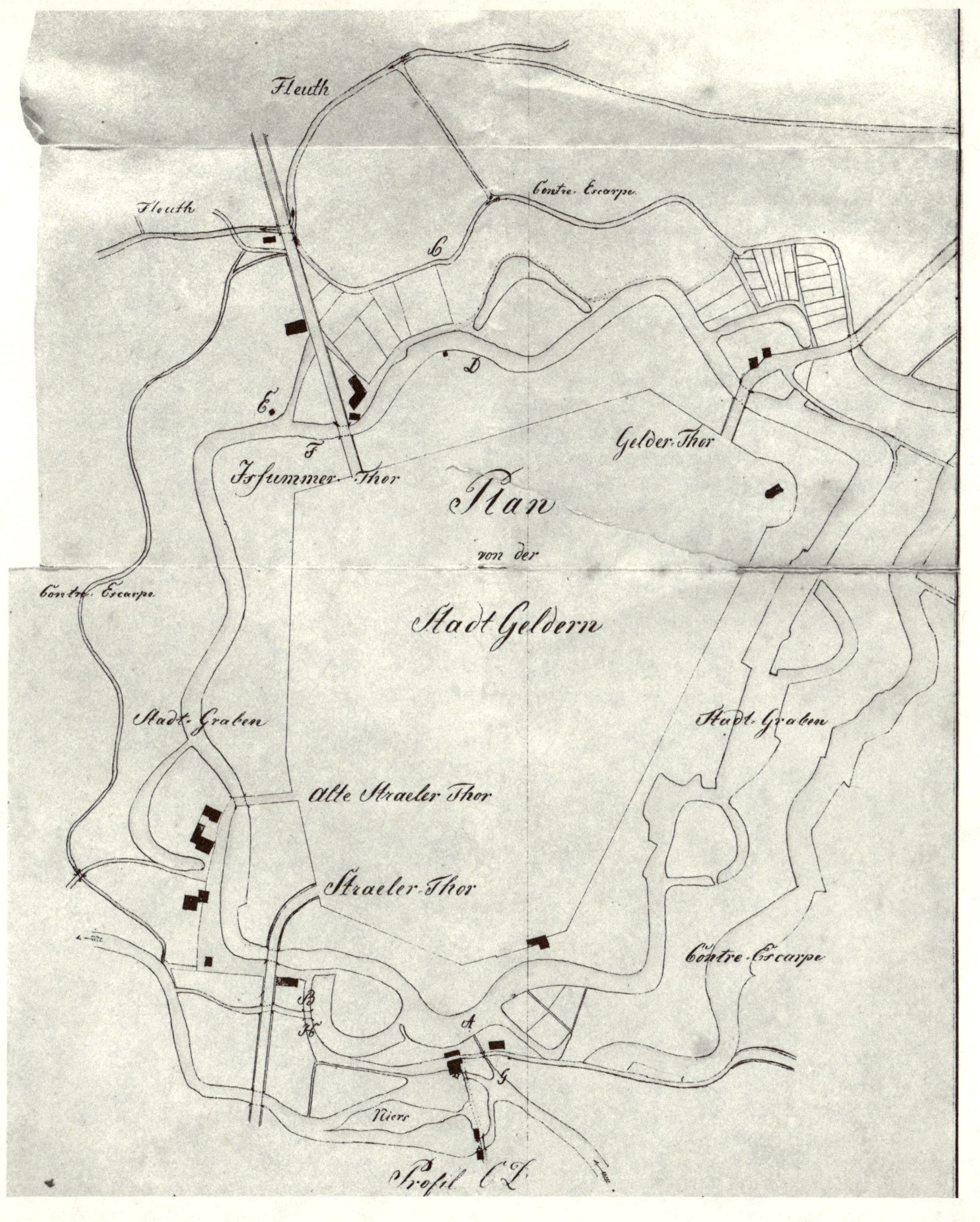
Plan
von der
Stadt Geldern
Fleuth
Fleuth
Contre Escarpe
C
D
E
F
Issummer Thor
Gelder Thor
Contre Escarpe
Stadt Graben
Stadt Graben
Alte Straeler Thor
Straeler Thor
Contre Escarpe
B
H
A
G
Nierr
Profil CD

71

Numerierung der Häuser vom Jahr 1836

Stadtgrundriß mit Eintragung der Hausnummern. Südosten oben. Rückseite frei.

Rote und schwarze Tusche auf Pergamentpapier, ohne Signatur.

Ca. 24 × 36 cm.

Maßstab: 1:2500.

Archiv des Kreises Kleve in Geldern. – Depositum Historischer Verein für Geldern und Umgebung, Akten 9, Nr. 22.

Eine umfangreichere Kommentierung des Planes ist kaum möglich, da er nicht im Original und auch nicht im originalen Zusammenhang vorliegt. Die Hausnummern 1–48 lagen außerhalb des Stadtgrabens in der Vorstadt vor dem Harttor. Die höchste Hausnummer wird mit 794 am Nordwall erreicht. Detailliert ist die Numerierung nur bei den Parzellen an der Außenseite des Promenadenringes vermerkt, bei denen auch die Besitzer eingetragen sind. Bei den innerstädtischen Straßen sind lediglich die Nummern der Eckhäuser eingetragen.

Die Pflicht zur Hausnumerierung geht auf ein Gesetz der französischen Regierung von 1805 zurück. Unbekannt ist, wie diese in Geldern durchgeführt worden ist und ob sie den in diesem Plan genannten Nummern entsprachen. Eine straßenweise Numerierung der Häuser wurde erst in der zweiten Hälfte des 19. Jahrhunderts üblich.

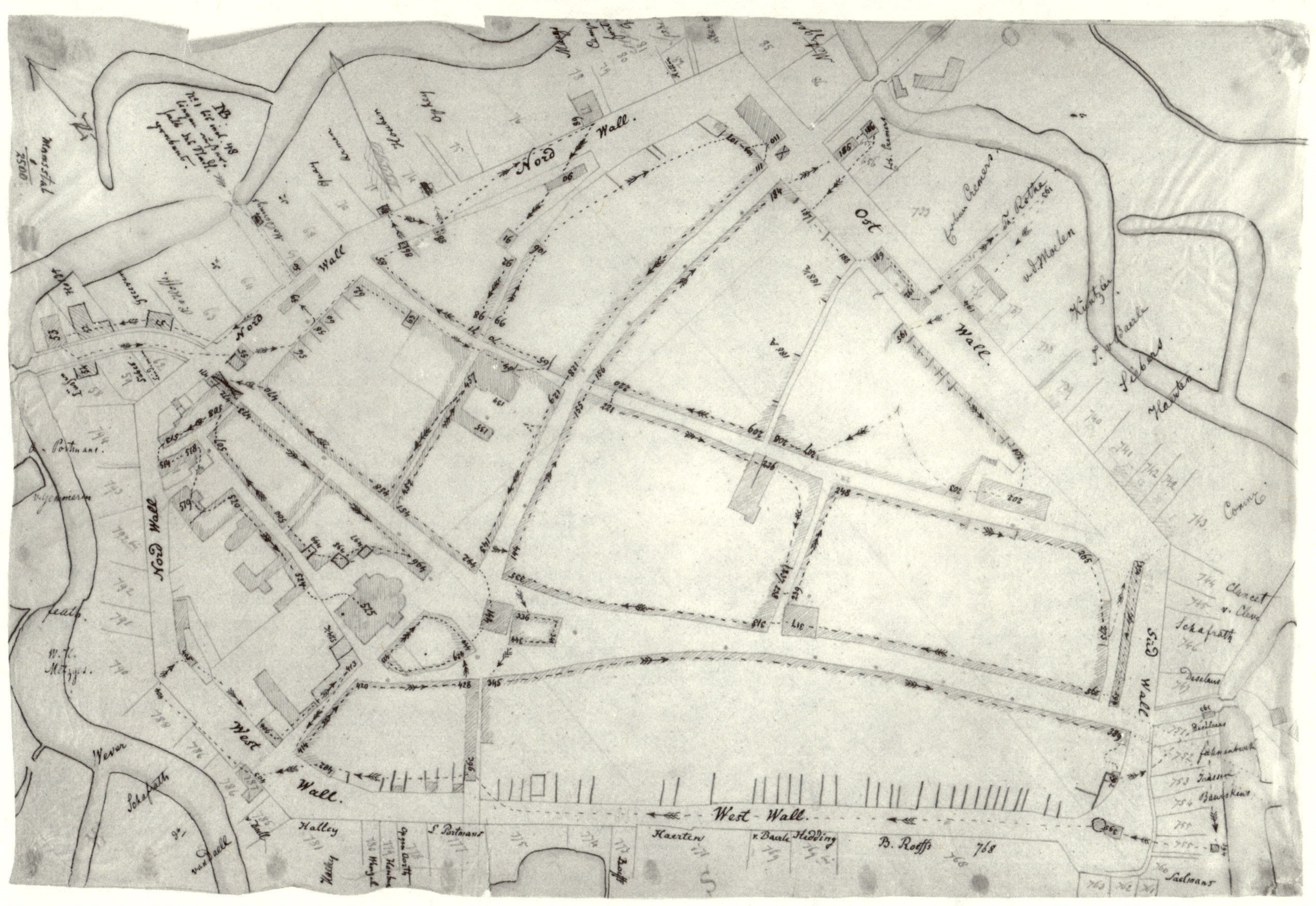

Nord Wall.
Nord Wall
Ost Wall
Nord Wall
West Wall.
West-Wall.
Süd Wall
Halley
S. Portmans
Haerten
v. Baerle
Hedding
B. Roeffs
768
Schafrath
Wever
Clancet
v. Cleve
Schafrath
Kreutzer
v.d. Moelen

72

Eine Nordwest-Ansicht des 19. Jahrhunderts

Unter dieser Nummer sind drei Abbildungen zusammenzufassen, die weit über Geldern hinaus zu den Kuriosa der Stadtansichten zählen. In allen drei Fällen handelt es sich um die gleiche Ansicht, die die Stadt von einem Standort im Brühl zeigt. Erkennbar sind in der Stadtsilhouette die Türme von Pfarrkirche, Heilig Geist und Rathaus sowie der Mühlenturm.

72 a

Wie oben beschrieben. Unter dem Rand steht rechts die Datierung *1817*

Wasserfarben auf Papier, ohne Signatur.

Ca. 7 × 11,5 cm.

Archiv des Kreises Kleve in Geldern – Depositum Historischer Verein für Geldern und Umgebung, Akten 9, Nr. 6.

72 b

Wie oben beschrieben, jedoch ohne Jahreszahl.

Frühe Photographie.

Ca. 13,5 × 23 cm.

Archiv des Kreises Kleve in Geldern – Depositum Historischer Verein für Geldern und Umgebung, Akten 9, Nr. 5.

Bei dieser Abbildung handelt es sich um die früheste nachgewiesene Photographie, die mit Geldern im Zusammenhang steht. Es handelt sich um eine Talbotypie oder Calotypie, bei der das Bild auf Jodsilberpapier festgehalten und mit Gallussäure entwickelt wurde. Zweck der vorliegenden Aufnahme war kurioserweise einzig und allein die Vergrößerung des unter 72 a beschriebenen Aquarells für die Kopie unter 72 c.

72 c

Wie oben geschrieben. Am linken Bildrand ist eine Baumgruppe hinzugefügt Eine neue Datierung liegt nicht vor.

Wasserfarben auf Papier, ohne Signatur

Ca. 14,5 × 25 cm.

Archiv des Kreises Kleve in Geldern – Depositum Historischer Verein für Geldern und Umgebung, Akten 9, Nr. 1.

1817

73

GELDERN

Ansicht aus Süden mit Windmühle. Geldertor und Spitzen von Pfarrkirche. Reformierter Kirche und Rathaus. Ortsname unter der Platte. Rückseite frei.

Lithographie, Signatur: *gez. v. J. Jellé.* Als Verlagsadresse *L. F. Kümmerle in Barmen.*

Format der Platte ohne Titel ca. 14 × 17,5 cm.

Archiv des Kreises Kleve in Geldern – Depositum Historischer Verein für Geldern und Umgegend, Karten und Pläne.

Das Exemplar entstammt dem Nachlaß Nettesheim und trägt die handschriftliche spätere Datierung 1840. Joseph-Constantin-Wilhelm Jellé wurde 1803 in Geldern geboren, möglicherweise als Sohn eines französischen Beamten oder Offiziers. Er ist seit 1840 in Kleve nachweisbar, wo er als Zeichner und Zeichenlehrer tätig war und als Sekretär des rührigen Klever Kunstvereins einige Bedeutung in der lokalen Kunstszene erlangte. Über seinen späteren Lebensweg konnte bisher nichts festgestellt werden.

Lit.: F. GORISSEN: Geschichte der Stadt Kleve. Kleve 1977.

74

GELDERN

Prospekt aus Osten mit Ortsname unter der Platte. Rückseite leer.

Lithographie, ohne Signatur.

Format der Platte ohne Titel ca. 18 × 32,5 cm.

Archiv des Kreises Kleve in Geldern – Depositum Historischer Verein für Geldern und Umgegend, Karten Nr. 50.

Das Exemplar entstammt dem Nachlaß Nettesheim und trägt die handschriftliche spätere Datierung 1860. Nach Stilvergleichen gehört das Blatt zu einer Serie rheinischer Stadtansichten, die der Mönchengladbacher Verleger (und Lithograph?) Bernhard Kühlen (1805–1879) um die Mitte des 19. Jahrhunderts herausgebracht hat.

FREUNDLICHE BITTE AN DEN LESER

Die Forschungen zum behandelten Thema können in keiner Weise als abgeschlossen betrachtet werden. Herausgeber und Autor sind für Hinweise und Ergänzungen jeglicher Art dankbar. Eventuelle Mitteilungen werden an das Archiv des Kreises Kleve in Geldern (Issumer Tor 36, 4170 Geldern 1) erbeten.

VERZEICHNIS DER ZEICHNER, STECHER, DRUCKER, VERLEGER

Die Zahlen bezeichnen die Seiten. Namensgleiche Personen sind nicht unterschieden.

Ausschnitt aus der Deutschen Grundkarte 1:5000 „Geldern", Neubearbeitung 1975